À l'école du vivant

Remerciements

Cet ouvrage est l'aboutissement d'un parcours de vie... il est donc riche de toutes les belles rencontres qui m'ont été offertes.

Merci à ceux qui m'ont accompagnée dans la découverte de la nature sauvage.

Merci aux éducateurs·trices à la nature et aux enseignant·e·s qui sortent régulièrement avec leurs élèves. Vous m'avez beaucoup inspirée. Je vous dois cet ouvrage.

Merci aux éditions MDI de m'avoir suivie dans ce projet.

Merci à toi, Nicole, qui m'a encouragée dans cette voie quand j'étais encore adolescente.

Merci à la vie sous toutes ses formes, sans laquelle je ne serais pas et je ne serais rien. Elle m'offre chaque jour des moments de joie, de surprise, d'émerveillement.

Béatrice Venard

* *

*

L'autrice et l'éditeur remercient tout particulièrement Florence Karle (école d'Erstroff, Moselle) d'avoir partagé ses projets de classe, ses photos d'activités et son enthousiasme, ainsi que tous ses élèves pour leurs textes et dessins.

Merci également à Amélie, Andreas, Arsène, Gaspard, Hannah, Isidore, Myra, Nicolas, Rose et Sacha pour leurs dessins.

Merci à toutes les personnes, écoles, associations et structures qui nous ont autorisés à reproduire leurs témoignages, photographies et documents :

l'AGSAS (Association des Groupes de Soutien Au Soutien) pour leur relecture des activités « Philosopher » et « Développer son empathie », agsas.fr,

l'association A.R.B.R.E. et les Écologistes de l'Euzière (Hérault),

l'association « Curieux de nature en Haut-Béarn », et en particulier Dominique Vileski,

l'association « L'École de la nature » (La Réunion),

l'AURAV (Agence d'Urbanisme Rhône Avignon Vaucluse), aurav.org,

le CAUE de Paris, à l'initiative des cours « Oasis », caue75.fr,

Christine, enseignante à l'école maternelle de la plaine à Tignieu-Jameyzieu (Isère) et autrice du blog « Mon cahier journal », moncahierjournal.canalblog.com,

le Conservatoire d'espaces naturels de Champagne-Ardenne,

le CPIE des pays de l'Aisne, antenne Thierache, en particulier Guénael Hallart et Sophie Brice,

Christian Dubois, directeur de l'école de Sainte-Croix (Drôme),

« L'Écho des sources » (Hautes-Alpes), et en particulier Gaëtan Martinon,

l'école Massenet à Allones (Sarthe),

l'école franco-allemande La Courbe à Aytré (Charente-Maritime),

l'école Saint-Exupéry à Dreux (Eure-et-Loir),

l'école primaire d'Ercé-près-Liffré (Ille-et-Vilaine),

l'école du Sacré-Cœur à Lannilis (Finistère),

l'école de Wimy (Aisne), et en particulier Lydie Philippe,

Céline Ferré et Anne Mauroy, pour les dessins de mouches,

la fondation « La main à la pâte », fondation-lamap.org,

Bernard Langellier, bernard.langellier.pagesperso-orange.fr,

Didier Lorès, directeur de l'école Bernard Le Gal, à Gueltas (Morbihan),

Didier Ribes, directeur de l'école Chabestan à Die (Drôme),

Philippe Rivière, naturaliste LPO et enseignant,

Frédérique Soulard, à l'origine du concept « Belles de bitume » (Loire-Atlantique),

Vigie-Nature école et Vigie-Nature, programmes de sciences participatives du Muséum national d'histoire naturelle,

les villes de Blois, Niort, Pressins et Saint-Énimie.

CYCLES
2 et 3

À l'école du vivant

BÉATRICE VENARD

éditions
mdi

Sommaire

LES RESSOURCES À TÉLÉCHARGER

Toutes les ressources de l'ouvrage *À l'école du vivant* marquées d'un picto sont disponibles en téléchargement sur le site compagnon :

https://vivant.mdi-editions.com

Vous y trouverez :

- **Des fiches d'identification** (arbres, insectes, oiseaux, plantes sauvages, empreintes d'animaux…)
- **Du matériel complémentaire pour réaliser les activités** (jeu de rôle, photolangage, questionnaire, dispositif d'élevage, page d'ouverture du carnet d'explorateur…)
- **Des dessins scientifiques à vidéoprojeter**
- **Une sélection de livres jeunesse sur la nature**

Avant-propos

« La nature n'est pas un lieu que l'on visite, c'est notre maison, avec des recoins plus ou moins familiers. »

Gary Snyder, *La Pratique sauvage : Neuf clés pour une nouvelle écologie*, éditions du Rocher, 1999.

Mon lien personnel à la nature s'est construit dans l'enfance. J'avais la chance de vivre à la campagne, mon père cultivait un immense jardin, les poules se mouvaient en liberté dans la cour. J'ai passé beaucoup de temps dans les bois et prés alentours. Je me souviens des floraisons de violettes et de pervenches sous les haies au printemps. Je me souviens des écureuils avec lesquels je jouais à cache-cache autour des troncs des arbres, et de la tristesse que j'ai ressentie d'en trouver un mort dans un bassin. Je me souviens de la joie que m'a procurée l'observation d'une chouette hulotte dans un arbre creux. Je me souviens du plaisir des temps partagés avec d'autres enfants à construire des cabanes dans les arbres. J'avais la chance d'avoir la nature comme refuge.

Je me souviens des jumelles offertes par ma sœur ainée, qui m'ont ouvert la porte du petit monde ailé des oiseaux, que j'affectionne encore tout particulièrement. Je me souviens des sorties en montagne, à pied ou à ski de fond, organisées par un enseignant. Je me souviens tout spécialement de cette balade dans le lit d'une rivière au mois de juin sous la pluie, moment heureux malgré l'inconfort de l'humidité qui nous pénétrait et de la boue.

Sans ce vécu d'enfance, ma vie aurait certainement été différente et je n'aurais pas développé cette sensibilité vis-à-vis de la nature qui m'a conduite par la suite à choisir des études puis des activités professionnelles dans le domaine de l'écologie, à m'investir dans des associations naturalistes et, plus largement, à m'engager pour la préservation du monde vivant.

Cela explique sans doute pourquoi j'ai à cœur de proposer aux enfants des expériences aussi riches que celles que j'ai eu le bonheur de vivre.

* * *

Dès mes premières années d'enseignement, j'ai commencé à mettre en œuvre des activités de découverte de la nature. Cependant, je ne m'autorisais guère à y consacrer trop de temps. J'inscrivais ces sorties dans le programme de sciences, avec la volonté de transmettre des connaissances et quelques éléments de démarche, tout en profitant avec bonheur des interventions d'associations d'éducation à l'environnement.

Par la suite, les informations alarmantes concernant la dégradation de l'environnement, la disparition de milieux naturels et l'artificialisation croissante des espaces m'ont poussée à être plus active, à donner une place croissante dans mon action éducative aux questions environnementales. J'ai investi le champ de l'éducation au développement durable (EDD) alors naissante, d'abord en tant qu'enseignante puis en tant que formatrice. J'avais à cœur de permettre aux enfants de prendre du recul par rapport au mode de vie que la société leur proposait, de les éduquer au choix, de développer leur esprit critique. Avec d'autres enseignant·e·s, j'ai initié, conduit et accompagné des projets sur les économies d'énergie, la gestion des déchets et de l'eau, l'alimentation, etc. Cela m'a aussi conduite à l'écriture d'un ouvrage aux éditions Canopé sur le sujet[1].

Ces projets étaient très intéressants, mais j'avais souvent le sentiment qu'ils étaient insuffisants, qu'ils ne traitaient les sujets qu'en surface, qu'ils pouvaient certes conduire à des changements de comportement, mais sans questionner en profondeur notre manière d'être au monde. La biodiversité faisait bien entendu partie des thématiques abordées, mais sans qu'on lui donne, à mon sens, la place première qui lui revient.

Sans doute aussi, je ne satisfaisais pas suffisamment mon besoin de faire partager le lien que j'entretenais avec le vivant, cette sensibilité qui m'amenait à compatir avec les atteintes subies par la nature.

C'est pourquoi par la suite, en tant que conseillère pédagogique, j'ai saisi les opportunités pour accompagner les écoles dans la mise en place de coins nature, puis dans des projets de renaturation des espaces scolaires.

* *
*

Le présent ouvrage est la résultante de ce parcours, et c'est la raison pour laquelle il est centré sur l'éducation au monde vivant. L'ensemble des propositions qu'il développe prend appui à la fois sur les expériences vécues en tant que personne et enseignante, les activités observées dans les classes lorsque j'étais formatrice, des propositions de réseaux associatifs pas toujours connues dans le monde scolaire, et quelques autres idées. J'espère que vous y trouverez des pistes pour vous lancer avec vos élèves à la découverte de ce monde merveilleux de la nature ordinaire.

Béatrice Venard

1 Béatrice Venard, *Devenir écocitoyen, neuf projets pour le cycle 3*, éditions Canopé, 2017.

Pourquoi éduquer à la nature ?

« Nous sommes les cousins des oiseaux et des fleurs. Et des étoiles. Nous faisons partie d'un même récit. Les frontières qui séparent les espèces vivantes ne sont que des degrés d'éloignement sur le thème de la parenté, en perpétuel devenir à partir d'une généalogie commune. »

Jean-Claude Ameisen, « Il ne faut pas seulement se focaliser sur le climat », propos recueillis par Nicolas Truong, *Le Monde*, 21 août 2015.

Renouer le contact perdu avec la nature

Beaucoup d'enfants et d'adultes connaissent une « extinction de l'expérience de nature[2] » parce qu'ils vivent dans des milieux urbanisés ou artificialisés qui laissent peu de place aux espaces de nature non maîtrisée, ce que certains auteurs nomment « la part sauvage du monde »[3]. De nombreux humains ont ainsi perdu leur capacité à se relier sensoriellement et sensiblement à la nature, la percevant surtout comme un paysage de carte postale ou un terrain de jeu pour des activités de plein air.

Selon la formule de Baptiste Morizot, notre monde vit une crise de la sensibilité : « Nous héritons d'une culture dans laquelle, dans une forêt, devant un écosystème, on "n'y voit rien", on n'y comprend pas grand-chose et surtout, ça ne nous intéresse pas : c'est secondaire, c'est de la "nature", [...] ça n'a pas de place dans le champ de l'attention collective, dans la fabrique du monde commun[4]. » Du coup, au fil des générations, on a tendance à oublier ce qu'est la nature sauvage, et à considérer des milieux simplifiés et dégradés comme étant leur état « normal ».

Depuis quelques décennies, la culture scolaire de la nature s'est également appauvrie : auparavant, les enseignant·e·s transmettaient leurs connaissances à leurs élèves dans le cadre de leçons de choses et les sorties étaient plus fréquentes. Les ouvrages et les affiches pédagogiques sur le monde vivant étaient aussi beaucoup plus nombreux.

2 Robert Michael Pyle, « The extinction of experience », dans *Écologie & politique*, vol. 53, 2016.
3 Virginie Maris, *La part sauvage du monde, penser la nature dans l'anthropocène*, Le Seuil, 2018.
4 Dans *Socialter*, « Renouer avec le vivant », hors-série n° 9, 2021.

Le lien à la nature, un besoin des humains

Nous sommes de la nature et nous avons besoin pour notre développement personnel de construire des relations avec elle, et ceci dès l'enfance : « L'homme est aussi un être dans la nature. Sa structure intime, qu'il le veuille ou le nie, en porte le sceau. En un sens, la nature libre est en lui. En la refoulant partout, c'est lui-même qu'il atteint[5]. »

Les études abondent pour décrire les effets bénéfiques du lien au vivant sur l'équilibre de la personne. Ce lien favorise le développement cognitif et émotionnel de l'enfant, améliore l'estime de soi, augmente la créativité, stimule les sens. Il apaise tous les enfants et contribue à restaurer leur attention. En effet, la fascination douce exercée par la nature et ses stimulis variés est ressourçante, elle aide à soulager de la fatigue de l'attention dirigée.

Le lien avec d'autres êtres vivants, qu'ils soient humains ou non, contribue à la construction de soi. Il relie l'individu à son histoire, dans toute sa dimension, en ancrant notre origine commune à tous, lui donnant une stabilité temporelle, transgénérationnelle. Il nous fait percevoir le commun (nous partageons 98 % de gènes identiques avec le chimpanzé, 70 % avec l'oursin, 35 % avec la jonquille), nous fait prendre conscience de l'universel.

Repenser notre rapport aux autres êtres vivants

L'homme a construit au fil du temps une représentation le plaçant en dehors du reste du monde vivant, comme s'il était extérieur à la nature et imaginait plus ou moins consciemment qu'il n'avait pas besoin d'elle, qu'il pouvait s'en extraire sans dommage pour sa survie.

En Occident, on oppose la nature aux humains et à leurs réalisations, autrement dit à la culture. Dans d'autres sociétés, celles des peuples premiers en particulier, cette séparation n'existe pas, plantes et animaux sont inclus dans une sphère globale, dont les humains eux-mêmes font partie. D'ailleurs, le mot « nature » est absent dans plusieurs de leurs langues.

De même, les « arbres du vivant », qui montrent les liens de parenté entre tous les êtres, plaçaient à la fin du XIXe siècle l'homme tout en haut, comme l'espèce la plus aboutie, à l'extrémité d'une graduation ordonnée depuis les formes inférieures simples vers les formes supérieures complexes. Cette représentation a développé un sentiment de toute puissance de l'homme envers la nature, et l'impression d'être capable de maîtriser la plupart de ses manifestations. Dans cette logique, les autres êtres vivants sont considérés comme étant au service de l'humain : les espèces « utiles » sont favorisées, celles qui dérangent sont qualifiées de « nuisibles » ou de « ravageurs » et tendent à être éradiquées.

Depuis quelques décennies, les scientifiques ont remplacé les arbres du vivant par un « buisson du vivant », au sein duquel l'homme est une espèce parmi d'autres, ni au-dessus ni en-dessous, et ne représente en aucun cas un aboutissement particulier. Mais la conception précédente reste encore très ancrée.

Nous faisons partie de la nature et nous devons le réapprendre, repenser notre manière d'habiter, de penser le monde, développer l'empathie envers l'autre vivant (qu'il soit humain ou non) et la conscience de l'importance des relations d'interdépendance entre les êtres vivants. Nous ne pourrons pas diminuer notre impact écologique si nous ne

5 Robert Hainard, *Expansion et nature*, Le Courrier du Livre, 1972.

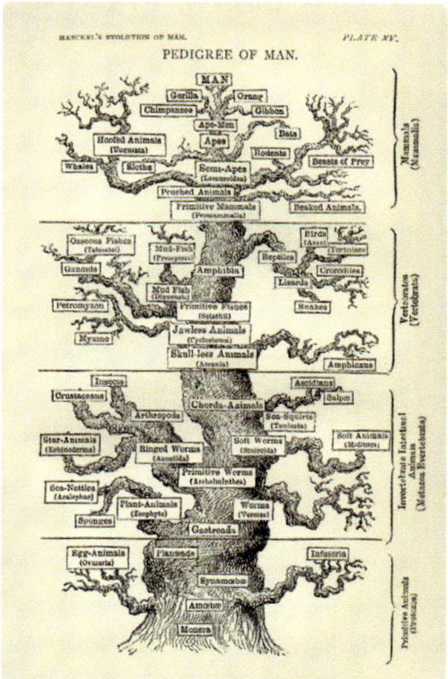

Arbre figurant dans le livre d'Ernst Haeckel, *L'évolution de l'Homme*, 1879.

« Le buisson du vivant », musée des Confluences de Lyon. L'extrémité de chaque ramification correspond à un être vivant spécifique, issu de l'évolution.

changeons pas notre représentation, car comme le disait Einstein : « Nous ne pouvons pas résoudre les problèmes avec la même façon de penser que celle qui les a engendrés. »

Faire l'expérience de la nature développe nos affects envers elle, créant une impression d'appartenance pouvant mener à une responsabilité morale vis-à-vis des non-humains. L'importance d'une relation intime à la nature est cruciale pour l'engagement des individus dans sa défense.

L'éducation à la nature, un fondement de l'écocitoyenneté

> « Que représente l'extinction du condor pour un enfant qui n'a jamais vu un troglodyte mignon ? »
>
> Robert Michael Pyle, « L'extinction de l'expérience », *Écologie & politique*, n° 53, 2016.

Depuis 2004, l'éducation au développement durable (EDD) a remplacé l'éducation à l'environnement déployée au cours des trois précédentes décennies. Son objectif est de permettre aux enfants d'appréhender le monde contemporain dans sa complexité, en prenant en compte les interactions existantes entre l'environnement, la société, l'économie et la culture. Il s'agit ainsi de former le futur écocitoyen aux choix qui mettent en jeu le développement durable dans son existence personnelle et dans la société dans laquelle il vit.

L'EDD prend appui sur les dix-sept objectifs de développement durable (ODD) définis par l'ONU. Seulement deux d'entre eux sont relatifs aux écosystèmes (n° 14 : « Vie aquatique », et n° 15 : « Vie terrestre »), mais cette approche souligne les fortes interactions entre ces différents objectifs : par exemple, pour préserver et restaurer les écosystèmes terrestres (ODD n° 15), il convient de « promouvoir l'agroécologie » (ODD n° 2 : « Faim "zéro" ») ou de « limiter l'empreinte écologique de l'urbanisation » (ODD n° 11 : « Villes et communautés durables »).

Source : Cerema, ministère de la Transition écologique et solidaire.

Si la biodiversité a d'abord été un sujet d'EDD parmi d'autres, elle occupe donc une place croissante, avec la prise de conscience que le lien à la nature est le socle de l'engagement citoyen. Ainsi, les derniers textes de loi sur l'école soulignent la place de l'éducation à la nature dans l'EDD :

« L'éducation à l'environnement et au développement durable débute dès l'école primaire. [...] Elle permet la transmission et l'acquisition des connaissances et des savoirs relatifs à la nature, à la nécessité de préserver la biodiversité, à la compréhension et à l'évaluation de l'impact des activités humaines sur les ressources naturelles et à la lutte contre le réchauffement climatique. »

Code de l'éducation, article L312-19, modifié par la loi n° 2021-1104 du 22 août 2021, article 5.

En effet, quel sens peut avoir une écocitoyenneté conduisant par exemple à recycler le papier pour sauver des forêts avec lesquelles on n'a pas tissé de lien ? Faute d'avoir éprouvé la joie et l'émerveillement qu'elle procure, cela reste du domaine du devoir à accomplir. C'est pourquoi nous avons pris le parti dans le présent ouvrage de mettre l'accent sur la découverte du monde vivant.

Comment relier les enfants au vivant ?

« Si nous voulons reconnecter nos enfants (et nous-mêmes) à la nature, nous devons apprendre, comme le fit Thoreau, à avoir des rapports immédiats avec la nature proche de chez nous et en exploitant pleinement tous nos sens. »

Scott D. Sampson, *Éveiller ses enfants à la nature, même en ville*, Marabout, 2018.

Depuis quelques années, un certain nombre d'enseignant·e·s et de formateur·rice·s ont mis en œuvre, impulsé, accompagné de nombreux projets d'éducation à la nature (coins nature, renaturation des cours, classe dehors, etc.). Ces initiatives constituent une base essentielle pour que les enfants côtoient plus souvent la nature. Mais pour que ces derniers établissent un lien réel avec elle et un sentiment d'appartenance à leur monde, certaines pratiques méritent d'être privilégiées.

Proposer des rencontres régulières avec la nature

Depuis plusieurs décennies, l'éducation à la nature a été fondée sur des sorties dans des milieux naturels riches et diversifiés, parfois éloignés de l'école, ou des classes de découverte, qui sont autant d'expériences nourrissantes et fondatrices, mais souvent trop rares car coûteuses en transport et en hébergement.

Comme l'illustre la pyramide de la (re)connexion à la nature page suivante, il est indispensable de compléter ces moments forts par une fréquentation régulière de milieux proches. C'est en effet par la répétition, la ritualisation, que les peurs s'amenuisent, que les sens s'affinent, que la connaissance intime se construit.

D'autre part, pour faire évoluer le rapport des enfants au monde naturel, il est nécessaire d'inscrire ces sorties dans la durée, quelle que soit la saison (quitte à rester moins longtemps dehors quand les conditions météorologiques sont moins favorables), et si possible sur plusieurs années.

LA FRÉQUENCE DES SORTIES

Tout temps passé en nature sera bénéfique. Le rythme des sorties sera adapté au contexte local, mais à titre indicatif, une demi-journée par semaine constitue un bon rythme.

Privilégier la découverte de la nature proche

Il n'est pas nécessaire de se déplacer très loin pour aller à la rencontre de la nature : celle-ci est en effet présente partout, elle utilise le moindre interstice pour se développer. La période de confinement lors de la première crise du Covid au printemps 2020 a d'ailleurs montré la capacité des animaux sauvages à se réapproprier les espaces urbains dès lors que la pression humaine s'amenuise. Dans n'importe quelle cour d'école, il est ainsi possible d'observer un peu de végétation, quelques insectes, un moineau…

LA PYRAMIDE DE (RE)CONNEXION À LA NATURE

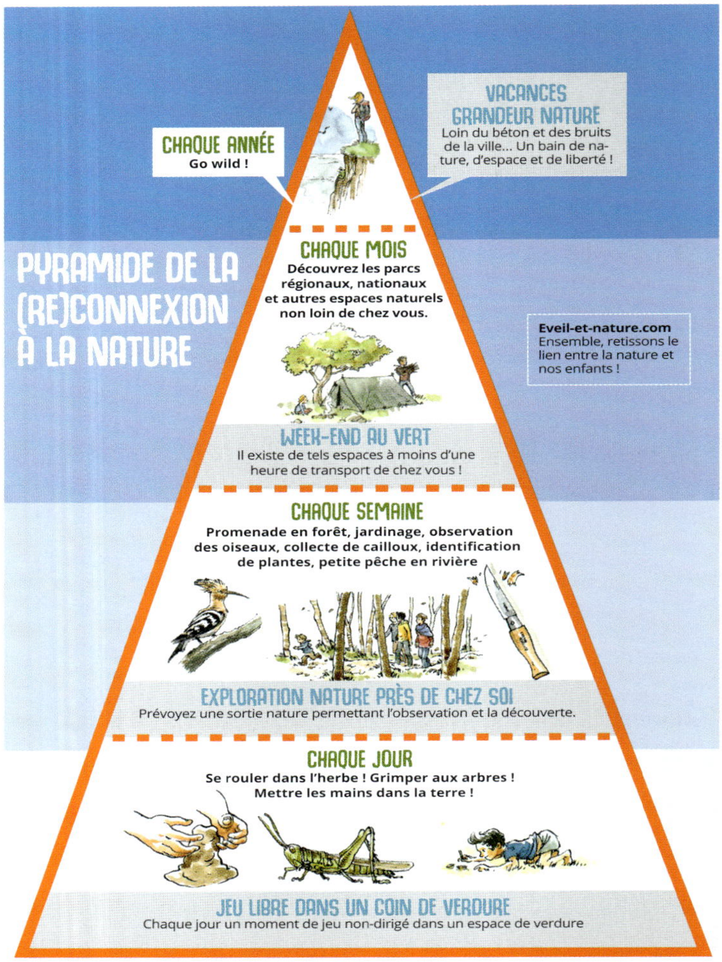

Source : Emilie Lagoeyte, Cindy Chapelle, Titwane, *Passeur de nature, transmettre le goût de la nature aux enfants*, Plume de Carotte/Terre vivante, 2019.

Pour compléter et offrir aux enfants de véritables moments d'immersion dans la nature, on pourra :

- sortir dans un milieu de proximité plus naturel : un parc, une friche, un petit bois, etc. (voir p. 20) ;
- ramener la nature au plus près des enfants, permettre au sauvage de regagner du terrain dans les cours artificialisées (voir p. 19 et 241).

Cette dynamique de renaturation de l'enceinte scolaire est importante, parce que la nature côtoyée dans l'enfance devient à l'âge adulte la référence de ce qui constitue un état normal de la biodiversité, notre représentation de la nature.

Permettre aux enfants de vivre des expériences

Toutes les activités proposées dans cet ouvrage sont ancrées dans le terrain et prennent appui sur le réel, avec comme première interface le corps et les sens. Sans le corps, pas d'expérience directe !

Le corps est en effet le premier médiateur : marcher sur des terrains variés, enjamber des obstacles, se faufiler entre des buissons, prendre garde aux griffures des ronces... C'est avec nos sens que nous percevons le monde : la vue, l'ouïe, l'odorat, le toucher, plus rarement le goût, mais aussi la proprioception.

Il est donc important que les sorties laissent des temps au cours desquels le lien entre l'enfant et la nature pourra se créer sans la médiation ni l'influence de l'adulte. Celui-ci doit donc savoir parfois se mettre en retrait, mieux observer les élèves, les découvrir dans un contexte différent de celui de la classe, recueillir des informations aidant à programmer les séances suivantes.

Mais développer l'attention à nos sens, cela s'apprend. Savoir en explorer tous les registres, en occulter temporairement certains pour se concentrer sur d'autres, prendre conscience de ce que nous voyons dans les moindres détails, de ce que nous entendons malgré le tohu-bohu de notre civilisation, saisir les odeurs, la douceur ou la rugosité des éléments naturels, la fraîcheur du vent sur nos joues... cela s'acquiert au fil du temps, en multipliant les expériences et avec l'aide de certaines activités spécifiques qui permettent d'aiguiser les sens et d'affiner la perception des enfants.

Attiser la curiosité

Les enfants éprouvent souvent de la curiosité à l'égard de la nature, mais si on n'en prend pas soin, cette curiosité s'émousse au fil du temps. Pour l'attiser, nous proposons de prendre appui sur des démarches d'investigation pratiquées en sciences.

Ainsi, on s'efforce de saisir les questions que se posent les enfants, de susciter ce questionnement, de prendre en compte leurs représentations initiales pour engager leurs explorations, orienter leurs recherches, les encourager à approfondir leurs observations ou leurs réflexions. Par ailleurs, on montre l'exemple en adoptant nous-mêmes une approche réflexive.

On apporte des aides ponctuelles en fonction des avancées et des obstacles, en évitant de donner les réponses. En effet, il est souvent tentant de partager ses connaissances, mais il est important de ne le faire qu'avec parcimonie, car ce réflexe risque de couper net la curiosité. Il est souvent préférable de renvoyer les questions, d'en poser d'autres qui stimulent et guident les enfants dans la recherche de réponses, les incitant à affiner leurs observations. L'enseignant·e a tout intérêt à s'autoriser à apprendre en même temps que ses élèves, tout en acceptant « l'autrement que prévu », qui est la marque du vivant humain, en particulier des enfants, et autre qu'humain, avec des manifestations de la nature parfois surprenantes (voir p. 29).

Développer les connaissances sur le vivant

Il n'est pas nécessaire d'être un puits de science pour accompagner des enfants dans la nature. L'objectif n'est en effet pas de préparer des cours magistraux, ni de transformer les sorties en visites guidées pour montrer ce qui doit être vu. Il y a tant à voir dans la nature, tant à connaître aussi, que personne, de toute façon, ne connaît tout, même le spécialiste qui impressionne par sa culture naturaliste.

Et paradoxalement, les personnes qui ont beaucoup de connaissances scientifiques ont parfois plus de difficultés à les partager, car il est difficile de les dispenser avec parcimonie, par bribes choisies, pour ne pas saboter la curiosité des néophytes.

Pour autant, il est important d'accompagner les enfants dans la construction de connaissances sur les animaux et les végétaux, considérés non comme une collection d'objets, mais en tant que sujets interdépendants. Par exemple, on ne s'intéressera pas seulement à l'identification et à la description du papillon vulcain, mais aussi à ses besoins (proches des nôtres), à son mode de vie et aux liens qu'il tisse au sein de l'écosystème : pour se nourrir, ses chenilles ont besoin de plantes hôtes (orties) et les adultes de fleurs à butiner, permettant par la même occasion la pollinisation et la reproduction des plantes.

> « Mon point faible, c'est la connaissance de la nature. J'ai l'impression de ne pas tout connaître, avec le risque d'avoir peur de me lancer. Et justement, mon point fort, c'est que je ne sais pas tout, mais je vais aider mes élèves à se renseigner. Donc, je fais plus confiance aux enfants... »
>
> Rémy, enseignant au cycle 3, dans *Trésors du dehors*, collectif « Tous dehors » (Belgique), p. 30.

De nombreuses activités proposées dans cet ouvrage visent des acquisitions de connaissances avec des approches s'inscrivant dans ces principes.

Par ailleurs, il est important de compléter l'approche scientifique par des approches expériencielles, sensorielles, émotionnelles, afin de construire une compréhension du monde qui ne soit pas seulement scientifique, cartésienne et du coup distante de la nature.

Favoriser les compétences socio-émotionnelles

Dehors, les lois de la nature s'imposent à nous (la saisonnalité, par exemple) et nous devons nous y adapter, ce qui nous conduit à plus d'humilité et au respect de règles communes. Ainsi, tout le monde met un manteau en hiver et un imperméable quand il pleut.

Par ailleurs, en nous reconnectant à la nature, nous développons notre capacité à mieux comprendre l'autre, à éprouver de la compassion envers lui. Nous amplifions ainsi notre humanité envers tous les êtres vivants, humains ou non.

Au-delà de l'effet produit par le simple lien avec la nature, certaines activités favorisent les compétences socio-émotionnelles, faisant écho aux valeurs portées par l'enseignement moral et civique, comme par exemple :

- identifier et exprimer les émotions provoquées par la rencontre d'autres vivants, apprivoiser les peurs provoquées par certains animaux (les « mal-aimés »), verbaliser la joie entraînée par l'émerveillement... ;
- comprendre ce que ressentent les autres êtres vivants et développer le sentiment d'empathie ;
- respecter les autres (humains et autres êtres vivants), être capable d'apprécier ceux qui sont différents de soi, de vivre avec eux, de les considérer comme égaux, de coopérer et de faire preuve de responsabilité vis-à-vis d'eux ;
- développer la citoyenneté et en particulier l'écocitoyenneté et la solidarité avec l'ensemble du monde vivant, s'engager aux côtés des autres pour accueillir la biodiversité dans l'environnement de l'école.

Raconter la nature

Nous sommes des êtres de langage, et celui-ci a un rôle important dans l'établissement du lien à la nature. Mais la nature est également un support stimulant pour développer les compétences langagières des enfants grâce à son ancrage dans le réel et parce qu'elle est source de motivation et d'émotions. Elle favorise les propos longs et élaborés, elle contribue à de nombreux apprentissages en vocabulaire, de termes scientifiques bien sûr, mais aussi du lexique des émotions, de la description, etc. Enfin, lire le monde réel, l'interpréter, mieux le comprendre... contribue à la construction des compétences de lecteur.

Toutes les dimensions du langage méritent donc d'être explorées :

- raconter les expériences vécues, ce qui permet de les ancrer, de les conscientiser et aussi de les partager, raconter ce qu'on appréhende et décrypte, exposer le point de vue d'un animal... ;
- écouter les expériences vécues par les autres (pairs, mais aussi enseignant·e·s ou autres adultes), faisant parfois écho à son propre vécu ;
- écrire, tenir un « carnet de terrain » pour y noter ses observations, ses ressentis, dessiner, etc.

Lire des histoires de nature

> « Les meilleures histoires nous aident non seulement à vivre, mais à habiter, à la fois dans un lieu et dans le temps. Les raconteurs nous instruisent de notre parenté avec les autres créatures [...]. Une fois l'histoire apprise, la rencontre fortuite de nos voisins animaux [...] éveille les souvenirs du récit qui s'y associe et de ses enseignements. »
>
> Scott D. Sampson, *Éveiller ses enfants à la nature, même en ville*, Marabout, 2018.

Lire des livres sur la nature permet de compléter et d'enrichir les expériences sur le terrain, d'éveiller la curiosité des enfants et de renforcer leur sentiment d'appartenance au monde vivant.

On pourra prévoir un espace dédié dans le coin bibliothèque de la classe. Toutes les modalités d'accès à ces livres sont envisageables : lecture offerte par l'enseignant·e, consultation libre, lecture suivie, défis ou rallyes lecture, etc. Et pourquoi pas envisager un rituel de lecture offerte quotidienne : le temps de l'histoire nature ?

Il existe de nombreux livres jeunesse sur le sujet, dans des styles variés (documentaires, romans, albums, contes, poésies...) et il n'est pas toujours facile de sélectionner des références adaptées à l'âge des enfants, dont le contenu est juste d'un point de vue scientifique, qui éveillent leur curiosité et renforcent leur sentiment d'appartenance au monde vivant. Voici quelques critères pour faciliter votre sélection :

- des livres mettant en scène des êtres vivants et des milieux naturels européens (beaucoup d'enfants connaissent mieux la girafe que le chevreuil), de manière à ce que les observations et le récit puissent se répondre en écho ;
- des récits montrant les besoins d'autres êtres vivants (se nourrir, se protéger, etc.), que nous partageons avec eux, même si nous les satisfaisons de manière différente ;
- des histoires mettant en exergue la sensibilité des animaux, afin de favoriser le sentiment d'empathie envers eux ;
- des livres soulignant les relations entre les espèces (coopération, compétition, symbiose, etc.) ;

Sélection de livres jeunesse sur la nature

➤ des ouvrages de genres variés (fiction, documentaire, poésie…) ou mélangeant les genres, ce qui amplifie le lien à la nature, abordé par des approches complémentaires.

S'engager en faveur de la biodiversité

Impliquer les enfants dans des projets collectifs visant à favoriser la biodiversité revêt de nombreuses vertus. C'est tout d'abord gratifiant, car on peut parfois observer rapidement les résultats des actions menées. Cela contribue ainsi à construire une image positive de l'engagement écocitoyen, qui contrecarre une vision pessimiste de l'avenir. De plus, cela confère aux enfants le sentiment de pouvoir agir, dont on peut espérer qu'ils s'emparent dans leur vie future.

À l'école, de nombreux engagements à petite échelle sont possibles : étudier la nature dans le cadre de programmes de sciences participatives, prendre soin de la faune et des habitats naturels en initiant des actions telles qu'installer un nichoir pour les oiseaux et planter des arbustes à baies pour qu'ils puissent se nourrir en hiver, mais aussi choisir volontairement la non-action, en laissant faire et en observant comment la nature reprend ses droits, par exemple en arrêtant de tondre la pelouse ou de ramasser les feuilles mortes dans certaines zones de la cour.

Dans une démarche d'éducation au développement durable (voir p. 11), on peut aussi aborder au cycle 3 les liens indirects entre nos modes de vie et l'état des écosystèmes. Cela peut conduire par exemple à questionner les choix de l'école en fonction de critères liés à la préservation de la biodiversité : usage en classe de papier recyclé pour éviter l'abattage d'arbres et limitation du gaspillage de papier, alimentation bio au restaurant scolaire pour enrayer la pollution des écosystèmes par les pesticides, etc. Ces pistes ne sont pas développées dans le présent ouvrage mais sont aussi importantes.

ADOPTER UNE POSTURE D'ENSEIGNANT·E ACCOMPAGNATEUR·TRICE

En tant qu'enseignant·e, on est bien sûr garant·e du cadre et on fixe les règles pour assurer la sécurité et le bien-être de tous les enfants. On structure les séances et les séquences pédagogiques. Lors des sorties natures, il est intéressant de déployer certaines attitudes.

➤ On privilégie une posture de lâcher-prise et d'accompagnement.

➤ On se fait plus discret que d'ordinaire, on se met parfois en retrait pour que les enfants aient un contact direct avec la nature et on les observe.

➤ On accompagne les enfants dans leurs questionnements, on les questionne pour susciter leurs explorations.

➤ On encourage les enfants à observer et à expérimenter.

➤ On partage ses connaissances seulement au moment opportun et on s'autorise à apprendre en même temps que les enfants.

➤ On accepte « l'autrement que prévu ».

➤ On montre son attachement au monde naturel, tant dans son discours que dans ses gestes.

➤ Et surtout… on s'émerveille.

Comment organiser des sorties nature ?

Quel lieu fréquenter ?

Nouer des liens avec la nature demande du temps, des expériences fréquentes, des rencontres régulières. Tout cela est grandement facilité par la proximité.

Découvrir la nature dans la cour de l'école

Les espaces extérieurs de l'école sont généralement les plus accessibles, on peut s'y rendre à tout moment de la journée, il n'y a pas de temps de trajet et la durée de la séance dehors est ainsi facilement ajustable. De plus, ce sont des lieux sécurisés et cela peut être rassurant quand on n'a pas l'habitude d'emmener sa classe dans la nature.

Ces espaces sont en lien permanent avec les enfants, et peuvent devenir un véritable lieu d'éducation à la nature, à condition qu'ils soient adaptés : ombragés, végétalisés, naturels, suffisamment grands et riches en termes d'éléments et de matériaux, avec des végétaux locaux et sauvages. Au lieu de sortir pour rencontrer la nature, les enfant peuvent alors apprendre à vivre à son contact, en la fréquentant lors de temps dédiés, mais aussi lors de temps informels (récréation, sorties, etc.).

Mais ce n'est pas toujours le cas, et souvent la nature ne représente qu'une portion congrue de la cour : un platane, un carré de pelouse... Cependant, même dans une cour très artificielle, il y a toujours des êtres vivants à observer (gendarmes, araignées, pies, mésanges, pissenlits, etc.) et c'est important de s'y intéresser.

La réalisation d'un état des lieux des milieux de la cour et un inventaire de ses habitants, même peu nombreux, peuvent constituer le point de départ d'un projet de transformation de l'enceinte scolaire pour que celle-ci soit plus accueillante pour les autres êtres vivants.

« Contribuer à un projet de renaturation », p. 243.

« La végétalisation des cours d'école joue un rôle majeur pour inscrire l'école dans la transition écologique et l'adaptation au changement climatique. Elle permet de participer à la préservation de la biodiversité locale, de sensibiliser les élèves aux enjeux d'une alimentation durable (potager, arbres fruitiers, etc.) et de proposer aux élèves un cadre de vie scolaire plus agréable. Cet espace végétalisé est également mobilisable comme support pédagogique. »

https://batiscolaire.education.gouv.fr

« Bâtir l'école, cours de récréation maternelle et élémentaire », fiche espace, ministère de l'Éducation nationale et de la Jeunesse, 2022.

Trouver un coin nature à proximité

La fréquentation d'un espace proche de l'école (parc, petit bois, champ, jardin, friche...) implique un temps de déplacement, mais permet d'accéder à des espaces souvent plus riches que l'enceinte scolaire. L'idéal est de trouver un lieu à moins de 15 minutes de trajet à pied, afin de garder des temps suffisamment longs sur place. Il n'est pas utile de chercher « le » terrain idéal : une simple friche peut suffire. Plus l'espace est riche en éléments et matériaux, mieux c'est : feuilles mortes, bois mort, de la terre à creuser, des arbustes où se cacher, des arbres...

Pour trouver cet espace et obtenir les autorisations d'occupation qui sont indispensables, il est souvent utile de se rapprocher de la mairie : celle-ci peut proposer des terrains communaux ou transmettre les coordonnées des propriétaires de parcelles convoitées. La signature d'une convention pourra formaliser l'occupation du terrain.

Opter pour un lieu spacieux, assez ouvert, dans lequel on se voit assez facilement, même en étant à distance les uns des autres, facilitera la mise en place des activités. L'idéal est de trouver un lieu un peu abrité, en sous-bois par exemple, qui sera plus confortable, les écarts de température y étant moindres, la pluie moins forte, et la végétation protégeant du vent.

L'enseignant·e repère le lieu au préalable afin de prévoir la manière de l'occuper avec le groupe. On peut aussi commencer à lister les éléments naturels qui pourront être observés (arbres, litière, lierre, toiles d'araignées, etc.), tout en ayant conscience que d'autres se dévoileront au fil du temps et des saisons.

Des aménagements légers sont envisageables, comme un espace de regroupement constitué de quelques troncs d'arbres organisés en cercle. Mais il faut être vigilant à ne pas trop dénaturer le lieu, qui subira déjà un impact non négligeable de par la fréquentation régulière d'un groupe, ne serait-ce que par le piétinement que cela induit.

LES AIRES TERRESTRES ÉDUCATIVES

Ce programme, porté par l'Office Français de la Biodiversité (OFB), consiste à confier la gestion participative d'une mini réserve naturelle (parc urbain, friche, zone humide, forêt, rivière, etc.) à des élèves de cycle 3 ou 4 et à leur enseignant·e, accompagnés d'un·e éducateur·trice à l'environnement.

En se réunissant sous la forme d'un « conseil des enfants », les élèves étudient cette aire et décident de façon démocratique des actions à y mener pour préserver son patrimoine naturel et culturel.

https ://ofb.gouv.fr/aires-educatives

Sortir dans la part sauvage de la nature

Dans la plupart des écoles, il n'est pas possible de se rendre fréquemment dans des espaces naturels sauvages, souvent lointains.

Il est cependant important de proposer aux enfants deux ou trois sorties par an dans une réserve naturelle, une forêt ou un autre milieu naturel et/ou d'organiser une classe de découverte nature.

Ces expériences sont fondatrices. La preuve en est de la trace laissée dans la mémoire des adultes qui évoquent souvent ces temps-là quand on les interroge sur leurs souvenirs d'école.

Ces sorties seront encore plus bénéfiques si les enfants ont développé au préalable dans leur environnement immédiat des habitudes, des compétences d'observations et des premières connaissances.

Emmener les enfants dans des milieux préservés, c'est leur donner à voir ce que pourrait devenir leur environnement immédiat. C'est leur montrer la nature sauvage pour qu'elle redevienne leur référence en lieu et place de la nature dégradée qui les environne.

Avec quels adultes coopérer ?

Qu'il s'agisse d'un projet au sein de l'enceinte scolaire ou à l'extérieur, il faut rechercher l'adhésion et le soutien des partenaires éducatifs. Et quand c'est possible, il est plus facile de se lancer à plusieurs.

COMMENT IMPLIQUER D'AUTRES PERSONNES DANS VOTRE PROJET ?

Il est important d'expliquer votre démarche et de donner à voir vos expériences. N'hésitez pas à proposer à d'autres adultes d'assister à certaines sorties afin qu'ils en constatent par eux-mêmes les bénéfices. Il existe un besoin fondamental de nature enfoui plus ou moins profondément en chacun d'entre nous. Un simple déclic peut lui permettre de remonter à la surface.

Les collègues

L'idéal est d'élaborer un projet impliquant toute l'équipe sur la durée, dans le cadre d'un projet d'école. C'est même indispensable si on vise une renaturation de grande ampleur de l'enceinte scolaire. À défaut, on peut rechercher la collaboration avec au moins un·e autre enseignant·e prêt·e à s'investir. Et parfois, il suffit de se lancer pour entraîner des collègues qui entendront parler de vos sorties et de leurs bénéfices par des enfants ou des parents d'élèves et se sentiront interpellés.

La hiérarchie

Faire classe dehors à Paris

Académie de Paris
https ://media.mdi-editions.com/v003

Bien que son aval ne soit généralement pas nécessaire, vous avez tout intérêt à présenter votre projet à l'équipe de circonscription (inspecteur et conseillers pédagogiques). Même si les modalités d'enseignement que vous choisissez ne sont pas traditionnelles, vous respectez le cadre du socle commun des connaissances et des compétences et les sorties nature permettent de traiter de nombreux points des programmes (en sciences, en géographie, mais aussi en maîtrise de la langue, en éducation morale et civique, etc.). N'hésitez pas à faire valoir le caractère innovant de votre démarche, comme l'ont fait des collègues parisiens accompagnés dans leur projet « Faire classe dehors à Paris » en 2019-2021 par la CARDIE (Centre Académique pour la Recherche et le Développement en Innovation et Expérimentation).

Les éducateurs·trices à l'environnement

Leurs compétences sont utiles et même nécessaires. Beaucoup de collectivités (communes, communautés de communes ou d'agglomération, départements) et d'organismes publics (parcs, réserves, syndicats mixtes...) financent des interventions dans les écoles d'associations d'éducation à l'environnement. Vous pouvez aussi vous adresser directement à

La carte des réseaux du FRENE

https ://media.mdi-editions.com/v004

La carte du réseau de France Nature Environnement

https ://media.mdi-editions.com/v005

celles de votre secteur en direct ou *via* les réseaux (FRENE au niveau national, Graines au niveau régional, réseaux départementaux…).

Si longtemps, les pratiques des éducateurs à l'environnement ont été basées sur des animations clé en main en face à face avec les élèves, de plus en plus proposent un accompagnement des enseignant·e·s. Leur aide peut alors prendre plusieurs formes selon les besoins des équipes : appui à l'élaboration des projets, pistes d'activités à proposer aux élèves, co-intervention sur quelques séances de classe avec une visée formative pour l'enseignant·e, dévolution de ressources, etc.

N'hésitez pas à exprimer vos demandes particulières, quelles que soient les propositions initiales des associations, à solliciter des adaptations des programmes parfois standards des collectivités. Même si vous n'êtes pas un·e naturaliste chevronné·e, vous possédez, en tant qu'enseignant·e, de solides compétences pédagogiques et didactiques qui vous rendent légitimes à co-intervenir, voire à co-construire avec les animateurs.

Les parents

Il est important que les parents comprennent ce que vous allez faire dehors. Pour certains d'entre eux, l'école c'est la classe, et faire la classe dehors n'a pas de sens.

Vous avez tout intérêt à présenter votre projet lors d'une réunion, en particulier à la rentrée. Il s'agit de rassurer en informant sur le cadre, mais aussi d'expliciter les objectifs, les plus-values, de fournir des informations sur ce que vous allez faire, l'emploi du temps, les activités, et d'insister aussi sur l'importance des tenues des enfants (voir p. 24).

Vous pouvez également envisager d'organiser une visite du site fréquenté, ou encore un café des parents à l'extérieur pour présenter le projet, etc. Souvent, la meilleure façon de remporter l'adhésion des parents est de leur permettre d'assister à une ou des sorties en tant qu'accompagnateurs. Ils pourront ainsi par eux-mêmes observer les bénéfices de votre action et les relayer.

Les accompagnateurs

Cela peut être des parents, mais aussi des personnes en service civique, des AESH (Accompagnant·e·s des Élèves en Situation de Handicap), etc. Et pourquoi pas de temps en temps le ou la directeur·trice sur un temps de décharge ou un·e collègue qui n'a pas sa classe ce jour-là ?

Mieux vaut prendre quelques minutes avant la séance pour échanger avec la personne accompagnant la classe, présenter sommairement le programme de la demi-journée, expliquer son rôle, éventuellement dire quelques mots sur la posture attendue… Prendre ce temps, c'est permettre à l'accompagnateur·trice de jouer un rôle plus actif que la seule surveillance du groupe.

Les collectivités

Les municipalités ont un rôle clé à jouer. Elles peuvent aider l'équipe à trouver un terrain à l'extérieur de l'école (voir p. 20). Mais c'est surtout dans l'enceinte de l'école que leur rôle est essentiel. La plupart des projets d'aménagement ou de non-aménagement proposés dans les activités de la partie « Passer à l'action » (voir p. 241) supposent *a minima* un accord, voire un soutien de la commune.

Les interlocuteurs sont les élus chargés des affaires scolaires, mais aussi ceux qui ont la responsabilité des espaces verts ainsi que les services associés.

Même si les pratiques évoluent (plus en ville paradoxalement qu'à la campagne), il n'est pas toujours facile d'expliquer qu'on souhaiterait qu'une partie de la pelouse ne soit plus tondue, qu'on ne ramasse pas systématiquement les feuilles mortes et encore moins qu'on enlève du goudron. Vous pouvez prendre appui sur les expériences d'autres écoles, de plus en plus nombreuses, en particulier dans les grandes villes (cours Oasis à Paris, par exemple).

Par ailleurs, il est important de s'inscrire dans la durée, beaucoup de municipalités étant à juste titre réticentes à engager des travaux répondant à la lubie du moment.

Enfin, il faudra associer le personnel d'entretien de l'école, lui expliquer le projet, entendre les craintes liées par exemple à la terre que les enfants risquent de rapporter du dehors sous leurs chaussures, envisager avec lui des solutions comme le changement de chaussures au retour des sorties (ou de la cour si elle n'est plus bitumée).

Le conseil d'école

La plupart des partenaires étant représentés au conseil d'école, c'est un lieu important pour expliciter les projets et leur intérêt, tant pédagogique qu'éducatif.

D'autres partenaires

Les paysagistes ont une expertise utile pour les projets de renaturation des cours d'école, en particulier ceux des CAUE (Conseils d'Architecture, d'Urbanisme et d'Environnement) présents dans tous les départements.

D'autres collaborations locales sont envisageables avec des acteurs extérieurs au milieu scolaire, par exemple les médiathèques, les centres sociaux, culturels et de loisirs.

Quelles précautions prendre ?

La réglementation

La plupart des sorties suggérées dans cet ouvrage se font à proximité de l'école et leur durée ne dépasse pas une demi-journée de classe. Aucune demande d'autorisation n'est nécessaire, mais il faudra informer au préalable le ou la directeur·trice de l'école et les parents. On a souvent intérêt à avertir aussi l'inspecteur·trice de circonscription, ce qui permet en outre de valoriser l'action.

À l'école élémentaire, l'enseignant·e peut réglementairement effectuer seul ces sorties, mais l'accompagnement par un·e autre adulte est vivement conseillé.

La sécurité

Il s'agit à juste titre de la première préoccupation de l'enseignant·e qui emmène sa classe dehors.

Dans le coin nature fréquenté, on repère les dangers potentiels et on définit les limites à ne pas dépasser, en s'appuyant sur des repères visuels existants (clôture, haie, chemin...) ou mis en place (foulards colorés, par exemple). Une consigne simple pour délimiter l'espace est de demander aux enfants de toujours avoir un adulte en vue.

Le recours à un signal sonore pour le regroupement est aussi un élément important de sécurité (par exemple un hululement produit par l'enseignant·e ou à l'aide d'un appeau).

On fixe un nombre limité de règles de sécurité, visant à respecter trois grands principes : se respecter, respecter les autres, respecter la nature et ses êtres vivants.

En pratique, les incidents les plus courants sont les écorchures, les échardes ou les piqûres d'orties. Une trousse à pharmacie classique pallie à ces petites mésaventures. Par ailleurs, les chutes sont souvent moins graves dans les feuilles, l'herbe ou la boue que sur le bitume.

ATTENTION AUX TIQUES !

On les trouve un peu partout dans des zones boisées et humides, les herbes hautes des prairies, les jardins et les parcs forestiers ou urbains, entre avril et novembre dès lors qu'il fait chaud et humide. Elles peuvent transmettre la maladie de Lyme si la tique reste fixée un certain temps (plus de 24 heures en général, à partir de 12 heures pour certaines formes).

La prévention des piqûres de tique

Citique
https://media.mdi-editions.com/v006

Pour prévenir les piqûres, l'idéal est de privilégier le port de pantalons (rentrés dans les chaussettes), et d'utiliser un répulsif naturel. Il est également plus facile de repérer les tiques sur les vêtements de couleur claire.

Il reste cependant indispensable de surveiller, après chaque sortie de printemps et d'été, la présence éventuelle de tiques. Les adultes accompagnateurs pourront effectuer une première vérification, à compléter par les parents, qu'il faudra donc informer.

Les tiques sont à retirer avec un tire-tiques, et la piqûre désinfectée. Si une plaque rouge et ronde s'étend en cercle à partir de la zone de piqûre, il faut consulter un médecin.

Le confort

Il n'y a pas de mauvais temps, seulement de mauvais vêtements : on peut sortir par tout temps si on prévoit un équipement en conséquence et qu'on adapte les activités (plus de mouvements par temps froid, par exemple) et éventuellement la durée.

Comme on le fait pour le sport, les enfants devront porter une tenue de sortie adaptée à la saison et à la météo. Certains accessoires pourront également améliorer le confort à la mauvaise saison (voir ci-contre). Il faudra consacrer un peu d'énergie pour informer les parents et responsabiliser les élèves. N'hésitez pas aussi à indiquer les lieux où se procurer des habits bon marché de type ressourcerie.

LA TENUE DES ENFANTS

- Une veste imperméable et si possible un surpantalon imperméable pour rester au sec et éviter de salir les vêtements en dessous (sauf en été).
- Des bottes en caoutchouc (fourrées en hiver) ou des chaussures de marche.
- Un bonnet ou un chapeau pour la tête.
- Des gants et un tour de cou en hiver.
- Il est également utile de laisser une tenue de rechange à l'école.

Le matériel

L'école a tout intérêt à investir dans l'achat de matériel d'observation (loupes, boîtes-loupes, attrape-bestioles) et de quelques petits guides d'identification, à mutualiser entre les classes.

Le reste du matériel ne requiert pas de dépenses particulières, car cela correspond à des objets en usage à l'école ou pouvant être fabriqués à partir de matériaux de récupération (par exemple des carrés imperméables pour s'asseoir découpés dans de vieilles toiles cirées).

LISTE DU MATÉRIEL

LE SAC DE L'ENSEIGNANT·E

Les indispensables

- Une trousse de secours (avec un tire-tiques)
- Les protocoles d'accueil individualisés (PAI)
- La liste des numéros d'urgence
- Des mouchoirs
- Du papier toilette
- De l'eau
- Un ou deux vêtements en plus, selon la météo (gants, bonnets, chapeaux, imperméable...)

Les petits plus

- Un petit carré de plastique ou de mousse par enfant (pour s'asseoir sur le sol s'il est humide)
- Une grande bâche (pour s'abriter de la pluie)
- De la tisane chaude et des gobelets

LE MATÉRIEL D'EXPLORATION ET D'OBSERVATION

Rien n'est indispensable et il est intéressant de sortir sans matériel. Pour chacune des activités de ce livre, la liste des objets utiles est précisée. Voici une liste de ceux qui sont le plus souvent suggérés.

- Des boîtes-loupes et des loupes (si possible une par enfant)
- Quelques attrape-bestioles et/ou des pinces
- Des récipients blancs ou transparents ou des petits aquariums
- Des sacs pour faire des récoltes
- Des guides d'identification
- Éventuellement des appareils photo et/ou des tablettes

LE SAC À DOS DES ENFANTS

Chaque enfant devra être muni d'un petit sac à dos contenant quelques affaires de base et qui restera de préférence à l'école entre chacune des sorties.

- Une gourde
- Le carnet d'explorateur (voir p. 73)
- Une trousse avec des crayons et des stylos
- Une planchette format A5 (avec des pinces à linge pour fixer le carnet dessus)

Comment organiser les temps dehors ?

Pour que les enfants et les adultes accompagnants vivent bien les séances d'éducation à la nature, pour que ces temps soient riches, il convient de bien penser leur structuration temporelle. Nous vous suggérons de prévoir un déroulé type, un squelette définissant les principales phases, à adapter et moduler selon vos envies et pour chacune des sorties. En voici un exemple ci-dessous dont vous pouvez vous inspirer.

Exemple de structuration d'une demi-journée

Les différents temps	Objectifs	Durée
La préparation à l'école	Vérifier le matériel, donner les consignes pour le déplacement.	10 min
La marche d'approche	Se préparer à la séance en nature.	5 à 15 min
Les rituels d'entrée	Rappeler les règles sur le site, présenter le programme.	10 min
L'affût solitaire	Entrer seul en relation avec le milieu naturel. Partager des expériences de l'affût.	5 à 20 min 15 à 20 min
Les activités guidées (et/ou) Le jeu libre	Différent selon les séances. Explorer le milieu seul ou avec les pairs.	1 h 10 à 1 h 50
Les rituels de sortie	Échanger sur le déroulement des activités guidées et synthétiser ce qui a été appris. Partager des expériences vécues pendant le jeu libre. Exprimer sa gratitude sur le vécu de la matinée.	15 à 20 min
La marche de retour	Se préparer au retour à l'école.	5 à 15 min

La préparation à l'école

L'enseignant·e ou un enfant rappelle la liste de ce que chacun doit emporter (vêtements, sac à dos, gourde, etc.), puis on vérifie les tenues et on se remémore collectivement les consignes pour le déplacement.

La marche d'approche

Le temps de déplacement peut être aussi un temps d'apprentissage et de préparation aux activités de la demi-journée. Si le rang s'impose en bord de route, mieux vaut une organisation plus lâche du groupe en milieu naturel. Des consignes ou incitations variables selon les séances peuvent concentrer l'attention des enfants : marcher en faisant le moins de bruit possible, chuchoter ou communiquer par gestes pour entendre les oiseaux, observer au passage un élément du paysage, marcher lentement en centrant son attention sur un sens (l'ouïe, l'odorat…), etc.

OUVREZ L'ŒIL !

La séance dehors commence dès qu'on sort de la classe : tous les moments sont propices pour se relier à la nature, y compris le cheminement.

Les rituels d'entrée

Dès l'arrivée sur le site, on prévoit un temps court de regroupement. C'est le moment du rappel des règles, de la présentation du programme du jour. On fait aussi un point rapide sur ce qui a été observé en chemin, le cas échéant. Ce temps peut inclure une préparation du site si nécessaire, par exemple l'installation d'une bâche pour se mettre à l'abri s'il pleut.

LES INDISPENSABLES RITUELS

En tant qu'enseignant·e·s, nous connaissons l'importance des routines dans la conduite de la classe. Elles rassurent les élèves et nous libèrent d'une partie de notre charge mentale. Les enfants savent ce qu'ils doivent faire, nous n'avons pas (ou moins !) à leur répéter et nous pouvons nous consacrer au cœur de notre enseignement.

À l'extérieur, c'est encore plus utile pour nous rassurer, enfants comme adultes, dans un cadre physique plus lâche. Nous avons besoin de repères sécurisants.

De plus, la répétition favorise les apprentissages, en particulier quand il s'agit de capacités, d'attitudes : par exemple, systématiser les temps de mise en commun offre des occasions régulières pour développer le langage oral, prévoir un temps d'affût solitaire à chaque début de sortie renforce peu à peu la capacité à écouter et observer la nature...

L'affût solitaire

Ce temps est un fondement de la démarche proposée dans cet ouvrage. C'est un moment privilégié qui met les élèves en situation de tête à tête avec le milieu naturel pendant 5 à 20 minutes.

L'enseignant·e peut faire le choix de ne pas donner de consigne précise ou bien inciter les enfants à porter leur attention sur un aspect particulier : sons entendus, couleurs, ambiance, sensations, etc.

La mise en commun qui s'ensuit est souvent riche, tant dans l'expression des ressentis des enfants que de leurs observations, qui peuvent inspirer l'enseignant·e pour les séances suivantes, susciter des questions à résoudre, des thèmes à développer, etc.

« Être à l'affût », p. 37.

Les activités guidées

Elles sont spécifiques à chacune des séances et sont proposées par l'enseignant·e, qui effectue des choix en se laissant guider par les enfants ou la nature, par des thèmes à explorer, des notions scientifiques à aborder...

« Comment choisir les activités ? », p. 29.

Le jeu libre

En plus des temps guidés par l'enseignant·e, il est important de laisser une place pour le jeu libre en nature.

Ce temps non dirigé est un moment pendant lequel les enfants peuvent évoluer librement dans un cadre défini par l'adulte et durant lequel ils choisissent eux-mêmes les activités qu'ils souhaitent mener, seuls ou à plusieurs. L'enfant est alors acteur de ses apprentissages : il apprend selon ses besoins, ses envies, les sollicitations du milieu et des autres enfants, et au rythme qui lui convient le mieux. Le temps non dirigé offre à l'enfant une opportunité de construire des liens directs avec la nature, selon des modalités qui lui sont propres et sans l'intermédiaire de l'adulte.

L'enfant en tire des bénéfices multiples :

- il développe son autonomie, se responsabilise en prenant lui-même ses décisions ;
- il développe sa créativité en inventant ses propres jeux ;
- il accroît la confiance en lui-même et en la nature ;
- il coopère avec ses pairs de manière spontanée.

Souvent, les enfants réinvestissent des jeux ou des activités dirigées qui leur ont été proposées précédemment, mais à leur rythme, en les adaptant, en les modifiant.

LE RÔLE DE L'ENSEIGNANT·E PENDANT LES JEUX LIBRES

Les temps de jeux libres ne sont pas des récréations (temps peu nécessaires en nature) et il est important que des intentions pédagogiques sous-tendent ces moments. L'enseignant·e ne se limite pas à surveiller ses élèves et à garantir le cadre mais les accompagne par l'écoute, en mettant à disposition du matériel, en suggérant des activités à ceux qui ne savent pas quoi faire. On observe les enfants, on note leur évolution.

Les rituels de sortie

Avant de quitter le lieu, on effectue un dernier regroupement, qui est un temps de bilan. On peut échanger sur le déroulement des activités guidées et sur ce qui a été appris, mais aussi partager des expériences vécues pendant le jeu libre.

On peut également faire de ce moment un temps de gratitude, afin de prendre conscience des cadeaux que nous offre le vivant. Chacun à tour de rôle s'exprime en démarrant sa phrase par : « Aujourd'hui, je remercie... ». Cela peut être le soleil, la pluie, un camarade pour un regard ou un moment partagé, un rêve, une réussite...

Ce faisant, on place au même niveau le lien avec l'humain et le non humain : on peut remercier aussi bien l'ami qui nous a donné la main pour franchir un obstacle, que le rapace qui nous a offert sa présence.

Comment choisir les activités ?

Se laisser guider par les enfants et la nature

Pour organiser les séances, on s'appuiera sur les potentialités du lieu fréquenté, les thèmes que l'on souhaite traiter (voir p. 30), sans oublier les compétences à développer (voir p. 30) ou les notions scientifiques à aborder (voir p. 32).

Mais il est aussi essentiel de s'appuyer sur l'observation des élèves afin de puiser des informations pour organiser les séances suivantes : qu'est-ce qui attire leur attention en ce moment ? quels sujets les intéressent le plus ? quelles activités les motivent le plus ? que savent-ils et qu'ont-ils besoin d'apprendre ?

Les moments de jeux libres sont particulièrement propices à ces observations. De même, les mises en commun suivant les affûts fournissent des pistes souvent précieuses.

La programmation des séances ne peut donc pas toujours se faire très à l'avance. C'est pourquoi nous proposons des activités à réaliser au gré de l'évolution de la classe et des opportunités qu'offre la nature.

Le titre de ce livre, *À l'école du vivant*, prend ici tout son sens : il s'agit de s'appuyer sur la nature et sur ce qu'elle induit chez les élèves pour construire des apprentissages au fil de l'eau. Cela suppose de développer sa confiance dans les ressources que procure la nature et dans sa capacité et celle des enfants à s'en saisir.

RÉAGIR À L'IMPRÉVU

La nature réserve souvent des surprises : cela peut être un animal inattendu qui montre le bout de son nez et attire l'attention des élèves, ou au contraire l'absence d'observations de ce qui est recherché. Au fil du temps, on apprend ainsi, petits et grands, à s'adapter à l'incertitude de la nature. Cela peut conduire par exemple à prendre le temps d'observer ce que la nature offre sur l'instant en acceptant de reporter tout ou partie de ce qui était prévu. Ou encore de rebondir sur l'imprévu, mais en différant la réponse aux questions que cela peut soulever (avec des activités à prévoir la séance suivante, ou des recherches à confier à un groupe…). L'enseignant·e peut aussi prévoir dans sa musette un plan B au cas où la nature ne serait pas là où on l'attendait (un thème de débat, une histoire à raconter…).

On adaptera également le niveau des activités proposées à l'âge des élèves. Des indications dans ce sens sont présentes dans chaque activité, mais on pourra proposer à de jeunes élèves des activités de niveau plus élevé s'ils ont une grande motivation et/ou une grande expérience de la découverte de la nature.

Prendre appui sur des compétences transversales

Les onze premières activités de ce guide détaillent des pratiques transversales destinées à être mises en œuvre dans le cadre de séances spécifiques ou de séances sur différentes thématiques (voir p. 103). Elles prennent appui sur les compétences du socle commun :

- Développer l'attention et la capacité à observer, par exemple par la posture de l'affût.

« Être à l'affût », p. 37.

- Identifier et exprimer sa sensibilité grâce à des activités sensorielles de nature permettant d'affiner les perceptions des enfants.

« Sentir, toucher, voir... », p. 43, et « Écouter », p. 49.

- Identifier et questionner ses représentations mentales (ce que l'on sait, ce que l'on croit).

« Questionner ses représentations », p. 55.

- Développer sa curiosité et sa capacité d'émerveillement, affiner ses observations et accroître sa capacité à décrire et représenter par le dessin scientifique.

« Observer et représenter », p. 61.

- Renforcer sa capacité de discernement entre les êtres vivants, les considérer dans leur altérité et leur identité.

« Nommer le vivant », p. 67.

- Parler et communiquer à l'oral, s'exprimer à l'écrit en langue française : les sorties nature fournissent beaucoup de matière pour travailler sur le langage ; le carnet d'explorateur pourra être investi à chaque sortie, et les temps de mise en commun sont propices au partage de récits d'expériences.

« Garder trace : le carnet d'explorateur », p. 73, et « Raconter ses expériences », p. 79.

- Développer sa propre pensée et l'exprimer dans le cadre d'un débat philosophique qui interroge la place et les liens entre tous les êtres vivants, humains compris.

« Philosopher », p. 85.

- Être capable de faire preuve d'empathie en se mettant à la place d'autres êtres vivants ou en les représentant pour défendre leurs droits.

« Développer son empathie », p. 91, et « Porter la parole d'un être vivant », p. 97.

Explorer des thématiques spécifiques

Nous proposons d'explorer l'environnement naturel à travers dix-huit thématiques (voir p. 103), par exemple différents écosystèmes (l'arbre, la haie, le lierre) ou environnements (les plantes sauvages qui poussent dans la rue, la litière en forêt, la nature l'hiver, par temps de pluie ou la nuit), et d'approfondir les connaissances relatives à certains animaux (vers de terre, escargots, araignées, insectes pollinisateurs, oiseaux...).

Ces thématiques constituent des portes d'entrée pour construire des connaissances sur le monde vivant et ainsi se doter de clés pour mieux le comprendre dans sa structure, son fonctionnement et les interrelations complexes qui l'animent. Elles visent aussi l'établissement de liens avec tous les êtres vivants, tant ceux qui nous attirent spontanément (les oiseaux, par exemple) que ceux qui nous font peur (araignées), nous inspirent de la répulsion (limaces), du désintérêt (vers de terre), voire un jugement négatif (les « animaux nuisibles » et les « mauvaises herbes »).

La plupart de ces activités ne sont réalisables qu'à certaines périodes de l'année (voir ci-dessous). Pour se lancer, il est préférable de s'appuyer sur des observations réalisées par les enfants ou des repérages de l'enseignant·e dans le coin nature fréquenté.

À quelle saison peut-on réaliser les activités ?

Le tableau ci-dessous fournit des repères concernant les périodes les plus favorables aux différentes activités pouvant être menées. Ces données ne sont qu'indicatives et peuvent différer selon les régions ou varier selon les années.

Mois	S	O	N	D	J	F	M	A	M	J
L'arbre, un écosystème p. 105	●	●	●	●	●	●	●	●	●	●
Mon arbre mois par mois p. 113	●	●	●	●	●	●	●	●	●	●
La haie, un écosystème p. 121	●	●	●	●	●	●	●	●	●	●
Le lierre, un écosystème p. 129	●	●	○			○	○			
Des graines qui font voyager les plantes p. 135	●	●	●						○	○
Les plantes sauvages de la rue p. 143	○	○					●	●	●	●
La litière en forêt p. 149		●	●	●			●	●		
Les vers de terre p. 157		○	○		●	●	●	●	○	
Les escargots et autres limaces p. 165		●	●				●	●	●	
Les araignées p. 173	●	●						○	○	○
Les insectes pollinisateurs p. 179	○	○						○	●	●
Des chenilles aux papillons p. 187								●	●	●
Coccinelles, pucerons et fourmis p. 195	○	○	○				○	●	●	●
Les oiseaux à la mangeoire p. 203			●	●	●	●	●			
Hirondelles et martinets p. 211	○						○	●	●	●
Les animaux en hiver p. 219			●	●	●	●	●			
Chouette, il pleut ! p. 227	○	●	●				○	●	●	○
Les animaux de la nuit p. 233	●	○						●	●	●

Légende :

● Mois les plus favorables pour réaliser l'activité.

○ Périodes moins favorables.

C'EST POSSIBLE, MÊME EN VILLE !

Même si la biodiversité est plus faible au cœur des villes, les thèmes ci-dessous pourront y être abordés assez facilement. Selon l'environnement de l'école, le champ des possibles pourra être plus ou moins élargi, la présence d'un parc ou d'un jardin à proximité étant un bon atout.

- « L'arbre, un écosystème », p. 105.
- « Mon arbre mois par mois », p. 113.
- « Les plantes sauvages de la rue », p. 143.
- « Les vers de terre », p. 157.
- « Les escargots et autres limaces », p. 165.
- « Les araignées », p. 173.
- « Les insectes pollinisateurs », p. 179.
- « Des chenilles aux papillons », p. 187.
- « Les oiseaux à la mangeoire », p. 203.
- « Hirondelles et martinets », p. 211.
- « Les animaux de la nuit », p. 233.

Faire le lien avec les concepts et notions scientifiques sur le vivant

Le tableau ci-après résume les concepts et notions scientifiques sur le vivant abordés à travers les activités de cet ouvrage. Ces concepts clés sont intégrés dans les programmes en vigueur, même si les formulations peuvent être très légèrement différentes.

Ce tableau peut s'utiliser de deux manières :

- pour choisir des activités sur des thématiques en lien avec un concept ou une notion spécifique (dernière colonne) ;
- comme « feuille de route », afin de suivre leur étude en temps réel en cochant une case à chaque fois que le concept correspondant est travaillé (voir document en téléchargement sur le site compagnon).

Ce format offre plus de souplesse qu'une programmation, en ne fixant pas à priori l'ordre et le moment auquel les notions seront abordées.

Concepts et notions scientifiques sur le vivant (feuille de route)

CONCEPTS ET NOTIONS SCIENTIFIQUES SUR LE VIVANT	PRINCIPALES ACTIVITÉS ABORDANT CES NOTIONS
Les caractéristiques du vivant : des points communs entre tous les êtres vivants	
Tout être vivant extrait l'énergie et la matière du milieu pour se nourrir et respirer, et ainsi subvenir à ses fonctions vitales.	
Les **végétaux chlorophylliens** (verts) fabriquent leur matière vivante : • en absorbant de l'eau et des sels minéraux par leurs racines ; • en captant du dioxyde de carbone et l'énergie du soleil par la chlorophylle des feuilles.	1 L'arbre, un écosystème 2 Mon arbre mois par mois 7 La litière en forêt 8 Les vers de terre
Les **animaux** ont des régimes alimentaires différents : • certains se nourrissent plutôt de végétaux (ce sont des **végétariens**) ; • d'autres d'animaux (ce sont des **carnivores**) ; • d'autres encore des deux (ce sont des **omnivores**).	9 Les escargots et autres limaces 10 Les araignées 12 Des chenilles aux papillons 13 Coccinelles, pucerons et fourmis 14 Les oiseaux à la mangeoire

Tout être vivant a la capacité de se reproduire pour assurer la survie de son espèce.	
Les **plantes** peuvent se reproduire de deux façons : • par la rencontre du pollen avec un ovule contenu dans le pistil (**pollinisation**). Cette reproduction sexuée produit une graine disséminée ; • par **reproduction asexuée**, sur la base d'un morceau de plante (bouture, tubercule…).	5 Des graines qui font voyager les plantes 11 Les insectes pollinisateurs
Chez tous les animaux, la **fécondation** aboutit à la formation d'un œuf à l'intérieur de l'organisme maternel ou à l'extérieur.	12 Des chenilles aux papillons 15 Hirondelles et martinets
Tout être vivant naît, se développe puis meurt au cours d'un cycle de vie.	
Une **graine** germe, la plantule qu'elle contient grandit en utilisant des réserves de nourriture contenues dans un ou des cotylédons.	5 Des graines qui font voyager les plantes
L'**arbre** grandit grâce à ses bourgeons, qui donnent naissance à une nouvelle tige portant des feuilles.	2 Mon arbre mois par mois
Chez certains êtres vivants, les jeunes sont très différents de leurs parents. Appelés « **larves** », ils changent profondément de forme au cours de leur croissance. Ils subissent des **métamorphoses**.	11 Les insectes pollinisateurs 12 Des chenilles aux papillons 13 Coccinelles, pucerons et fourmis
Certains animaux ne grandissent pas de manière continue. Régulièrement, les jeunes ou les larves perdent leur peau. C'est la **mue**.	12 Des chenilles aux papillons
La diversité des êtres vivants	
Les formes de vie sont organisées par les scientifiques selon une classification phylogénétique.	
Cette classification se base sur les **caractères communs** entre les êtres vivants. Plus les êtres vivants ont de caractères communs, et donc plus ils se ressemblent, plus ils sont proches parents.	7 La litière en forêt (les familles d'animaux du sol) 11 Les insectes pollinisateurs (les familles d'insectes)
La diversité des êtres vivants constitue la biodiversité.	
La biodiversité inclut la diversité des **espèces** ainsi que des **écosystèmes** dans lesquels ils vivent.	1 L'arbre, un écosystème 2 La haie, un écosystème 4 Le lierre, un écosystème 6 Les plantes sauvages de la rue 8 Les vers de terre 9 Les escargots et autres limaces 10 Les araignées 11 Les insectes pollinisateurs 14 Les oiseaux à la mangeoire
L'interdépendance des êtres vivants entre eux et avec leur milieu	
Un écosystème se caractérise par des conditions de milieu (climat, sol, eau…).	
La circulation des éléments (matière, eau…) se fait sous forme de **cycles**.	7 La litière en forêt 17 Chouette, il pleut !
Les conditions de milieux varient selon les **saisons**.	2 Mon arbre mois par mois 16 Les animaux en hiver

Les êtres vivants se développent en s'adaptant à leur milieu.	
Chaque espèce possède son **habitat** (qui fournit la nourriture, l'abri et permet la reproduction), une niche écologique.	1 L'arbre, un écosystème 3 La haie, un écosystème 4 Le lierre, un écosystème 11 Les insectes pollinisateurs 12 Des chenilles aux papillons
Chaque espèce occupe une **aire de répartition** (ou de distribution) géographique liée aux conditions du milieu et à l'histoire.	15 Hirondelles et martinets
L'existence de **corridors écologiques** favorise le déplacement et la dissémination des espèces.	3 La haie, un écosystème
Chaque espèce se caractérise par son rythme d'activités journalier (**nocturne, diurne**).	18 Les animaux de la nuit
Chaque espèce adapte son rythme d'activités aux **variations saisonnières** du milieu (migrations, hibernation des animaux, chute des feuilles des arbres...)	2 Mon arbre mois par mois 14 Les oiseaux à la mangeoire 15 Hirondelles et martinets 16 Les animaux en hiver 17 Chouette, il pleut !
Les êtres vivants d'un même milieu dépendent les uns des autres.	
Le **réseau alimentaire** indique les trajets de la nourriture dans l'écosystème. Les chaînes alimentaires constituent une approche simplifiée de ces relations.	9 Les escargots et autres limaces
Dans tous les milieux, il existe des **décomposeurs** qui transforment la matière organique morte en sels minéraux nécessaires pour les végétaux.	7 La litière en forêt 8 Les vers de terre 9 Les escargots et autres limaces
L'écosystème est le lieu de diverses relations telles que la **compétition**, les **associations**, la **coopération**.	1 L'arbre, un écosystème 4 Le lierre, un écosystème 5 Des graines qui font voyager les plantes 11 Les insectes pollinisateurs 13 Coccinelles, pucerons et fourmis

Passer à l'action

Comment mieux accueillir d'autres êtres vivants dans notre environnement immédiat ? Cette question est omniprésente dans cet ouvrage, quelle que soit la focale retenue, et se traduit par une rubrique « Passons à l'action » à la fin de toutes les activités thématiques.

Elle fait aussi l'objet d'activités spécifiques (voir partie « Passer à l'action », p. 241) avec plusieurs entrées :

➤ Des éléments de démarche pour initier ou accompagner un projet de renaturation de l'espace scolaire.

« Contribuer à un projet de renaturation », p. 243.

➤ Des suggestions d'aménagements : semis ou plantations de végétaux, apports d'éléments naturels, gîtes pour les animaux, mise en place de points d'eau ou d'un compost.

« Enrichir la cour en éléments naturels », p. 263, « Planter, semer… », p. 269, « Installer des points d'eau », p. 277, « Composter pour accueillir les petites bêtes », p. 285, « Construire des gîtes pour la faune », p. 293.

➤ Des suggestions de libre évolution de certains espaces, tels que des coins de pelouse.

« Libérer la pelouse », p. 255.

Se connecter au vivant

Activités pour se connecter au vivant

Ces onze activités détaillent des pratiques transversales destinées à être mises en œuvre dans le cadre de séances spécifiques ou de séances sur différentes thématiques. Elles prennent appui sur les compétences du socle commun.

1 Être à l'affût

« Un jour de novembre, alors que j'avais douze ans et que j'attendais depuis deux heures sous un filet de camouflage en forêt près de Chamagne, trois chevreuils se sont approchés. J'entendais les branches craquer. J'éprouvais un mélange de fascination et de peur. J'ai fait ma première photo, tremblante, de cette chevrette toute proche. C'était génial. Ce moment a été une bascule dans ma vie. Ensuite, j'étais tout le temps derrière la maison à prendre des photos. »

Entretien avec Vincent Munier, « Le travail d'un photographe naturaliste est de susciter l'émotion par la beauté », propos recueillis par Charles Dennaud et Émilie Massemin, reporterre.net, le 22 juillet 2020.

L'affût, c'est quoi ?

L'affût est une pratique consistant à rester caché dans l'attente d'un animal pour l'observer, le photographier, voire le chasser. Dans un objectif de connexion des enfants à la nature, la posture est la même. Mais à la différence des affûts du naturaliste, du photographe ou du chasseur, on ne recherche pas un animal en particulier. Au contraire, on vise une large attention à l'égard de l'ensemble du milieu naturel, aux odeurs, au son du vent dans les arbres, aux chants des oiseaux, aux insectes qui se déplacent au sol, aux couleurs du feuillage, etc. Et bien évidemment, la durée des affûts scolaires est infiniment plus courte.

Vivre l'affût

Suite à une expérience d'affût vécue avec leur classe, des enfants racontent :

- « J'adore le bruit du vent avec les branches et les feuilles, le bruit des oiseaux me calme, ainsi que le bruit des grillons. Je me sens comme une bulle, déconnectée de la réalité », confie Julia ;
- « Je ressens le vent dans mes cheveux. Tous les arbres me font de l'ombre. Je vois du lierre, du buis, des noisetiers et des ronces et du sureau », dit Noémie ;
- « Je suis assise par terre. Cela sent la terre, je suis en dessous du noisetier, j'entends les oiseaux, je me sens mieux dans la nature », ajoute Chloé.

Textes écrits par des élèves de la classe unique de l'école d'Erstroff (Moselle).

ET VOUS ?

On ne peut réellement comprendre les différents bénéfices de cette pratique qu'en la vivant soi-même. N'hésitez donc pas à l'expérimenter en tant qu'adulte ou avec vos propres enfants.

Lorsqu'on demeure immobile, la nature reprend son cours, nous nous fondons en elle, nous en devenons un élément constitutif. À force de revenir toujours à la même place, le lieu devient familier, on en connaît chaque détail, tous les arbres, leurs branches mortes, leurs jeunes pousses.

« On accède peu à peu à la connaissance intime d'une petite parcelle de nature. Quels types de plantes et d'animaux abrite-t-elle ? Quand a-t-on le plus de chances de voir et d'entendre toute cette diversité d'occupants ? Comment la parcelle change-t-elle au cours de la journée, au fil des saisons ? Le poste d'observation devient vite un ami intime qu'on est impatient de retrouver... »

Scott D. Sampson, *Éveiller ses enfants à la nature... même en ville*, Marabout, 2018.

De cette manière, nous renforçons notre sentiment d'appartenance au milieu naturel dans son ensemble. Nous sommes dans ces temps-là entièrement disponibles à ce qui se passe autour de nous et cela donne souvent accès à de belles rencontres.

INTÉRÊT PÉDAGOGIQUE

Cette activité est simple, ne nécessite presque pas de matériel, est peu coûteuse en temps et est source de bien-être et d'apaisement pour les élèves.

- **Elle met les enfants en situation de tête-à-tête avec la nature, contribuant ainsi à approfondir leurs liens avec elle.**
- **Elle favorise la capacité à observer.**
- **Elle développe des compétences fondamentales comme l'attention et le centrage sur soi dans ce face à face solitaire avec la nature.**
- **Pratiquée régulièrement, elle permet d'observer les variations d'un petit espace naturel au fil du temps et des jours.**

Préparer l'activité

Cette activité est rarement familière pour les enfants et c'est au fil du temps qu'ils en percevront les bénéfices. Il est donc important de la pratiquer régulièrement, si possible au début de chaque sortie. Après quelques séances, vos élèves la réclameront !
Elle peut être aussi le point de départ d'autres activités sur des thématiques précises, selon l'intérêt des enfants.

POUR QUI ?

L'affût est possible à tous les niveaux de l'école élémentaire, à condition d'ajuster la durée : quelques minutes pour les plus jeunes et les moins expérimentés, jusqu'à 20 minutes pour des enfants de cycle 3 habitués à cette activité.

OÙ ?

Choisissez un lieu plus ou moins naturel à proximité de l'école (jardin, bois, etc.) de manière à pouvoir le fréquenter régulièrement (voir p. 19).
Le périmètre délimité doit être suffisamment vaste pour que les enfants puissent s'isoler individuellement, mais ces derniers doivent rester à portée de voix des adultes.

MATÉRIEL

- Un signal sonore bien identifiable et perceptible de loin : par exemple un appeau imitant le chant d'un coucou ou d'une chouette hulotte
- Les carnets d'explorateur des enfants (voir p. 73) et des crayons
- Éventuellement un carré de mousse par enfant (pour s'asseoir)

RESSOURCES UTILES

Un an dans la vie d'une forêt, David G. Haskell, Flammarion, 2014. Une lecture inspirante pour les enseignant·e·s.

L'indien qui ne savait pas courir, Leigh Sauerwein, Bayard jeunesse, 2017. Roman jeunesse pour les cycles 2 et 3, comportant de beaux moments d'affût dans la nature.

Réaliser l'activité

La présentation du rituel

Il est utile de délimiter au préalable et de faire identifier aux enfants un périmètre au-delà duquel ils ne devront pas aller.

Lors de la première séance d'affût, l'enseignant·e rassemble les enfants dans l'espace de regroupement et leur explique en quoi va consister l'activité.

➤ *Les observateurs de la nature ont coutume de se mettre à l'affût pour attendre qu'un animal apparaisse.*

➤ *Savez-vous ce que signifie le mot « affût » ?*

L'enseignant·e précise ensuite les objectifs et les postures que devront adopter les enfants :

➤ *Il faut être discret, silencieux et immobile pour que les animaux s'approchent.*

➤ *Il est peu probable que vous aperceviez un ours, mais en faisant bien attention, vous pourrez voir et entendre beaucoup plus de choses que vous ne l'imaginiez.*

Rassemblement lors d'une sortie nature.

Le choix du coin d'affût

L'enseignant·e circule pendant le temps de l'installation pour s'assurer du confort des emplacements, de la sécurité des enfants, et de la distance entre eux.

L'enseignant·e demande aux enfants de parcourir le périmètre préalablement défini, sur le site fréquenté régulièrement par la classe, pour choisir leur coin d'affût.

➤ *Vous allez choisir un coin de nature qui vous plaît, dans lequel vous vous sentez bien et où vous pourrez vous asseoir confortablement. Vous ne devez pas être trop proches les uns des autres.*

Cela peut être au pied d'un arbre auquel les enfants pourront s'adosser, sur un tronc à terre, dans un carré d'herbe, etc.

➤ *Prenez des repères pour mémoriser l'emplacement de votre coin et le retrouver la prochaine fois.*

Le temps de l'affût

Cette situation de solitude relative peut s'avérer anxiogène pour les élèves les plus fragiles, auxquels il faudra prêter attention. Lors des premiers affûts, la présence d'un adulte à proximité d'eux pourra s'avérer nécessaire.

L'enseignant·e réunit le groupe et rappelle les consignes.

- *Vous allez vous rendre dans votre coin d'affût, et rester immobiles quelques minutes pour regarder, écouter, sentir ce qu'il y a autour de vous.*
- *Le signal sonore que je vais émettre vous indiquera le début de l'affût, puis la fin. À ce moment-là, vous devrez rejoindre l'espace de regroupement pour un temps d'échange.*

L'enseignant·e peut aussi proposer aux enfants de porter leur attention sur un aspect particulier de l'environnement, mais il ne s'agit alors que d'incitations ne fermant pas la porte aux autres types d'observations :

- *Quels sons entendez-vous ?*
- *Regardez les feuilles des arbres, leurs formes, leurs couleurs, leurs mouvements.*
- *Prêtez attention aux odeurs.*
- *Observez le sol : de quoi est-il recouvert ? y voyez-vous des petites bêtes ?*
- *Observez les effets du vent, les mouvements des arbres.*
- *Observez les reflets de la lumière sur les feuilles, les ombres…*
- *Qu'est-ce qui vous plaît le plus dans votre coin d'affût ?*
- *Comment vous sentez-vous quand vous êtes seuls dans votre coin d'affût ?*
- *Si vous deviez décrire votre coin d'affût à quelqu'un qui ne le connaît pas, que lui diriez-vous ?*

Pendant le temps d'affût, l'enseignant·e et le (ou les) adulte(s) accompagnant(s) circulent en silence pour veiller sur les enfants, les rassurer par une présence discrète.

Quand le temps est écoulé, l'enseignant·e émet un signal sonore pour rappeler les enfants dans l'espace de regroupement.

Pendant le temps d'affût, les enfants portent leur attention sur l'ensemble de leur environnement ou sur un aspect spécifique : sons, couleurs, odeurs…

La mise en commun

« Raconter ses expériences », p. 79.

La séance se termine par un temps d'expression et de partage à l'oral. L'enseignant·e rappelle au préalable que la parole de chacun doit être accueillie avec respect.

> *Vous pouvez uniquement poser des questions à celui qui témoigne, mais pas commenter ce qu'il dit.*

Pour inviter les élèves à s'exprimer, on peut les questionner sur leurs ressentis (physiques et mentaux) et sur leurs observations individuelles ou en écho aux incitations proposées :

> *Comment vous êtes-vous sentis ?*

> *Qu'avez-vous vu, entendu, senti... ?*

L'enseignant·e prend des notes pour conserver une trace de l'évolution des enfants au fil du temps, et pour préparer les séances suivantes en fonction de leurs centres d'intérêt.

La trace écrite

« Garder trace : le carnet d'explorateur », p. 73.

L'enseignant·e peut aussi inviter les enfants à noter leurs observations sous forme de dessins ou de notes à reporter sur leur carnet d'explorateur. Pour que toute l'attention soit tournée vers la nature, il est préférable de ne recourir à la trace écrite qu'à la fin de l'affût.

École Chabestan, Die (Drôme).

2 Sentir, toucher, voir…

On n'entre pas dans la forêt
comme dans un marché
Il faut baisser la voix
promener ses yeux
autour de soi
deviner les bruits
poser le pied avec douceur
respirer la fraîcheur
écouter le silence
sourire à qui y vit
et qu'on ne voit pas…

Constantin Kaïtéris, *Sur un arbre caché*, éditions Motus, 2018.

L'approche sensorielle, pour se connecter à la nature

Découvrir la nature par l'intermédiaire des cinq sens (la vue, l'ouïe, le goût, l'odorat et le toucher) est indispensable pour construire une connaissance intime de la nature et développer un sixième sens, celui de l'altérité par rapport au monde environnant. Celui-ci s'offre à nous d'abord au travers de nos sensations, qui nous mettent en contact direct avec le réel. C'est ce que Dominique Cottereau résume dans sa phrase : « Les sens sont des outils à fabriquer du sens. » (*Le souci de la nature*, CNRS éditions, 2017.) L'approche sensorielle permet d'établir un lien profond avec les autres êtres vivants, un lien qui nous marque. De plus, les expériences sensibles génèrent des émotions permettant d'ancrer la connaissance plus intellectuelle de la nature.

ET VOUS ?

Réfléchissez à vos souvenirs de rencontres avec la nature : quelles sensations vous reviennent ? Le crissement du tapis de feuilles sous vos pieds ? Les odeurs d'un champ de narcisses en montagne, de la litière en forêt ?

Vous trouverez ici quelques pistes pour attiser l'odorat, le toucher et la vue ; l'ouïe est présentée dans une activité distincte (voir p. 49). Nous n'aborderons pas le goût, un sens pourtant essentiel. En effet, pour éduquer les enfants aux sensations gustatives en milieu naturel, il faut être capable d'identifier les plantes avec certitude afin de discerner à coup sûr les comestibles des toxiques.

La mémoire des sens

Nous enregistrons souvent inconsciemment des informations sensorielles en provenance de notre environnement, des sons, des images, des odeurs... Certaines restent longtemps dans nos mémoires, en particulier les odeurs dont on peut se souvenir toute notre vie durant. C'est ce qu'évoque Marcel Proust à propos des petites madeleines trempées dans le thé :

« Et tout d'un coup le souvenir m'est apparu. Ce goût c'était celui du petit morceau de madeleine que le dimanche matin à Combray [...] ma tante Léonie m'offrait [...]. La vue de la petite madeleine ne m'avait rien rappelé avant que je n'y eusse goûté [...]. Mais, quand d'un passé ancien rien ne subsiste, après la mort des êtres, après la destruction des choses, seules, plus frêles mais plus vivaces, plus immatérielles, plus persistantes, plus fidèles, l'odeur et la saveur restent encore longtemps, comme des âmes, [...] à porter sans fléchir, sur leur gouttelette presque impalpable, l'édifice immense du souvenir. »

Du côté de chez Swann, Gallimard, 1992.

De la même manière, la nature est également à l'origine de sensations qui s'ancrent durablement en nous, comme par exemple, l'odeur d'une forêt de pins en été ou le crissement de la neige sous nos pas.

INTÉRÊT PÉDAGOGIQUE

Les expériences sensorielles contribuent à la construction neuronale des enfants et renforcent leur lien avec le milieu naturel. Cette approche est donc essentielle et a sa place dans chacune des sorties.

- **Elle accentue la perception sensible de la nature par la vue, le toucher, l'odorat.**
- **Elle vise à verbaliser les sensations perçues afin de les rendre conscientes et de les enrichir.**
- **Elle permet de compléter la connaissance intellectuelle et émotionnelle du monde vivant.**

Préparer l'activité

Il est possible de travailler sur les perceptions sensorielles des enfants dans toutes les sorties en nature, quelle que soit la thématique abordée et même par temps de pluie. Les techniques proposées sont de grands classiques des animations nature, qui méritent d'être largement déployées à l'école.

POUR QUI ?

Cette activité convient à tous les niveaux des cycles 2 et 3. On observe souvent de jeunes enfants montrer des aptitudes sensorielles plus développées que les adultes, qui intellectualisent plus leurs ressentis

OÙ ?

Dans tous les milieux plus ou moins naturels (parc urbain, friche, prairie, forêt, etc.) : plus la biodiversité du lieu fréquenté sera importante, plus l'approche sensorielle sera riche.

MATÉRIEL

La palette de couleurs
- Une petite feuille de bristol par enfant
- De la colle blanche ou du scotch double-face

Le monde à l'envers
- Un miroir pour 2 enfants

Le parfum de la nature
- Un gobelet + un bâtonnet (ou une petite cuillère) par enfant

Le kim du toucher
- Un bandeau pour 2 enfants

Du langage aux sensations
- Une nappe de tissu

RESSOURCES UTILES

« L'approche sensible en éducation à la nature », ***Les cahiers techniques de la gazette des terriers***, **n° 151, FCPN, 2022. Vous y trouverez d'autres pistes d'activités s'appuyant sur l'approche sensible.**

C'est peut-être, **Dominique Corazza et Anne Lechevallier, Orso éditions, 2019. Un album pour explorer les sensations vécues en milieu naturel, pour le cycle 2.**

Réaliser l'activité

Des occasions pour sentir, toucher, mieux voir

« Être à l'affût », p. 37.

Lors d'affûts, on peut inciter régulièrement les enfants à fixer leur attention sur leurs sens, par exemple :

- *Repérez toutes les couleurs autour de vous, regardez attentivement celles des feuilles…*
- *Observez les effets du vent, les mouvements des arbres.*
- *Prêtez attention aux odeurs.*
- *Ressentez la caresse de l'air sur votre peau.*

De plus, durant différentes séances, l'enseignant·e favorise le recours aux sens, le toucher par exemple, en proposant aux enfants de tenir dans la main vers de terre, insectes (non piqueurs bien sûr), etc.

La palette de couleurs

L'approche du *land art* n'est volontairement pas développée dans cet ouvrage, dont le parti pris est de favoriser l'observation de la nature et l'émerveillement devant sa beauté sans intervention humaine.

L'enseignant·e fournit à chaque enfant une petite feuille de bristol enduite de colle blanche ou de scotch double face, et propose l'activité suivante :

- *Vous allez récolter des « petits bouts de couleurs » et les fixer sur votre feuille de papier : cela peut être des morceaux de pétales, des feuilles de plantes, un fragment d'écorce, du lichen, etc.*

Selon les séances et les intentions de l'enseignant·e, l'incitation peut rester vague ou être plus précise, par exemple :

- *Recherchez le plus de nuances de vert.*
- *Essayez de trouver le plus de couleurs différentes.*

On attirera l'attention des enfants sur le fait que les « petits bouts de couleurs » doivent être récoltés sans arracher les plantes.

Ensuite, la classe se rassemble pour commenter et comparer les productions des uns et des autres.

Réalisation de collages d'éléments naturels sur des cartes lors d'une animation nature organisée par le Conservatoire d'espaces naturels de Picardie.

Le monde à l'envers

Lorsqu'on est projeté dans la canopée, on peut aussi imaginer ce que voit un oiseau.

L'enseignant·e propose aux enfants de changer ce point de vue :

Placez-vous dos au paysage que vous souhaitez observer, écartez les jambes, puis penchez-vous en avant et regardez entre vos jambes : vous verrez le monde à l'envers !

On peut aussi, lors d'une promenade en forêt, inviter les enfants à se mettre en binôme, et à regarder les arbres autrement :

Dans chaque groupe, l'un d'entre vous va placer un miroir à l'horizontale sur l'arête de son nez et marcher doucement, pendant que votre compagnon vous guidera et vous rassurera.

Les enfants inversent ensuite les rôles, puis le groupe se rassemble pour échanger sur les sensations produites par ce changement de perspective, les surprises, les découvertes...

Le parfum de la nature

Incitez les enfants à approcher leur nez d'un tronc, des feuilles, du sol... et à les toucher (en froissant les feuilles, en grattant la terre, etc.).

L'enseignant·e fournit à chaque enfant un gobelet et un bâtonnet (ou une cuillère), et les invite à confectionner leur parfum :

Recherchez des éléments odorants et malaxez-les ensemble à l'aide du bâtonnet.

Ensuite, lors d'un regroupement ou de manière plus libre, chacun fait humer ce parfum à ses camarades, on commente, on compare, on cherche des adjectifs pour définir l'odeur, on essaie de deviner les ingrédients.

Le kim du toucher

Les kims du toucher peuvent être réalisés avec d'autres éléments naturels, par exemple des feuilles d'arbres (à reconnaître selon leur forme, leur épaisseur, la présence de duvets...).

L'objectif de cette activité est de retrouver des arbres au toucher, les yeux bandés. Ce jeu de reconnaissance est très pratiqué à l'école maternelle, mais peut être effectué à tout âge. Cheminer les yeux bandés permet de développer la proprioception (c'est-à-dire la perception de la position des différentes parties du corps) et de renforcer la confiance en soi.

Lors d'une sortie en forêt, l'enseignant·e demande aux enfants de constituer des binômes :

L'un d'entre vous va bander ses yeux et sera l'« explorateur », tandis que votre compagnon sera le « guide ».

Ce dernier vous amènera vers un arbre, que vous allez découvrir du bout des doigts, en repérant la taille du tronc, les caractéristiques de l'écorce (lisse, rugueuse, fissurée...) et la présence de mousse, de lierre, de lichen, de branches...

Ensuite, votre guide vous éloignera de l'arbre.

Vous ôterez alors votre bandeau et tenterez de retrouver l'arbre qui vous a été présenté.

Les enfants recommencent ensuite l'exercice en inversant les rôles.

Reconnaître quelques arbres

Lors de la mise en commun, l'enseignant·e demande aux enfants d'expliciter les critères ayant facilité la reconnaissance de l'arbre. On peut aussi mettre en évidence les points communs et les différences entre les troncs et essayer d'identifier les principales espèces (chêne, hêtre, etc.).

Sur le même principe, le guide peut accompagner son camarade pour découvrir un coin de nature les yeux bandés (par exemple respirer une odeur, toucher une pierre...), en restant en retrait pour assurer sa sécurité. Il est alors utile de questionner ensuite les enfants sur leurs ressentis et leurs observations sensorielles.

Du langage aux sensations

L'enseignant·e propose aux enfants un adjectif pour initier des découvertes sensorielles, par exemple :

Trouvez un ou des éléments pouvant être qualifiés par ce mot : doux, piquant, humide, sec, lisse, denté, rugueux, avec une odeur sucrée, douce, forte, etc.

Les enfants posent les éléments rapportés sur une nappe étalée au sol, puis chacun les présente successivement et les fait circuler pour que les autres puissent les toucher ou les sentir.

Collages réalisés par des élèves de GS-CP lors d'une sortie nature avec l'association A.R.B.R.E., à Restinclières (Hérault), avril 2019.

3 Écouter

« Emmy ferma les yeux [...]. Elle entendit le bruissement de la brise dans les feuilles de tremble et des peupliers, et qui se frayait un chemin dans l'herbe et les fougères [...]. Elle entendit les oiseaux sautiller de branche en branche [...]. Elle entendit des animaux bouger, des chants d'oiseaux, le craquement des arbres, le joyeux murmure de l'eau d'une source qui s'écoulait sur des rochers [...]. Plus elle se laissait s'ouvrir aux sons, plus sa vision de la vallée s'affinait [...]. Au cours de ces expériences, elle se sentait ardemment vivante et la nature semblait chanter en elle. »

Richard Wagamese, *Starlight*, éditions Zoé, 2019.

Les sons de la nature

L'ouïe est sans doute le sens qui favorise le plus le lien à la nature. Elle est directement mobilisable, sans outil particulier, et permet de s'affranchir des obstacles visuels, nous connectant au monde qui nous entoure en tous temps et en tous lieux.

Ainsi, la plupart des ornithologues repèrent d'abord les oiseaux à leur chant ou leur cri avant de les observer, surtout lorsqu'ils sont cachés dans les feuillages. L'identification de ces chants est pour eux un outil précieux d'inventaire des espèces présentes. En l'espace de 5 minutes les matins de printemps, il leur est possible d'entendre plus d'une dizaine d'espèces et donc d'avoir une bonne idée de l'avifaune d'un lieu (c'est-à-dire des oiseaux qui partagent cet écosystème) d'une manière simple. L'écoute permet également de faire un inventaire d'autres groupes d'animaux, comme les grenouilles ou les chauve-souris (avec un détecteur d'ultrasons).

Par ailleurs, l'ambiance sonore est différente selon le milieu (forêt, champ, ville...), la saison (concert de chants d'oiseaux au printemps, cigales en été), l'heure (animaux diurnes ou nocturnes), la météo, etc.

Et bonne nouvelle... nul besoin d'être un spécialiste pour apprendre à aiguiser son ouïe ! Les enfants de l'école élémentaire peuvent facilement entendre le bruit du vent dans les feuilles, le son des gouttes de pluie, et discerner quelques chants d'oiseaux, sans forcément nommer les espèces dont il s'agit dans un premier temps.

ET VOUS ?

Vous pouvez expérimenter les exercices proposés au quotidien : ceux-ci sont adaptés aux adultes comme aux enfants.

Pourquoi les oiseaux chantent-ils ?

Pendant la période de reproduction, de nombreuses espèces d'oiseaux, le plus souvent les mâles, chantent à la fois pour attirer des femelles et pour marquer leur territoire, signifiant aux autres mâles de la même espèce qu'ils ne sont pas bienvenus.

En plus de ces chants parfois très élaborés, de nombreuses espèces émettent des cris, dont les fonctions sont d'alarmer leurs congénères de la présence d'un danger ou encore de rallier les individus d'un groupe en vol.

INTÉRÊT PÉDAGOGIQUE

Cette activité contribue fortement à développer la capacité d'attention des enfants et à renforcer leur lien avec le monde vivant.

- **Elle permet de découvrir les êtres vivants d'un milieu naturel par les sons et d'apprendre à en discerner quelques-uns, en particulier les chants des oiseaux.**
- **Elle favorise le développement de l'acuité auditive.**
- **Elle peut être mise en relation avec l'éducation musicale : les élèves pourront identifier et nommer les ressemblances et les différences entre plusieurs chants ; repérer et nommer une organisation simple dans un chant (répétition d'une mélodie, d'une partie caractéristique).**

Préparer l'activité

On peut s'entraîner à l'écoute dès les premières sorties ou les premiers affûts. Il est important de pratiquer régulièrement pour affiner ce sens, d'autant que les techniques proposées sont peu chronophages. Cette activité a également un lien avec l'écoute en éducation musicale.

POUR QUI ?

Dès le début du cycle 2 pour le « concert de la nature ». La « cible aux sons » et les « chants d'oiseaux » sont plutôt à prévoir à partir du CE2.

OÙ ?

Dans un lieu où les sons naturels sont le moins possible masqués par les bruits de la ville. Plus le milieu sera diversifié, plus la gamme de sons perçus sera riche.

MATÉRIEL

- Une fiche « La cible aux sons » par élève
- Éventuellement des bandeaux ou des loups (pour occulter les yeux)

RESSOURCES UTILES

« **Chants d'oiseaux** », *La minute nature de la Salamandre*, pour apprendre à identifier progressivement les oiseaux (3 espèces environ sur chaque vidéo).
https ://media.mdi-editions.com/va03a

Oiseaux.net, le site de référence pour identifier les oiseaux par la vue et l'ouïe.
https ://media.mdi-editions.com/va03b

Chanteurs d'oiseaux, film documentaire de Maurice Dubroca, 2014 (extrait de 8 min). La remarquable histoire de deux imitateurs de chants d'oiseaux.
https ://media.mdi-editions.com/va03c

J'écoute les sons de la nature, Fernand Deroussen, Chiff-Chaff, 1995. Un CD comportant 96 sons de la nature (oiseaux, mammifères, amphibiens, insectes, éléments naturels…), avec un livret pédagogique.

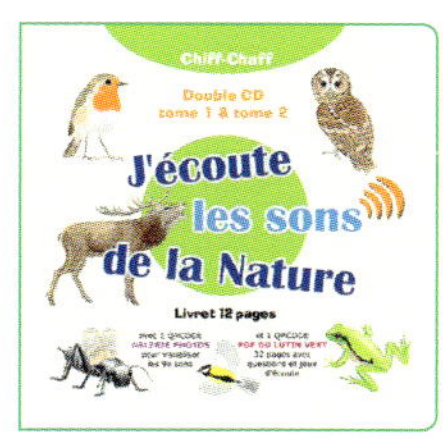

« **Un grillon à Chicago** », Henri Gougaud, dans *Fables philosophiques pour la terre*, Michel Piquemal, Albin Michel, 2015. Une fable pour lancer un débat philo sur notre aptitude à entendre certains sons plutôt que d'autres.

Réaliser l'activité

Le concert de la nature

« Être à l'affût », p. 37.

Lors d'un affût, l'enseignant·e propose aux enfants de fixer leur attention sur les sons, en démarrant par une écoute libre de quelques minutes :

Vous allez écouter les sons autour de vous (« le concert de la nature »).

On peut proposer aux enfants des astuces pour mieux entendre, comme placer ses mains en coquille derrière les oreilles ou occulter la vue à l'aide de bandeaux ou de loups afin de concentrer l'attention sur le sens de l'ouïe.

On les incite ensuite à verbaliser leurs perceptions :

Quels sons avez-vous entendus ?

Quelles émotions et sensations avez-vous ressenties ? (Comment avez-vous trouvé le « concert » ? Quels sons avez-vous le plus aimé ?)

Pour explorer plus finement l'environnement sonore, il est possible de proposer une écoute dirigée, en attirant l'attention des enfants sur un aspect :

Distinguez les sons naturels de ceux provenant de l'activité humaine.

Listez les sons agréables et/ou les sons désagréables.

Écoutez les oiseaux et essayez de compter les sons différents que vous entendez (et donc le nombre d'espèces).

Écoutez les insectes.

Écoutez les murmures de la forêt (bruits des feuilles, des branches qui craquent, etc.) et imaginez ce qui les provoque (vent, déplacement d'animaux...).

Prêtez une oreille à des sons qu'on peut difficilement entendre, aux créatures silencieuses : une araignée qui tisse sa toile, le déplacement d'un ver de terre dans le sol, la montée de la sève dans l'arbre, etc.

Un débat peut être mené à partir de la lecture du conte « Un grillon à Chicago » (voir « Ressources utiles », p. 51) sur le thème : « Pourquoi y a-t-il des sons qu'on entend et d'autres pas ? ».

La cible aux sons

L'enseignant·e distribue à chaque enfant la fiche « La cible aux sons », puis explique le déroulement de l'activité :

Vous allez écouter les sons autour de vous pendant 5 à 10 minutes, et vous inscrirez un point sur la cible à chaque fois que vous en entendrez un.

Tenez compte de son emplacement par rapport à vous : devant, derrière, à droite ou à gauche.

Notez les sons les plus proches au centre de la cible, et les plus distants sur le cercle le plus éloigné.

Puis on compare les sons entendus par les uns et par les autres, qui peuvent varier sensiblement selon les enfants, et on se questionne sur leur provenance, leur nature...

Les chants d'oiseaux

Pour faciliter le discernement auditif et la mémorisation, il est important de s'entraîner régulièrement à écouter le chant identifié.

La période la plus propice à l'apprentissage des chants d'oiseaux est la fin de l'hiver ou le début du printemps (mars). Le nombre d'espèces est alors limité et l'absence des feuilles d'arbre facilite l'observation. On peut poursuivre ensuite durant tout le printemps et découvrir les oiseaux qui reviennent plus tardivement de migration (martinet, par exemple). Certains, comme le rouge-gorge, chantent une grande partie de l'année.

Certaines espèces d'oiseaux entendues peuvent être observées en hiver à la mangeoire (voir p. 203).

Lors de temps d'écoute individuels, on demande aux enfants de repérer l'oiseau qu'on entend le mieux et de décrire son chant :

- *Identifiez le chant le plus sonore, le plus abondant, le plus proche de vous…*
- *Est-il grave ou aigu ? Fort ou faible ? Est-ce que l'oiseau répète plusieurs notes identiques ?*
- *Est-ce qu'il vous fait penser à d'autres sons que vous connaissez ?*

LES MOTS DES ENFANTS

Voici comment des élèves de cycle 3 caractérisent des chants d'oiseaux :

- *« La sitelle fait comme une alarme de voiture. »*
- *« La mésange charbonnière fait "titu-titu" ou "tititu-tititu". »*
- *« Le chant du rouge-gorge est comme un petit ruisseau qui coule. »*
- *« Le merle fait penser au robot R2D2. »*
- *« Le chant du pinson fait penser à une voiture qui n'arrive pas à démarrer. »*
- *« Le chant du pic-vert est comme un rire moqueur. »*

Extraits d'un panneau réalisé par des enfants de l'école Chabestan, à Die (Drôme).

On peut proposer aux enfants d'inventer des noms d'oiseaux qui correspondent à leur chant.

Au cours de temps d'écoute collectifs, on peut demander aux enfants de lever le doigt à chaque audition et/ou de montrer la direction dans laquelle ils entendent un chant, puis les questionner :

- *Savez-vous de quelle espèce d'oiseau il s'agit ?*
- *Avez-vous réussi à observer l'oiseau qui chante ?*

Les enfants s'entraînent à l'écoute guidés par les chanteurs d'oiseaux, animation à Sainte-Croix (Drôme), dans le cadre du festival Festwild, septembre 2022

De retour en classe (ou sur le terrain à l'aide de tablettes ou de téléphones portables), on vérifie les hypothèses en effectuant des recherches sur internet (avec le mot « chant » et le nom de l'oiseau), ce qui permet aussi d'en avoir une image visuelle.

La connaissance de quelques chants permet de disposer d'un registre facilitant le repérage d'espèces nouvelles.

LES CHANTS DES OISEAUX LES PLUS COMMUNS DANS LES VILLES ET LES JARDINS

Rouge-gorge

Mésange charbonnière

Merle noir

Pinson des arbres

Tourterelle turque

Moineau domestique

Martinet noir

Rougequeue noir

Pie bavarde

On peut aussi prolonger cette activité en élaborant des hypothèses sur ce qui pousse les oiseaux à chanter.

Diffuser l'enregistrement d'un chant d'oiseau dans la nature (à l'aide d'un téléphone, par exemple) fait réagir les oiseaux de l'espèce concernée : ils vont accentuer leur chant et se montrer. Cette technique est cependant à utiliser avec modération, car elle constitue une source de stress pour l'oiseau.

4 Questionner ses représentations

« La réalité n'appartient pas primitivement et essentiellement au monde de nos *représentations*. Les sens et l'imagination trompent à chaque instant et peuvent tromper toujours. »

Leçons de philosophie de M. Laromiguière, jugées par M. Victor Cousin et M. Maine de Biran, 1829.

Qu'est-ce qu'une représentation mentale ?

Quel que soit le phénomène étudié, tout individu possède des représentations mentales et des conceptions qui lui sont propres, mais sont souvent enfouies : il s'agit d'un mélange de connaissances acquises par le passé, de souvenirs d'expériences vécues et des émotions qu'elles ont suscitées, mais aussi d'interprétations de faits, de croyances, etc.

Quid des représentations sur la nature ?

Dans le cadre d'une enquête sur les Français et la nature (Ministère de la transition écologique, décembre 2021), la question suivante a été posée : « Quand vous pensez à la nature, quels sont tous les mots, toutes les expressions, toutes les émotions auxquels vous pensez ? ». On trouve parmi les dix termes les plus cités : *arbre*, *forêt*, *animaux* et *fleurs*. Loin de refléter la grande diversité d'espèces vivantes, les termes employés appréhendent la biodiversité au travers de grandes catégories homogènes (par exemple, le mot *herbe* englobe toute la diversité des graminées, et même d'autres plantes). Les espèces animales les plus mentionnées sont les plus familières (*lapin*) ou celles qui ont été domestiquées (*vaches*), tandis que les espèces plus sauvages (*mustélidés*, *amphibiens*, *reptiles*) ne sont pas eu peu mentionnées. Cette enquête reflète donc la déconnexion d'une grande partie de la population par rapport à la nature sauvage.

ET VOUS ?

Prenez quelques instants pour vous recentrer et laissez remonter à votre mémoire les images de nature qui vous reviennent. Est-ce un paysage de forêt, de montagne ou d'un autre milieu ? Est-ce un animal, une plante ?

Par ailleurs, les représentations mentales que l'on peut avoir d'un être vivant, l'araignée par exemple, sont en lien avec les émotions qu'elles suscitent, la peur en l'occurence.

Toutes ces conceptions influent sur la manière dont on dessine un animal ou une plante, conduisant à des productions qui s'éloignent parfois de la réalité.

Faire évoluer ses représentations mentales

Modifier ses représentations est difficile, car changer de regard et plonger dans l'inconnu est désagréable, voire déstabilisant.

Cela suppose tout d'abord de faire remonter ces représentations à notre conscience, en les recueillant de manière bienveillante, sans jugement.

Par la suite, la confrontation avec les représentations d'autres personnes ou avec la réalité peut faire apparaître des divergences, des dissonances qui sont autant de pistes de questionnements. Une telle démarche nous aide à dépasser nos résistances au changement et nous permet ainsi de progresser tant dans nos connaissances que dans notre vision du monde.

INTÉRÊT PÉDAGOGIQUE

La démarche de recueil des représentations mentales qu'ont les enfants au sujet du monde vivant permet d'identifier certaines croyances ou un manque de connaissance.

- **Elle amène à les questionner et aide à les faire évoluer.**
- **Elle constitue aussi un outil d'évaluation pour l'enseignant·e, qui peut ainsi adapter les activités prévues en fonction de sa classe et visualiser son évolution au fil du temps.**

Préparer l'activité

Cette activité présente différentes techniques pour travailler sur les représentations mentales, chacune étant constituée d'une phase de recueil, puis d'un questionnement. Ces techniques peuvent être utilisées soit en début d'année, pour recueillir les représentations des enfants ou les questions qu'ils se posent sur la nature ou les êtres vivants présents dans la cour de l'école, soit avant une activité sur un thème plus précis (les araignées, par exemple), pour faire le point sur les connaissances et les croyances.

POUR QUI ?

Même les élèves les plus jeunes ont construit des représentations du monde qu'il est utile de questionner. Au CP, on privilégiera la technique du dessin ou du photolangage.

OÙ ?

Cette activité peut être réalisée partout, dehors ou en classe.

MATÉRIEL

Les mots effervescents
- Plusieurs feuilles de papier (format A5) et un marqueur par enfant

Le photolangage
- Un grand nombre d'images sur la nature en général ou sur la thématique choisie (2 ou 3 fois le nombre d'enfants)

Le questionnaire
- Des feuilles et des stylos

Le dessin
- Une feuille blanche et un crayon par enfant

RESSOURCES UTILES

Photolangage sur la nature, Des photographies représentant différents aspects de la nature.

À l'école de la biodiversité, région Grand Est, FCPN, 2020. D'autres exemples de recueils de représentations sont proposés fiches 11 à 13.

Réaliser l'activité

Les mots effervescents

Afin que les enfants ne soient pas influencés par leurs pairs, la phase de recueil comporte toujours un temps de réflexion et/ou un écrit individuel (dictée à l'adulte pour les plus jeunes) préalable à l'oralisation et à la mise en commun.

Dans un premier temps, on propose le mot clé « nature » aux enfants et on leur demande de réfléchir dans leur tête aux autres mots auxquels il leur fait penser.

Après quelques instants, on leur demande d'écrire ces mots sur des feuilles de format A5 (un mot par feuille), puis de venir les afficher au tableau.

Quand les idées s'épuisent, on lit à voix haute tous les mots. Les enfants peuvent demander à leurs pairs des explications sur ceux qu'ils ne comprennent pas.

Puis l'enseignant·e questionne les élèves :

- *Certains mots ont-ils été écrits plusieurs fois ?*
- *Peut-on faire des groupes de mots qui vont ensemble ?*
- *Certains mots vous semblent-ils contradictoires avec d'autres ?*

Le recueil sera plus riche s'il est réalisé dans un climat de confiance, avec un accueil chaleureux et une écoute attentive et active des expressions de chacun, en évitant toute forme de jugement.

On repère ainsi les grandes idées qui se dégagent. Quand elles sont antagonistes, ce sont autant de pistes de questionnement, qui stimuleront les observations et les recherches.

Le photolangage

Photolangage sur la nature

On peut réaliser un photolangage sur des thématiques plus spécifiques, par exemple les jardins, les « mauvaises herbes »...

Il s'agit de présenter aux enfants un grand nombre de photos et d'images évoquant la nature, puis de leur laisser un temps suffisamment long pour les regarder.

L'enseignant·e précise ensuite aux enfants :

- *Choisissez chacun une image, celle qui pour vous, représente le mieux la nature (ou la nature sauvage).*

Chaque enfant présente ensuite son image au groupe, en expliquant son choix. Cette phase orale peut aussi être remplacée ou complétée par une production individuelle à l'écrit d'une phrase ou d'un petit texte.

Enfin, on affiche les images choisies par les élèves les unes à côté des autres, et on s'interroge sur la représentation qu'a la classe de la nature.

- *Les images représentent-elles une nature plutôt sauvage ou aménagée par l'homme ?*
- *Y a-t-il plus de paysages ? d'animaux ? etc.*

Le questionnaire

« Les plantes sauvages de la rue », p. 143, « Les vers de terre », p. 157, « Les insectes pollinisateurs », p. 179.

L'enseignant·e pose une ou plusieurs questions sur un thème spécifique, auxquelles les enfants répondent à l'écrit ou oralement, par exemple :

- *Trouve-t-on des animaux dans la cour ?*
- *Combien de plantes poussent toutes seules dans la cour (ou dans la rue) ? Connaissez-vous le nom de certaines d'entre elles ?*
- *Y a-t-il des vers de terre partout sous la terre ? Sont-ils tous les mêmes ?*
- *Pourquoi les papillons et les abeilles volent-ils près des fleurs ? Est-ce qu'ils sont plus nombreux sur certaines plantes ?*

L'ensemble des réponses constituent des hypothèses à valider par le groupe classe. La confrontation entre pairs permet dans un premier temps de trier les hypothèses les plus pertinentes qui feront l'objet d'observations ou de recherches documentaires afin d'être validées.

On veillera à ce que chacun puisse s'exprimer, en invitant les autres enfants à écouter sans faire de remarques.

Le dessin

Cette approche est développée dans « Observer et représenter », à travers l'exemple de la mouche, p. 61.

On demande aux enfants de dessiner en grand un animal ou un végétal : les productions sont destinées à être affichées au tableau et doivent être visibles de loin.

Puis, lors d'un regroupement, l'enseignant·e questionne les enfants :

- *Quels sont les points communs entre les différentes productions ? (Par exemple, pour un animal, on peut noter la présence d'un corps, d'yeux, etc.)*
- *Quelles sont les différences entre eux ? (L'animal a-t-il 2, 4 ou 6 pattes ?)*

Séance de dessin de végétaux en extérieur.

5 Observer et représenter

« [Le merle et l'étourneau], ces deux volatiles en soutane, seraient à coup sûr très vexés d'être pris l'un pour l'autre. [...] L'étourneau, loin d'avoir un plumage uniformément noir, a en réalité un habit avec des reflets métalliques verts, bleus, violets et piqueté de dizaines de taches pâlichonnes. Autres disgrâces : il est bas sur pattes, affublé d'un bec en forme de plantoir à choux et sa queue est ridiculement courte – rien à voir avec le balancier élégant que le merle noir redresse bien haut chaque fois qu'il atterrit... »

« Le monocle d'or », © Pierre Déom, *La Hulotte*, n° 112.

Affiner l'observation... et s'émerveiller

Pour différencier le merle et l'étourneau, il faut les regarder de plus près, dépasser la perception globale qu'on peut en avoir au premier coup d'œil.

L'observation est un pilier de l'approche du monde vivant. C'est un processus actif, motivé par la curiosité et moteur de notre volonté d'explorer la nature. Affiner l'observation, c'est accéder à plus de compréhension, mais aussi ouvrir la porte de nouveaux mondes souvent merveilleux. Regarder de plus près une feuille, une fleur, un insecte à l'aide d'une loupe par exemple est souvent fascinant.

QUELQUES MERVEILLES DE LA NATURE

Quelle est donc cette forêt magique ? De simples lichens et mousses er gros plan...

Et cette figure masquée ? Le visage d'une guêpe.

Et ces perles transparentes ? Des gouttes de rosée sur une plante.

Réaliser un dessin d'observation

En classe, quand on demande aux enfants d'observer et de représenter à l'aide de dessins, cela leur est souvent difficile, car ils ne savent pas sur quoi centrer leur attention, surtout lorsqu'il s'agit d'êtres vivants complexes : que regarder dans la fourmi devant moi ? D'ailleurs, les adultes confrontés à la même tâche sont souvent aussi démunis que les plus jeunes !

Nous proposons ici une technique spécifique pour aider à mieux regarder. Dans l'esprit d'une démarche d'investigation, nous prenons appui sur des premiers dessins, empreints de la représentation mentale des enfants, pour conduire un questionnement et comparer le réel avec les dessins, avant d'effectuer une seconde observation.

En effet, le principal obstacle au dessin scientifique n'est pas lié au geste graphique, mais à la faculté de discerner les éléments de l'organisation de ce qu'on veut représenter. L'observation menée en tant qu'investigation en réponse à un questionnement favorise la représentation mentale et donc graphique.

ET VOUS ?

Avez-vous déjà essayé de dessiner une plante ou un animal de votre environnement... sans l'avoir sous les yeux ? Vous vous rendrez compte des multiples questions que vous devrez vous poser (combien de pattes a cet insecte ? où sont les nervures des feuilles ?) et qui sont autant d'opportunités d'affiner vos observations.

INTÉRÊT PÉDAGOGIQUE

Cette activité aide à affiner les observations, grâce à une démarche et un matériel adaptés, tout en développant la curiosité et la capacité d'émerveillement des enfants.

- **Elle leur permet d'avoir une meilleure représentation mentale de la morphologie des êtres vivants.**
- **Elle accroît leur faculté à les décrire et à les représenter.**
- **Elle amène les enfants à vivre une démarche scientifique avec des questionnements et la formulation d'hypothèses à éprouver.**
- **Au cycle 3, elle peut être l'occasion d'aborder la classification du vivant, basée sur une démarche de discernement des points communs et des différences.**

Préparer l'activité

Si les observations et les dessins d'observation sont présents dans la plupart des activités de découverte de la nature, cette démarche plus exigeante sera proposée seulement quand l'enseignant·e en ressent le besoin, par exemple, suite au constat de dessins imprécis.

POUR QUI ?

L'observation et le dessin d'observation sont possibles à tous les niveaux des cycles 2 et 3, moyennant quelques adaptations au CP-CE1, tant dans le choix des êtres vivants que dans la démarche.

OÙ ?

L'observation et le premier dessin sont idéalement réalisés dans le coin nature fréquenté par la classe, mais sont aussi possibles au sein de l'école.

Il est plus simple que la phase de comparaison des dessins et la réalisation du second dessin aient lieu en classe, mais c'est aussi envisageable sur le terrain.

MATÉRIEL

- Une loupe à main (ou boîte-loupe) par enfant
- Quelques attrape-bestioles
- Éventuellement, d'autres outils d'observation : loupes à plus fort grossissement, jumelles, longue-vue...
- Des feuilles blanches A4 pour les dessins
- Un crayon à papier par enfant
- Des films documentaires et des photographies pour compléter les observations dans la nature (voir les ressources proposées dans les activités thématiques de la partie « Observer et apprendre », p. 103)

RESSOURCES UTILES

PDF « **Les élevages** », *Explorer le monde du vivant, des objets et de la matière*, Ressources maternelle, Éduscol, septembre 2015 (pages 12 à 19). Une démarche pour apprendre à représenter un escargot, prévue pour la maternelle, mais utilisable au CP.
https://media.mdi-editions.com/va05a

Martin des colibris, Alain Serres et Judith Gueyfier, Rue du monde, 2008. Album à partir du CP, à proposer en lecture offerte : l'histoire d'un enfant qui dessine des oiseaux.

Réaliser l'activité

De la première observation au premier dessin

En lien avec des observations effectuées au cours d'un affût ou d'une autre activité, l'enseignant·e propose aux enfants d'observer un être vivant de manière plus fine.

Au cycle 2, on privilégie un animal observable longuement et de près, qui bouge peu et est facile à représenter, l'escargot par exemple. Au cycle 3, on peut tenter cette activité avec un panel plus large d'êtres vivants : les insectes et les araignées s'y prêtent bien.

Les instruments d'observation, en particulier les loupes à main et les boîtes-loupes (ci-contre), aident à affiner les observations. Les attrape-bestioles permettent de capturer et d'observer l'animal sans le blesser ou se faire piquer.

Pour compléter cette observation initiée en milieu naturel, on peut placer temporairement des animaux dans un vivarium.

Puis on demande aux enfants d'effectuer un dessin du végétal ou de l'animal au crayon à papier sur une feuille A4, en précisant :

➤ *Nous afficherons les dessins au tableau. C'est pourquoi ils doivent être grands pour qu'on les voie bien de loin.*

Comparer et questionner les dessins

On affiche tous les dessins au tableau, puis l'enseignant·e attire l'attention des enfants sur le fait que tous ces dessins ressemblent à l'être vivant observé, avec des éléments assez fidèles à la réalité et d'autres plus éloignés du réel.

On demande ensuite aux enfants de comparer ces productions :

➤ *Quels points communs pouvez-vous observer entre ces différents dessins ?*

(Par exemple, dans le cas de la mouche, ils représentent tous un animal avec un corps, des ailes, des pattes, des yeux, etc.)

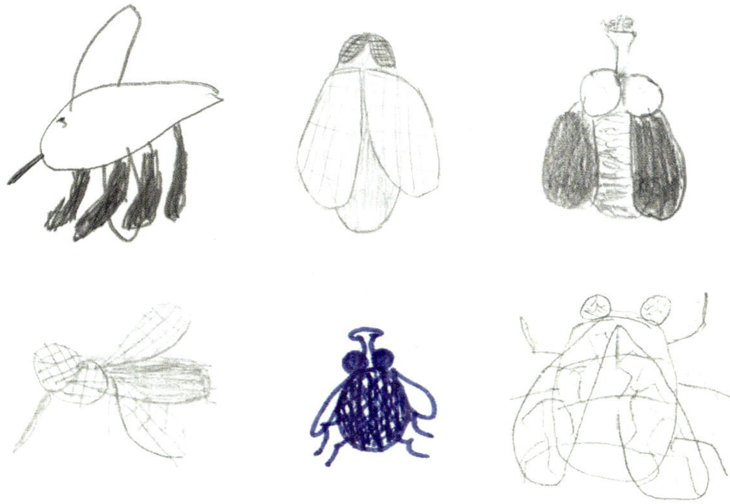

Dessins réalisés par des enfants de cycle 2 et 3.

On attire également l'attention des enfants sur les différences entre les dessins, en les questionnant, par exemple :

- *Son corps est-il composé d'une, de deux ou de trois parties ?*
- *A-t-elle quatre ou six pattes, sont-elles droites, articulées, ont-elles des poils ?*
- *Quelle est la taille, la forme de ses yeux ?*
- *A-t-elle une trompe ?*
- *La mouche possède-t-elle une ou deux paires d'ailes ?*

Pour légender les dessins, on utilisera un vocabulaire précis, sans multiplier les termes scientifiques. Pour la mouche, la plupart des mots sont connus des enfants (*tête*, *pattes*, *yeux*, *ailes*...), et on peut ajouter deux termes plus scientifiques (*thorax* et *abdomen*).

Au cours des échanges, la légende s'impose souvent comme une nécessité pour communiquer. Ainsi, sans elle, il peut être délicat de distinguer les pattes et les antennes. L'enseignant·e se saisit donc des remarques des enfants pour attirer leur attention sur l'importance de compléter leur dessin par des légendes.

Affiner l'observation et la représentation

Vidéo d'une mouche

https://media.mdi-editions.com/va05b

On propose aux élèves d'observer à nouveau cet être vivant, afin de répondre aux questions soulevées lors de l'étape précédente. Si besoin, on peut les répartir entre différents groupes afin d'alléger la tâche des élèves.

C'est possible *in situ*, mais plus facile à partir d'une vidéo du végétal ou de l'animal choisi. En effet, l'utilisation de ce média facilite la phase d'échanges et de mise en commun, et permet de parvenir plus facilement à des réponses validées collectivement. On choisira des extraits vidéos très courts et on les diffusera sans le son, afin que les enfants ne soient pas influencés par les commentaires et se concentrent sur l'observation.

Photographie d'une mouche

Puis on demande aux enfants de réaliser individuellement un second dessin d'observation à partir d'une photographie.

Pour que le second dessin soit plus précis, il est important que les enfants n'aient pas leur premier dessin sous les yeux.

Pour les enfants les plus jeunes (CP), il est possible de passer par une étape de dessin dicté à l'adulte. Les enfants se mettent d'accord sur ce qu'il faut dessiner : par exemple, un corps en trois parties. L'enseignant·e dessine au tableau sous les yeux des enfants, après les avoir éventuellement questionnés pour les amener à préciser : par exemple, est-ce que les trois parties sont de même taille ?

Ensuite, le dessin est effacé du tableau et les enfants essaient de le refaire individuellement en ayant l'être vivant ou une image de lui sous les yeux.

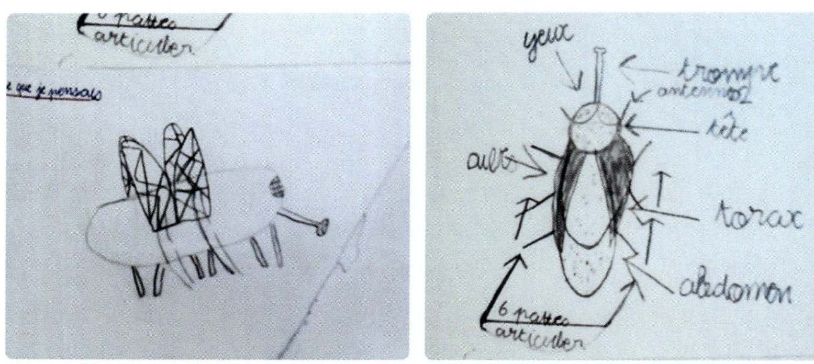

Voici les productions d'un élève de CM2 : à gauche le dessin initial, à droite, le dessin à l'issue de l'atelier.

On reprend alors les premiers dessins, pour les comparer avec les dessins légendés venant d'être réalisés : la différence entre les deux est en général assez flagrante, et permet aux enfants de mesurer le chemin parcouru.

6 Nommer le vivant

« La connaissance des noms n'a pas d'intérêt en soi. Ce qui compte seul, c'est le lien affectif, ou d'utilité, la connivence qui va se créer entre la plante, l'animal, la roche, l'étoile et nous. Beauté, parfum, étrangeté, histoire particulière, utilisation pratique ou scientifique, souvenir lié à une émotion [...].

C'est pourquoi [...] il est intéressant plutôt que de "nommer à la chaîne", de s'arrêter sur quelques objets, plantes, cailloux, de prendre le temps de les apprivoiser, de les rencontrer : les regarder, les toucher, les sentir [...]. Une fois ce lien tissé, il demeurera. »

Louis Espinassous, *Pistes*, Plume de carotte/Terre vivante, 2018.

Pas besoin d'être expert

On sent bien que les enfants ont beaucoup à apprendre de la nature. Mais en tant qu'enseignant·e, on a parfois peur de ne pas savoir répondre aux questions, de ne pas savoir mettre un nom sur les animaux et les végétaux rencontrés.

Mettons les choses au point : même le spécialiste le plus pointu d'un groupe animal ou végétal ne sait pas tout sur son sujet. La connaissance de la nature est un puits sans fond... Ce champ est si vaste et si complexe qu'on n'en maîtrise jamais qu'une parcelle... c'est ce qui rend son étude si passionnante. On ne cesse d'apprendre, de découvrir, d'être surpris !

Il n'est donc pas nécessaire d'être un·e enseignant·e expert·e pour sortir avec ses élèves. Vous trouverez néanmoins ici des pistes pour aborder sereinement la question de l'identification des êtres vivants rencontrés. Avec les enfants, surtout les plus jeunes, on restera souvent à des identifications génériques et on visera la détermination de l'espèce telle que définie ci-après dans les cas les plus simples.

Comment nomme-t-on les espèces ?

Une **espèce** est un ensemble d'êtres vivants semblables entre eux (par leur forme adulte et embryonnaire), pouvant se reproduire ensemble, et dont les descendants sont fertiles.

Chaque espèce vivante possède un nom et même un double **nom scientifique** en latin, le langage commun à tous les scientifiques du monde. Ces noms font souvent référence à des caractéristiques morphologiques (par exemple, celui de la coccinelle à deux points est *Adalia bipunctata*, soit « coccinelle à deux points »), mais aussi au mode ou au milieu de vie (comme le moineau, appelé *Passer domesticus*, « passereau domestique », en référence à sa proximité avec l'homme) ou encore au nom du scientifique qui l'a identifiée pour la première fois (la tortue terrestre *Testudo hermanni* doit son nom au zoologiste Jean Hermann).

ET VOUS ?

Quels animaux ou végétaux de votre environnement savez-vous nommer ? En y réfléchissant bien, vous vous rendrez certainement compte que vos connaissances sont bien plus riches que ce que vous imaginiez.

Des **noms communs**, en français, existent pour de nombreuses espèces. La mésange charbonnière, par exemple, est le nom français de *Parus major*. Et il est très fréquent que certaines espèces communes aient plusieurs noms populaires, jusqu'à 700 pour la coccinelle : bête à bon dieu, petit ange, insecte d'amour…

Pourquoi nomme-t-on les espèces ?

Identifier les espèces permet de les dénombrer et ainsi d'évaluer la biodiversité. Ce classement est donc très utile pour apprécier l'évolution du monde vivant.

L'identification des espèces possède également d'autres vertus moins scientifiques. Connaître le nom d'un animal ou d'une plante, c'est en effet le ou la faire sortir de l'anonymat, c'est lui conférer une identité. N'avons-nous pas à cœur de savoir le nom des nouvelles personnes que nous rencontrons ? Mais pour construire cette identité, il faut établir une relation avec l'espèce, se familiariser avec son milieu de vie, son mode de vie, ses comportements, ses liens avec les autres espèces, etc. L'identification est donc intéressante si elle se fait avec parcimonie, pour les espèces qu'on prend le temps de découvrir.

INTÉRÊT PÉDAGOGIQUE

Cette activité vise à discerner les points communs et les différences entre les êtres vivants. Cette démarche est utile pour appréhender la classification du vivant.

- Elle permet de prendre conscience qu'il existe de nombreuses espèces ou groupes qu'on peut dénombrer et/ou identifier, et qui constituent la biodiversité.
- Elle conduit à conférer une identité aux êtres vivants rencontrés en leur attribuant un nom (réel ou inventé).
- Elle favorise la communication dans le groupe, grâce à l'évocation des espèces rencontrées et à la description des observations.

Préparer l'activité

La démarche proposée ici est utile dans la plupart des activités thématiques de la partie « Observer et apprendre ». Par ailleurs, l'identification sera plus précise si les enfants ont pris l'habitude d'affiner leurs observations (voir activité précédente).

POUR QUI ?

Au cycle 2, on privilégiera les activités de dénombrement et d'invention de noms, en limitant l'identification aux animaux et végétaux les plus courants et facilement identifiables.

Au cycle 3, on pourra se lancer dans des tentatives d'identification plus complexes.

OÙ ?

Cette activité sera plus nourrie dans un milieu riche en biodiversité, mais elle peut également être menée aux abords de l'école.

MATÉRIEL

- Des planches ou des guides d'identification (voir ci-dessous et dans les activités de la partie « Observer et apprendre », p. 103)
- Éventuellement, des tablettes avec des applications d'identification des espèces (voir « Ressources utiles » ci-dessous)

RESSOURCES UTILES

Les mini-guides d'identification des éditions Salamandre : faune du sol, araignées, papillons des prairies, feuillus de plaines…

Les guides de la FCPN : escargots et limaces, papillons, les « loca-terres » du sol…

Guide des plantes des villes et des villages, Gérard Guillot, Belin, 2012.

***Le Petit guide entomo :** observer et identifier les insectes*, Vincent Albouy, Delachaux et Niestlé, 2017.

Les insectes : 21 petites histoires naturelles, Claire Lecœuvre et Capucine Mazille, éditions du Ricochet, 2020. Exemple de documentaire permettant de mieux connaître les animaux identifiés.

PlantNet (pour les végétaux), **iNaturalist** (pour les végétaux et les animaux). Des applications pour identifier les espèces, à partir de photographies réalisées en contexte.

Réaliser l'activité

Dénombrer sans nommer

Cet exercice est particulièrement adapté au cycle 2.

Pour effectuer une première approche de la biodiversité ou comparer la diversité de deux milieux, on peut se contenter de compter les différents être vivants. On fait alors appel à la capacité de discernement, de repérage des points communs et des différences.

Les enfants forment des groupes de trois ou quatre, puis l'enseignant·e les invite à explorer l'environnement animal ou végétal, par exemple :

- *Cherchez combien il existe de sortes d'arbres (ou de fleurs) dans la cour.*
- *Trouvez le plus d'escargots différents.*

À partir du CE2, le dénombrement peut être plus complexe, par exemple :

- *Comptez le nombre de plantes de la pelouse (ou de la prairie).*
- *Notez le nombre d'espèces d'insectes qui se posent sur une fleur.*

Après cette phase de recherche, le groupe se rassemble pour un temps d'échange : on compare les résultats, on s'interroge sur les critères permettant de savoir si deux êtres vivants font partie de la même espèce.

Munis de ces connaissances, les enfants reprennent leurs recherches pour affiner leurs décomptes.

On peut aussi constituer des herbiers de feuilles ou de fleurs à partir d'éléments récoltés par les enfants.

Inventer des noms

En complément du dénombrement et pour faciliter la communication dans le groupe (être sûrs qu'on parle de la même chose), on peut constituer un langage commun à la classe en inventant des noms pour les animaux ou les végétaux discernés. On se base alors sur un critère particulier d'un groupe ou d'une espèce, par exemple :

- sa forme, sa couleur ou son odeur ;
- ses qualités perçues (doux, gentil...) ;
- les émotions inspirées (surprise, joie, peur...) ;
- le nom de l'enfant qui l'a repérée, comme le font les scientifiques découvrant une nouvelle espèce ;
- une ressemblance avec un objet, une personne ou d'autres êtres vivants, etc.

Rechercher des noms sur supports papiers

Des planches simples d'identification des espèces ou groupes les plus fréquents figurent dans la partie « Observer et apprendre » (voir p. 103). D'autres documents plus complets sont proposés dans les « Ressources utiles » (voir p. 69).

L'enseignant·e fournit aux enfants des documents de détermination adaptés à leur âge, simples d'utilisation, mais les plus proches possible des documents scientifiques :

- des **planches d'identification** (à privilégier) qui permettent de comparer l'être vivant observé à des dessins précis de différentes espèces proches ;
- des **clés de détermination** (à utiliser en seconde intention) basées sur des caractères morphologiques observables.

Dans les cas les plus simples, on vise l'identification de l'espèce, par exemple pour les arbres, les oiseaux, certains papillons, etc. Mais certaines espèces sont très proches les unes des autres, comme les papillons appartenant au groupe des piérides ou les différents vers rouges de surface. Dans ce cas, on se contente d'identifier le groupe auquel appartient l'espèce.

Bien entendu, on utilisera les noms français (dits « vernaculaires ») et non les noms scientifiques en latin.

Pour identifier une espèce, on privilégiera les supports papier.

Valider à l'aide d'applications numériques

Il existe des applications naturalistes de plus en plus performantes, accessibles sur un téléphone ou une tablette. Cela suppose le plus souvent de photographier les êtres vivants (ou de capter leurs sons) dans de bonnes conditions.

QUELLES APPLICATIONS CHOISIR ?

PlantNet

Cette application est particulièrement intéressante pour un usage scolaire, car elle permet une identification immédiate et fiable de la plupart des plantes sur la base de photographies, faciles à réaliser dans la mesure où les végétaux sont immobiles.

iNaturalist

Cette application donne la possibilité d'identifier des animaux à partir de photographies, de la même manière que PlantNet, mais celles-ci sont souvent un peu plus difficiles à réaliser car contrairement aux plantes, les animaux se déplacent.

Un effet pervers de ces outils est de permettre de donner un nom rapidement en limitant la phase de recherche. On peut ainsi avec PlantNet nommer toutes les plantes de la pelouse en faisant l'économie de l'observation et du questionnement. Les noms ainsi attribués risquent fort d'être vides de sens et rapidement oubliés.

N'hésitez pas, en tant qu'enseignant·e, à utiliser ces applications numériques pour préparer les sorties ou valider des identifications.

C'est pourquoi il est préférable d'utiliser ces outils numériques avec les élèves uniquement pour valider des hypothèses préalablement émises sur la base d'un processus d'observation et d'identification à l'aide de planches.

Mieux connaître les êtres vivants identifiés

Afin d'approfondir la connaissance d'une espèce identifiée, l'enseignant·e peut proposer aux enfants de trouver plusieurs questions à se poser à son sujet, par exemple :

- *Pourquoi vit-elle ici ?*
- *Est-elle commune ?*
- *Vit-elle seule ou en groupe ?*
- *Est-elle là toute l'année ?*

On recherche ensuite des réponses à au moins une partie de ces questions par l'observation ou la recherche documentaire.

7 Garder trace : le carnet d'explorateur

« Hier comme aujourd'hui, certains outils demeurent incontournables chez le naturaliste. La loupe [...] ; les indispensables jumelles [...]. Et, bien sûr, le carnet de terrain. Un calepin souvent noir aux coins cornés. Ses pages froissées sont serrées par un élastique qui cache jalousement un trésor intime. Il a vécu la montagne, il renferme l'odeur de la forêt. Ses secrets, mille secrets. [...] Ce si simple cahier est tellement vivant. Notes crayonnées et dessins précis, croquis et textes réfléchis. [...] Comme les premiers naturalistes, confrontés aux beautés de la vie, on tient un carnet de terrain qui modifie le sens profond de la balade. »

Philippe Roux-Fouillet, « Les carnets de l'évasion », article en ligne sur Salamandre.org.

Un support précieux

En tant qu'enseignant·e, on tient à ce que les élèves gardent des traces de leurs activités scolaires. C'est rassurant. On a le sentiment que notre tâche n'est terminée que lorsque les enfants disposent d'un écrit. Et ce à juste titre, l'écriture a en effet de nombreuses vertus, dont celles d'ancrer les acquis dans la mémoire et de les structurer.

Dans le présent ouvrage, il a été choisi de ne pas proposer de fiches toutes prêtes à compléter par les élèves, mais plutôt des pistes pour vous aider à accompagner les enfants dans l'élaboration de traces.

Le carnet d'explorateur tel que proposé ici se rapproche à la fois du cahier d'expériences en sciences et du carnet de terrain des naturalistes. Il a cependant une vocation plus large et peut comprendre, outre les traces des observations effectuées, des récits d'expériences vécues avec diverses approches de la nature, l'expression d'émotions, des textes littéraires, des productions artistiques, des comptes rendus d'ateliers philos ou d'empathie, des éléments naturels (feuilles, plumes)...

Ce carnet a vocation à devenir un document précieux, un souvenir qu'on aura envie de consulter plus tard. Il est préférable que sa forme soit différente des cahiers plus scolaires pour signifier son statut particulier.

ET VOUS ?

Quand vous partez en balade, avez-vous un petit carnet sur lequel griffonner vos observations, graver vos impressions, tenter un croquis du paysage ou d'un élément naturel ?

Les fonctions de la trace écrite

Comme en sciences ou dans d'autres disciplines scolaires, la trace écrite remplit de nombreuses fonctions.

➤ Elle fait office de **mémoire** : on pourra feuilleter ce carnet ultérieurement avec plaisir, revisiter ce qui a été vu et ressenti. Sa consultation permet de prendre conscience de l'évolution tant de la nature au fil des saisons, que de la perception qu'on en a au cours du temps.

➤ Elle agit comme un **moteur de recherche** : le besoin de précision que fait naître l'écriture permet de faire émerger des questions qu'on ne s'était pas posées auparavant.

➤ Elle fait entrer dans une **communication avec soi-même** : écrire mot après mot, phrase après phrase, oblige à préciser sa pensée, à l'affiner, à approfondir ses observations. De plus, le carnet offre un espace d'expression aux enfants qui prennent peu la parole.

➤ Elle permet aussi la **communication avec d'autres**, qui est facilitée lorsqu'on est déjà au clair avec soi-même.

(D'après Claudine Larcher, Renée Louis, François Vergne, *Réflexions sur l'usage du cahier d'expériences*, CELDA, 2009.)

INTÉRÊT PÉDAGOGIQUE

Le carnet d'explorateur permet de constituer une trace des expériences vécues dans la nature, afin de s'en souvenir.

➤ Il encourage la production d'écrits dans des situations authentiques et contribue donc à améliorer la maîtrise de la langue et en particulier à enrichir le vocabulaire.

➤ Il offre une opportunité de produire des représentations de phénomènes naturels, comme des croquis.

➤ Il aide les enfants à approfondir leurs observations et leurs réflexions.

Préparer l'activité

La mise en place du carnet d'explorateur est à prévoir au cours des premières séances de découverte de la nature. Il sera utilisé ensuite lors de la plupart des activités pour réaliser des dessins d'observation, produire des écrits (trace de l'activité, poème, réflexion personnelle…).

POUR QUI ?

Dès le CP, les enfants peuvent tenir un carnet d'explorateur, à condition d'adapter les productions demandées à leurs compétences en lecture et en écriture : on privilégiera alors le dessin, la photo, la dictée à l'adulte, etc.

OÙ ?

Ce cahier est avant tout un outil de terrain, à placer dans les sacs des enfants lors de chacune des sorties. Il ne faut cependant pas s'interdire de l'utiliser en classe pour une production initiée à l'intérieur ou pour finaliser une trace commencée à l'extérieur ou quand les conditions météo sont difficiles.

MATÉRIEL

- Un carnet d'explorateur par enfant, suffisamment robuste pour résister aux sorties par tous temps, avec une couverture bien protectrice ; un petit format (A5 par exemple) est plus maniable et d'usage plus facile en extérieur
- Un support de type planchette en bois pour faciliter l'écriture, avec des élastiques ou des pinces à linge pour maintenir le carnet
- Des crayons à papier ou de couleur, qui résistent mieux à l'humidité que les stylos
- Éventuellement un petit sac… pour protéger le carnet par temps de pluie

RESSOURCES UTILES

Des extraits de carnets de naturalistes, sur le site de la Salamandre.
https://media.mdi-editions.com/va07a

Le blog de Jean Chevallier, illustrateur naturaliste,
jeanchevallier.jimdo.com
https://media.mdi-editions.com/va07b

Réaliser l'activité

La présentation du carnet

Lors de la distribution des carnets vierges, l'enseignant·e anime un temps d'échange avec les enfants sur les fonctions et les usages de cet outil.

➤ *Quels types de traces pourrez-vous faire figurer dans ce carnet ?*

Il est possible d'y écrire des textes ou des mots, d'y réaliser des dessins ou des schémas, d'y coller des éléments naturels, etc.

➤ *Quand va-t-on l'utiliser ?*

On emmènera ce carnet lors des sorties « nature », et on s'en servira souvent.

L'enseignant·e précise les règles d'utilisation :

➤ *Ce carnet est personnel, je ne le consulterai qu'avec votre accord et ne le corrigerai pas.*

➤ *Vous êtes libres d'y écrire et de dessiner ce que vous voulez, à condition que ce soit en lien avec les sorties « nature ». Il faudra juste penser à noter la date.*

➤ *C'est un carnet précieux à conserver longtemps. Il faudra donc en prendre soin, veiller à être lisible, à écrire et dessiner de votre mieux.*

On ne corrige pas l'orthographe dans le carnet, mais on sera attentif aux erreurs des élèves afin de revenir sur certaines notions grammaticales ou orthographiques lors de séances dédiées.

En première page du carnet, on peut prévoir un document à coller rappelant ses fonctions, ses usages, et ses règles d'utilisation. Cela pourra faire office de rappel pour les enfants et d'information pour leurs parents.

Page d'ouverture du carnet

On peut lire aux enfants ou leur donner à lire et à regarder des carnets de naturalistes, en tant que source d'inspiration (voir « Ressources utiles », p. 75).

Illustration de terrain d'un naturaliste.

La prise de notes

Idéalement, le carnet d'explorateur sera complété sur place.

Voici quelques exemples de traces suggérées dans les différentes activités de ce livre pouvant y figurer :

- des dessins et des notes d'observations libres ou en réponse à des incitations après un temps d'affût solitaire (sons entendus, couleurs, mouvement des arbres, odeurs, petites bêtes, etc.) ;

« Être à l'affut », p. 37.

- des dessins d'observation de certains êtres vivants réalisés en suivant une démarche plus guidée ;

« Observer et représenter », p. 61.

- les principales connaissances acquises suite à des activités de recherche ;
- des traces d'un échange après un temps de débat (philo ou autre) : expression de ses propres pensées ou de celles des autres qui font écho en soi ;

« Philosopher », p. 85.

- mais aussi des photos, des poèmes, etc.

Un exemple de trace écrite et de collages réalisés par un enfant de cycle 2.

Un exemple de trace écrite et de collages réalisés par un enfant de cycle 3.

La consultation du carnet

Pour que ce carnet devienne un outil investi par les élèves, l'enseignant·e doit veiller à encourager régulièrement sa consultation, par exemple pour se remémorer ce qui a été vu lors d'une précédente séance. Cette lecture demeure personnelle et peut donner lieu à un temps d'échange.

Ce carnet peut également servir de base à des synthèses collectives qui conduiront à une trace écrite sur le cahier de sciences ou d'affiches de communication aux autres classes par exemple.

8 Raconter ses expériences

« Nous avions à peine marché un quart de mile et mon père nous montrait un chêne de 250 ans vraiment spécial quand un éclair de rouge a filé à travers l'arbre ! Je n'en croyais pas mes yeux, j'avais enfin vu un écureuil rouge ! Nous pouvions à peine contenir notre excitation, ce genre de rencontre fortuite est comme un bijou rare, la surprise est juste un sentiment étonnant pour un jeune naturaliste. Rapidement, j'ai pris mon appareil photo et pris ces photos, je pense qu'elles sont presque bonnes ! »

Journal de Dara McAnulty, « Rollicking and Rare – Red Squirrels! »,
en ligne sur daramcanulty.com, 16 octobre 2016.

Pourquoi narrer la nature ?

« Quand la culture orale se dégrade [...] Quand on ne raconte plus les histoires dans les bois ou sur les berges des rivières [...] les sens humains cessent d'être en harmonie avec l'environnement. Nous ne ressentons plus la pulsation polyphonique de la terre et nous n'y réagissons plus. [Nous devenons] de plus en plus aveugles et sourds, imperméables au monde sensuel. » (David Abram, « Storytelling and wonder on the rejuvenation of oral culture », cité en français dans Scott D. Sampson, *Éveiller ses enfants à la nature... même en ville*, Marabout, 2018.)

Les apprentissages langagiers sont au cœur de notre métier d'enseignant·e. Nous connaissons l'importance du langage dans l'ensemble des disciplines, et il en va de même dans l'éducation à la nature. Il est fondamental de dire, raconter, écrire nos expériences. C'est ce qui permet de les amener à notre conscience, de les ancrer, de les approfondir en décrivant dans le détail les observations et les émotions qu'elles ont suscitées : « Le monde n'écoforme pas [ne nous permet pas de construire un lien avec lui] sans un retour réflexif. Il est nécessaire de dire, de nommer, d'expliciter. » (Dominique Cottereau, dans *Le souci de la nature*, CNRS éditions, 2017.)

De plus, quand nous partageons avec d'autres nos expériences de nature, nous faisons résonner des échos, les récits des uns faisant apparaître aux autres des aspects perçus mais non conscientisés (« ah, oui, moi aussi j'ai vu, entendu, ressenti... »).

ET VOUS ?

Si vous prenez le temps de raconter ou d'écrire vos expériences de nature, vous découvrirez sans doute des trésors enfouis peu verbalisés jusque-là : ce sera peut-être un champ couvert de marguerites, les chants des cigales en été, la rencontre d'un chevreuil, d'un renard...

Raconter à l'oral ou à l'écrit ?

La narration de la nature peut rester de l'ordre de la communication orale. Cela présente l'avantage de la rapidité et de la spontanéité. C'est aussi plus accessible aux enfants de l'école élémentaire qui débutent l'apprentissage de la langue écrite.

Le recours à l'écriture conduit à des propos plus construits, plus élaborés. Pour favoriser la mise en mots, Dominique Cottereau (spécialiste de l'éducation à l'environnement) utilise des ateliers d'écriture et d'exploration de l'imaginaire : « On décrit les bruissements, chuchotements, murmures, frémissements, cliquetis et autres craquements, froissements, grésillements [...]. On tente de nommer les parfums délicats, subtils, forts, puissants, les effluves profonds, ronds, fins. [...] Cela demande d'enrichir le vocabulaire, le langage qui en retour renforce l'attention au réel qui nous entoure. On sait encore mieux écouter la diversité des sons quand on les a nommés, on mesure plus finement leurs différences. » (Dominique Cottereau, dans *Le souci de la nature*, 2017.)

L'oral et l'écrit sont donc complémentaires et se nourrissent l'un l'autre. On a alors tout intérêt à développer ces deux formes d'expression alternativement et/ou successivement (un écrit précédé d'un oral ou l'inverse).

INTÉRÊT PÉDAGOGIQUE

La narration de la nature contribue à approfondir le lien des enfants au vivant, tout en offrant de multiples opportunités d'expressions orales et écrites.

- **Elle aide à conscientiser et à ancrer les expériences de nature.**
- **Elle sert les apprentissages langagiers : parler et s'exprimer à l'écrit de façon claire et organisée, employer un vocabulaire juste et précis.**
- **Elle offre la possibilité de partager sa propre narration avec d'autres, de croiser les regards, d'élargir sa perception et sa compréhension du vivant.**

Préparer l'activité

Toute séance de découverte de la nature comprend un temps de récit, mais l'enseignant·e peut faire le choix de développer celui-ci à certaines occasions, notamment après un affût. Pour enrichir les narrations des élèves, on pourra également partager des lectures de récits d'auteurs.

POUR QUI ?

Le partage oral d'expériences est possible dès le CP.

Pour les productions écrites, on adaptera l'activité aux compétences des enfants en lecture et en écriture : si besoin, dictée à l'adulte, aides à l'écriture (vocabulaire, par exemple), etc.

OÙ ?

Cette activité s'effectue de préférence à l'extérieur, sur le terrain. Il ne faut cependant pas s'interdire de la compléter par des temps en classe pour une production spécifique ou pour finaliser une trace initiée à l'extérieur.

MATÉRIEL

- Les carnets d'explorateur des enfants (voir p. 73)
- Des crayons

RESSOURCES UTILES

« Descendants de l'Univers : la force des récits », dans *Éveiller ses enfants à la nature… même en ville* (chap. 5), Scott D. Sampson, Marabout, 2018. Pour l'enseignant·e.

La rencontre, Allan W. Eckert, Le livre de poche, 2014. Roman pour le cycle 3, qui relate l'histoire vraie d'un enfant qui partagea six semaines de la vie d'une femelle blaireau.

Réaliser l'activité

Le partage oral court d'une expérience de nature

« Être à l'affût », p. 37.

Lors d'un regroupement après un affût, ou après d'autres expériences de nature, l'enseignant·e propose un temps d'expression, et précise les règles à respecter :

- *Vous allez prendre la parole à tour de rôle, mais vous serez aussi libre de ne rien dire.*
- *Vous devrez écouter sans interrompre celui qui parle, puis vous pourrez poser une question si vous n'avez pas compris quelque chose.*

Les enfants sont invités à partager leur vécu sur la base d'une sollicitation de l'enseignant·e qui peut être de plusieurs ordres :

- *Qu'avez-vous ressenti ?* (registre émotionnel)
- *Qu'avez-vous vu, entendu ?* (registre factuel)

On peut aussi reprendre l'incitation proposée avant l'affût.

Pour rythmer le temps de partage, on veille à la brièveté des prises de parole et des échanges.

Temps de verbalisation, école Chabestan, Die (Drôme).

L'expression orale détaillée d'histoires de nature

Cet exercice est peu fréquent à l'école, où le manque de temps conduit souvent à privilégier l'expression sous forme de réponses courtes à des questions.

Il s'agit d'offrir un espace pour une narration plus longue d'un ou de quelques élèves lors de moments ritualisés, en extérieur ou bien lors d'un temps en classe (le matin à l'accueil, par exemple).

- *Certains d'entre vous souhaiteraient-ils nous raconter une expérience liée à la nature vécue à l'école ou en dehors ?*

L'enseignant·e ou un autre adulte peut aussi raconter une histoire sur un lieu sauvage qu'il aimait enfant ou sur d'autres expériences de nature. Il suggère ainsi aux enfants des pistes pour approfondir leur observation et leur narration.

On laisse à chaque narrateur le temps nécessaire pour raconter sans être interrompu en invitant le groupe à une écoute bienveillante, avec des oreilles qui accueillent sans commenter.

Quand l'enfant qui s'exprime arrête son récit, l'enseignant·e lui demande s'il a autre chose à dire.

Le groupe peut ensuite poser des questions de clarification au narrateur.

Si besoin, on incite l'enfant à donner plus de détails sur le lieu, les faits, on lui demande comment il s'est senti (émotions), etc.

Chaque enfant dispose du temps nécessaire pour raconter son histoire.

L'écriture et le partage d'expériences de la nature

La nature est une source d'inspiration pour la production d'écrits. En lien avec les affûts (et les incitations données au préalable) ou dans d'autres contextes, on peut proposer des lanceurs d'écriture ciblés sur la nature :

- *Ce que je préfère dans mon coin nature.*
- *Je fais le portrait de ma plante ou de mon animal préféré.*
- *Ce que je vois, j'entends, je sens… dans mon coin nature.*
- *Je décris mon coin nature à quelqu'un qui ne le connaît pas.*
- *Si j'étais une chenille, un oiseau…*
- *Ce qui me fait peur ou m'attire dans la nature (ou dans mon coin nature).*
- *Ce qui me rend triste ou heureux·se dans la nature (ou dans mon coin nature).*
- *Je raconte la journée d'un animal.*
- *J'écris un poème sur un endroit dans la nature.*

Lors du partage, l'enseignant·e peut mettre en valeur un élément de chaque texte, mais les récits ne sont pas commentés par la classe.

Les enfants volontaires peuvent ensuite partager leur texte à la classe. S'ils sont trop nombreux, pour éviter de rendre fastidieux le temps de partage, on tire au sort quelques productions ou on diffère une partie des lectures sur un autre temps.

École dehors, classe unique de l'école d'Erstroff (Moselle), mai 2022.

LES MOTS DES ENFANTS

Voici quelques exemples d'écrits d'enfants.

Ce que je préfère dans mon coin nature :

➤ *« C'est la haie, car on peut voir les oiseaux, les petites bêtes et tout observer et se balader pour apprendre de nouvelles choses. Puis ça sent pas les gaz d'échappement mais la nature et les fleurs. » (Ludovic, CM2)*

Si j'étais…

➤ *« Si j'étais une araignée, je porterais mon cocon pour protéger mes petits enfants, je leur ferais une toile d'araignée de jeux. » (Lily-Rose, CM1)*

➤ *« Si j'étais une sauterelle, je sauterais partout dans les hautes herbes et sur les fleurs. » (Noémie, CM1)*

➤ *« Si j'étais une abeille, je volerais en faisant des pirouettes. Je sentirais le pollen. Je goûterais tout le pollen de toutes les fleurs. Je m'occuperais super bien des larves que l'on m'aurait confiées. » (Florine, CE2)*

Textes rédigés par des élèves de l'école d'Erstroff (Moselle), mai 2023.

9 Philosopher

« L'enfant est naturellement philosophe, [ce qui lui permet de] pénétrer audacieusement dans le champ des grandes questions sur la vie, qui préoccupent les hommes. »

Jacques Lévine, *L'enfant philosophe, avenir de l'humanité ?*, ESF, 2014.

Les enfants et la philosophie

Les humains, enfants comme adultes, se posent de nombreuses questions existentielles, même si elles ne sont pas toujours verbalisées ni même conscientisées. Nous nous interrogeons tous sur notre condition humaine, c'est-à-dire sur les caractéristiques, événements majeurs et situations de notre existence tels que la naissance (*Pourquoi est-on sur Terre ?*), la croissance (*Qu'est-ce qu'une grande personne ?*), l'aptitude à ressentir des émotions (*Pourquoi a-t-on peur ?*), le conflit (*Pourquoi se moque-t-on ?*), les liens interpersonnels (*Qu'est-ce qu'un ami ?*), la mort, etc.

Certaines de ces questions peuvent porter sur notre position par rapport au monde vivant (*La nature appartient-elle à quelqu'un ?*), sur nos liens avec lui (*Pourquoi y a-t-il des animaux qu'on aime et d'autres pas ?*), sur nos points communs et nos différences (*L'homme est-il un animal comme les autres ?*), etc.

Les débats philosophiques fournissent aux enfants des opportunités pour développer et exprimer leur pensée, l'enrichir et/ou la questionner en la confrontant à la pensée de l'autre. Dans cette activité, nous proposons des pistes pour développer leur démarche réflexive en privilégiant des questions sur notre lien avec le monde vivant.

Quels ateliers philo ?

Le dispositif retenu ici est celui proposé par l'AGSAS (Association des Groupes de Soutien Au Soutien). Il est basé sur la pensée des enfants dans le cadre d'un dispositif défini, sans apport préalable de textes sur les sujets traités, contrairement à d'autres méthodes pédagogiques comme la discussion à visée philosophique.

ET VOUS ?

Vous êtes-vous déjà interrogé sur votre place et votre rôle dans la biosphère ?

La mise en œuvre est donc très simple et ne demande pas à l'enseignant·e de rechercher des ressources spécifiques pour alimenter le débat.

En effet, le but de ces ateliers n'est pas de transmettre des connaissances en philosophie aux élèves, cette discipline n'étant pas au programme de l'école primaire.

INTÉRÊT PÉDAGOGIQUE

L'approche philosophique est complémentaire des enseignements scientifiques et donne accès à une autre compréhension du monde vivant.

- **Elle permet aux enfants de faire l'expérience de leur propre pensée.**
- **Elle autorise l'exploration des énigmes de la vie.**
- **Elle conduit à développer un sentiment d'appartenance au vivant.**
- **Elle favorise le débat et l'écoute d'autres points de vue.**

En outre, les ateliers philo sont souvent des moments très riches, nous permettant de porter un autre regard sur les élèves. On est souvent surpris par leur implication dans la réflexion et par la profondeur de certains propos.

Préparer l'activité

Des ateliers philo sont proposés dans d'autres activités du présent ouvrage (comme par exemple sur les araignées), mais ils peuvent être conduits en complément d'un travail sur toute thématique liée à la nature. Il est utile d'en programmer régulièrement (environ un par quinzaine), d'environ 30 minutes chaque fois, car les échanges seront plus riches après quelques séances.

POUR QUI ?

Les débats philo peuvent être menés dès le CP (et même avant !) et à tous les âges des cycles 2 et 3. Le dispositif est toujours le même, mais les questions seront adaptées à l'âge des enfants.

OÙ ?

De préférence en extérieur. L'environnement peut en effet influer sur la teneur des débats.

MATÉRIEL

- Une affichette avec une question
- Un objet tenant lieu de bâton de parole
- Les carnets d'explorateur des enfants (voir p. 73)
- Des crayons

RESSOURCES UTILES

« **Ateliers de philosophie AGSAS** », un dossier de l'AGSAS (Association des Groupes de Soutien Au Soutien), en ligne sur agsas.fr.
https ://media.mdi-editions.com/va09a

« **La philosophie à l'école ?** », sur le site internet de Désirs d'école, desirsdecole.fr. Des informations pour l'enseignant·e sur les ateliers AGSAS.
https://media.mdi-editions.com/va09b

C'est quoi la nature ?, Claire Lecœuvre et Bruno Gibert, Actes Sud Junior, 2022. Des questions illustrées sur notre rapport à la nature, à partir de 6 ans.

Réaliser l'activité

La présentation du dispositif

Les enfants sont disposés en cercle de façon à ce qu'ils puissent se voir.

En préambule, l'enseignant·e expose (ou rappelle) le principe de l'atelier :

- *Nous allons réfléchir à des questions philosophiques, c'est-à-dire à des questions que les humains se posent depuis très longtemps. Il existe de nombreuses réponses à ces questions et elles sont toutes aussi valables les unes que les autres.*
- *Je vais vous demander de réfléchir, c'est-à-dire de penser dans votre tête. Puis vous pourrez prendre la parole pour partager vos réflexions.*

On énonce ensuite une question (ou on propose un mot, voir plus loin) et on l'écrit sur une affiche afin que le groupe l'ait sous les yeux. Puis on laisse les enfants réfléchir en silence.

Les questions assez générales (« Qu'est-ce que la nature ? », par exemple) font souvent apparaître, au fil du débat, des pistes de prolongement ou d'approfondissement, qui pourront constituer de nouvelles questions.

D'une séance à l'autre, on peut alterner les questions centrées sur la nature et sur l'humain.

Voici des exemples de **questions**, de nombreuses autres sont possibles.

Dès le cycle 2 :

- *Qu'est-ce qui est vivant ?*
- *Qu'est-ce que la nature ?*
- *Pourquoi y a-t-il des animaux qu'on aime et d'autres pas ?*
- *Est-ce que la nature peut nous aider à vivre ?*
- *A-t-on le droit de tout faire dans la nature ?*
- *Les humains sont-ils les seuls à parler ?*

On peut recueillir les questions des enfants sur la nature, puis distinguer celles qui relèvent de la philosophie (réponses multiples) ou de la science (une seule réponse). L'enseignant·e pourra ensuite piocher dans cette réserve de questions pour les ateliers.

À partir du cycle 3 :

- *L'être humain est-il un animal comme les autres ?*
- *L'être humain fait-il partie de la nature ?*
- *La nature appartient-elle à quelqu'un ?*
- *Peut-on se passer de la nature ?*
- *Doit-on organiser la nature qui nous entoure ?*
- *À quoi sert la nature ?*
- *L'humain a-t-il des droits sur les autres espèces ?*

Proposer des mots plutôt que des questions permet d'avoir des réponses plus diversifiées et d'ouvrir la réflexion.

On peut aussi faire le choix de proposer aux enfants de réfléchir à partir d'un **mot** ou de quelques mots :

Dès le cycle 2 :

- *La nature*
- *Le sauvage*

À partir du cycle 3 :

- *Apprivoiser*
- *La nature sans l'homme*
- *L'homme sans la nature*
- *Les animaux (ou végétaux) amis ou ennemis (utiles ou nuisibles)*

Rassemblement lors d'une sortie nature avec les Écologistes de l'Euzière et l'association A.R.B.R.E., école de Beaulieu (Hérault), septembre 2022.

Le temps du débat

L'enseignant·e est garant·e du bon déroulement du débat, mais n'exprime pas sa pensée, ni verbalement, ni par des manifestations physiques, et demeure dans une neutralité bienveillante.

L'enseignant·e lance ensuite l'échange après avoir rappelé les consignes de prise de parole.

- *Vous avez la liberté de parler ou de ne pas parler.*
- *Le bâton de parole va circuler autour du cercle et vous ne pourrez vous exprimer que si vous l'avez entre les mains.*

Le débat va durer 10 minutes, puis vous aurez encore la possibilité de parler une dernière fois si vous le souhaitez.

Vous pouvez dire si vous êtes d'accord ou pas avec un autre enfant, une fois que celui-ci a fini de parler.

LES MOTS DES ENFANTS

Voici des exemples de réponses d'élèves à la question suivante : « C'est quoi la nature ? ».

« Je pense que la nature, c'est quelque chose qui est différent de ce que l'homme a construit, c'est vivant, c'est beau. Comme c'est beau, je n'aime pas l'abîmer. »

« Quand les gens pensent à la nature, ce sont les arbres, les plantes, les feuilles, alors que la nature, cela peut être aussi les typhons. »

« Si on n'était pas de la nature, et s'il n'y avait pas la nature, on ne pourrait pas fabriquer des maisons, car les maisons, c'est fait avec de la brique, du bois. »

« S'il n'y avait pas la nature, il n'y aurait rien. Tout est de la nature et nous on est faits avec la nature. Avant il n'y avait que la nature. »

« La nature, cela peut être vivant, cela n'est pas forcément vivant, cela nous entoure. Sans la nature, on ne serait pas là. »

Propos recueillis par l'autrice, école de Sainte-Croix (Drôme).

La trace écrite

« Garder trace : le carnet d'explorateur », p. 73.

Les enfants gardent une trace du débat sur leur carnet d'explorateur en notant la question, la réponse qu'eux-mêmes ont apportée ou celles qui ont été exprimées par d'autres et qu'ils souhaitent conserver. Les plus jeunes peuvent dessiner, dicter leur texte à l'adulte ou lui demander de l'aide.

Les élèves gardent une trace de l'atelier philo dans leur carnet d'explorateur, école de Sainte-Croix (Drôme).

10 Développer son empathie

« Les enfants qui développent une capacité de sympathie ou de compassion, souvent par une expérience de prise de perspective empathique, comprennent les effets de leur agressivité sur une autre personne et s'en préoccupent toujours davantage. »

Martha Nussbaum, *Les émotions démocratiques : comment former le citoyen du XXI*e *siècle ?*, Flammarion, 2011.

Qu'est-ce qu'un atelier d'empathie ?

Les ateliers d'empathie sont des mini ateliers d'écriture qui mettent au travail le regard que l'on porte sur l'autre, sur ce qu'il ressent ou éprouve face aux événements de la vie. Ils sont inspirés des ateliers Psycho-Lévine, en apparence d'une grande simplicité, mais reposant sur des concepts et un cadre très spécifiques pensés pour développer l'intelligence relationnelle des enfants.

Ainsi, se questionner sur les ressentis de l'autre, c'est s'interroger sur la logique de cet autre. C'est prendre conscience du caractère universel des perceptions, des émotions. Cela permet de construire notre appartenance au monde.

C'est aussi prendre conscience de nos différences : selon notre personnalité et notre histoire, nous ne ressentirons pas les mêmes choses au même moment, dans les mêmes circonstances.

Élargir l'empathie à tous les êtres vivants

Dans les ateliers proposés ici, nous élargissons la notion d'empathie, afin de questionner le ressenti de l'homme dans sa relation à la nature, mais aussi celui de tout être vivant, dans les événements de sa vie, avec un objectif de reconnexion à la nature. Sans doute, nul être humain ne peut se mettre à la place d'un mammifère, d'un oiseau ou d'un poisson, ni avoir une idée de ce qu'il vit et éprouve – la sympathie s'arrête à cette impossibilité. Mais, à défaut de pouvoir appliquer l'analogie des expériences – je connais votre joie par la joie que j'ai éprouvée, votre tristesse par la tristesse qui m'a frappée – du moins peut-on savoir aux signes manifestés s'il s'agit d'émotions positives ou négatives, joyeuses ou déplaisantes, de confiance ou de crainte.

ET VOUS ?

Vous êtes-vous déjà posé la question de ce que ressent votre animal de compagnie ? Si oui, avez-vous tenté d'explorer cette dimension avec d'autres animaux sauvages (hérisson, oiseau, etc.) ?

Certes, cette démarche peut être taxée d'anthropomorphisme, qui consiste à attribuer des caractéristiques, des intentions ou des émotions humaines à des phénomènes ou à des événements, à des objets inanimés, à des animaux. Cependant, comme le dit si bien Marc Bekoff, spécialiste du comportement animal, « nous ne prêtons pas aux animaux quelque chose d'humain ; nous identifions des similitudes et nous utilisons le langage humain pour traduire ce que nous observons » (*Les émotions des animaux*, traduit par Nicolas Waquet, Rivages poche, 2013).

INTÉRÊT PÉDAGOGIQUE

Se poser la question de ce que ressentent les humains et les autres êtres vivants lors de différentes circonstances de leur vie, et en particulier dans la rencontre avec l'autre, développe la capacité d'empathie.

- **Cela apporte une compréhension intime des interactions entre les êtres vivants dans un milieu naturel ainsi qu'entre les humains et les autres êtres vivants.**
- **Cela nourrit le sentiment d'appartenance au monde vivant.**

Préparer l'activité

Cette activité est peu chronophage et peut être réalisée en seulement 15 minutes. Afin que le sentiment d'empathie puisse se développer, il est utile de la réitérer, par exemple une fois toutes les deux semaines, en lien avec les thématiques développées dans la partie « Observer et apprendre » ou de toute autre activité de découverte de la nature.

POUR QUI ?

Cette activité suppose une bonne maîtrise de l'écriture. Elle est à envisager à partir du CE2.

OÙ ?

De préférence en extérieur. On peut en effet supposer que l'environnement influe sur les réponses apportées.

MATÉRIEL

- Une feuille par enfant (un quart d'un A4)
- Une affiche mentionnant la question
- Des crayons

RESSOURCES UTILES

« Les ateliers psycho-Lévine », sur le site internet de Désirs d'école , desirsdecole.fr.
https ://media.mdi-editions.com/va10a

« Ateliers Psycho-Lévine », un dossier de l'AGSAS (Association des Groupes de Soutien Au Soutien), en ligne sur agsas.fr.
https ://media.mdi-editions.com/va10b

Comment j'ai vaincu ma peur des humains, Hélène Ducrocq, éditions Citron bien, 2020. Roman, à partir de 6 ans.

Réaliser l'activité

La présentation de l'atelier d'empathie

Tout moment de découverte d'un être vivant ou d'observation est une occasion pour inciter les enfants à se mettre à leur place en les questionnant : « Que voit cet être vivant ? Qu'entend-il ? Que sent-il ? Que fait-il exactement à cet instant ? Pourquoi le fait-il ? Que cherche-t-il ? Est-ce qu'il nous voit, nous sent ? Est-il calme, inquiet ? »

On distribue une feuille par enfant et l'enseignant·e commence par expliquer en quoi va consister l'activité :

- *Nous allons réaliser un atelier d'empathie.*
- *Je vais vous demander de réfléchir à ce que peut ressentir un humain dans la nature ou à ce que peut ressentir un animal dans certaines situations. Toutes les réponses ont un intérêt.*
- *« Réfléchir » signifie que vous allez prendre le temps pour penser dans votre tête. Puis vous pourrez écrire sur votre feuille.*
- *Je rassemblerai ensuite vos écrits et je les lirai à la classe.*

Puis on précise :

- *Vous avez la liberté d'écrire ou de ne pas écrire. Ce travail est anonyme, ne mettez pas votre nom, et ne nommez personne.*
- *Je lirai tout sauf les grossièretés ou les propos non respectueux.*
- *Essayez d'écrire lisiblement pour que je puisse vous lire.*

La question

D'une séance à l'autre, on peut alterner les questions centrées sur l'humain ou sur les autres êtres vivants.

L'enseignant·e présente enfin la question, formulée de cette manière : « Que peut ressentir une personne, un animal qui… », et l'écrit sur une affiche.

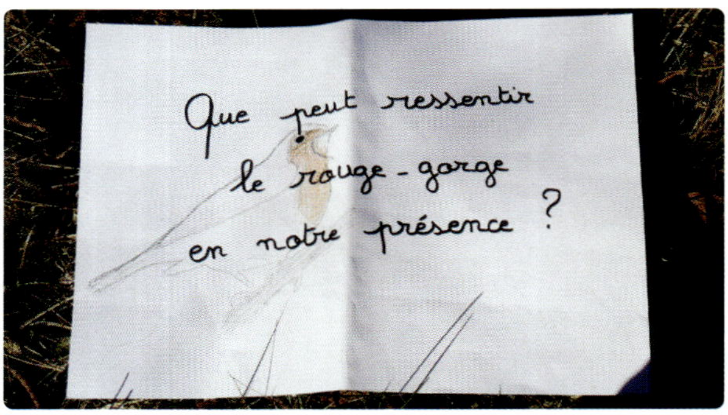

Questions sur les ressentis de l'humain :

- *Que peut ressentir quelqu'un qui découvre la nature sauvage ?*
- *Que peut ressentir quelqu'un qui dort dans la forêt ?*
- *Que peut ressentir quelqu'un qui se retrouve seul dans la forêt, la montagne, etc. ?*
- *Que peut ressentir quelqu'un qui voit une salamandre (ou un autre animal) pour la première fois ?*
- *Que peut ressentir quelqu'un qui voit pour la première fois un animal qu'il cherche depuis longtemps ?*

Questions sur les ressentis des autres êtres vivants :

- *Que peut ressentir un animal qui voit un humain pour la première fois ?*
- *Que peut ressentir la forêt/l'arbre en notre présence ?*
- *Que peut ressentir une araignée en présence d un humain ?*
- *Que peut ressentir l'hirondelle (le martinet, la chauve-souris, etc.) quand elle (il) vole ?*
- *Que peut ressentir un oiseau qui migre vers le sud ?*
- *Que peut ressentir un ver de terre qui sort à l'air libre quand il pleut ?*
- *Que peut ressentir un escargot dans sa coquille ?*
- *Que peut ressentir la chenille qui se transforme en papillon ?*
- *Que peut ressentir une plante en hiver ?*

Le temps de la réflexion et de l'écriture

Après un petit temps de réflexion, les enfants écrivent. On ne fixe pas de durée, mais généralement les derniers ont terminé au bout de 5 minutes. Puis l'enseignant·e ramasse les feuilles en faisant bien attention de les mélanger.

Les enfants qui présentent des troubles spécifiques du langage écrit dictent à l'adulte. Pour eux, il n'y a plus la règle de l'anonymat, mais on leur précise que nous ne dévoilerons pas leur nom en lisant leur texte.

Voici des réponses d'élèves de cycle 3 à la question : « Que peut ressentir le rouge-gorge en notre présence ? (quand on est là) » :

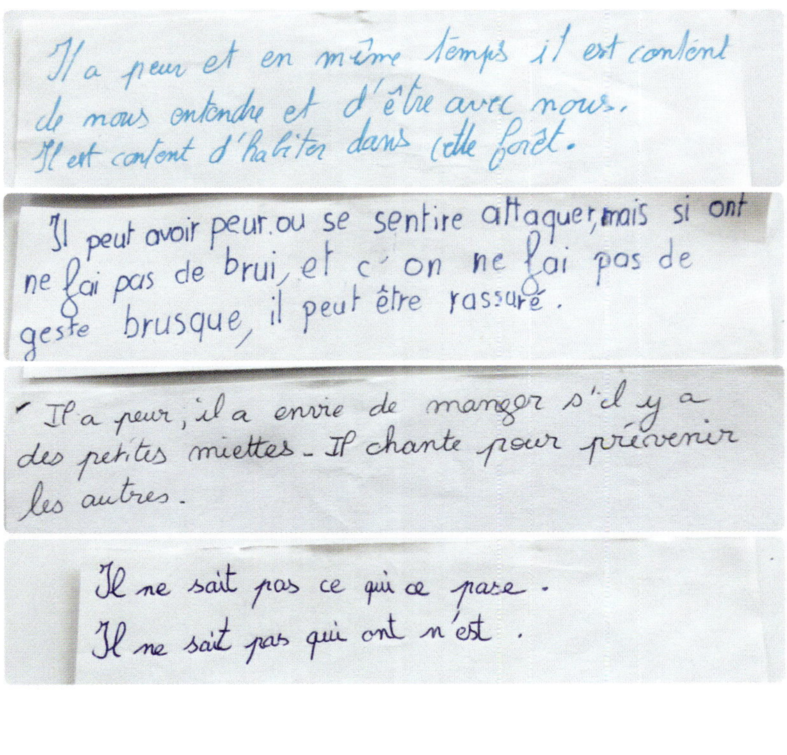
Il a peur et en même temps il est content de nous entendre et d'être avec nous. Il est content d'habiter dans cette forêt.

Il peut avoir peur ou se sentire attaquer, mais si ont ne fai pas de brui, et c'on ne fai pas de geste brusque, il peut être rassuré.

Il a peur, il a envie de manger s'il y a des petites miettes. Il chante pour prévenir les autres.

Il ne sait pas ce qui ce passe. Il ne sait pas qui ont n'est.

École Chabestan, Die (Drôme).

La lecture par l'adulte

L'enseignant·e donne lecture des écrits à la classe dans la plus grande neutralité de ses propres émotions. On pourra toutefois marquer un léger changement de ton chaque fois que l'on démarre la lecture d'un nouvel écrit, ce qui permettra de mettre en valeur toutes les productions.

Ultérieurement, après avoir retranscrit tous les écrits, on en donnera la trace à chaque élève sous forme d'une photocopie.

Atelier d'empathie dans une classe de CM1-CM2, Die (Drôme).

11 Porter la parole d'un être vivant

Alphonse, la Ronce : Le désarroi d'Alphonse

« [...] Alphonse ne comprend pas pourquoi les humains s'astreignent toujours à lui couper les pattes (euh, les turions !). En plus, ils grommèlent sans cesse dès qu'ils croisent son chemin, enfin dès qu'ils sont stoppés net par ses aiguillons...
Alphonse est fatigué. Lui qui se consacre entièrement à son rôle de "berceau de la forêt". Lui qui se charge d'offrir le logis, la protection et la nourriture à toute une multitude d'espèces animales. Lui qui cajole les jeunes pousses et les préserve des dents de quelques brouteurs. Lui qui se lance dans la production de fruits succulents tous les 2 ans... Rien n'y fait, les humains ne l'aiment guère. Alphonse se sent véritablement incompris. »

Les Mal-aimés, j'adore !, Le livre, Fanny Husson-Poisson, FCPN, 2021.

Considérer tous les êtres vivants comme des sujets

Construire des liens d'équité avec les êtres vivants non humains suppose de les considérer comme des sujets et non comme des objets.

Pour élaborer cette représentation du monde vivant, rien de tel que d'apprendre à se décentrer, à endosser le rôle d'un animal ou d'un végétal, à se mettre dans la peau d'un autre. Pour approfondir le sentiment d'empathie (voir p. 91), il est ici proposé de mettre les enfants en situation de porter la parole d'un être vivant qui en est dénué (ou de traduire son langage qui ne nous est pas accessible), de devenir son avocat, de négocier à sa place et de défendre ses intérêts face à ceux d'autres acteurs dans des projets d'aménagements.

Reconnaître les droits de la nature

Cette démarche rejoint les réflexions en cours dans différents pays sur la dévolution d'une personnalité juridique à des milieux naturels ou des êtres vivants, afin que leurs intérêts soient traduits en droits qui puissent être défendus.

Ainsi, en Équateur et en Bolivie, les constitutions reconnaissent les droits de la nature depuis 2008 et 2009. De même, plusieurs fleuves dans le monde se sont vus accorder le statut de personne morale, comme le Whanganui en Nouvelle-Zélande. En 2019, un référendum local a conduit à l'adoption d'une Déclaration des droits du lac Érié, à la frontière entre le Canada et les États-Unis.

En France, depuis 2015, le Code civil reconnaît les animaux comme étant des êtres vivants doués de sensibilité et non plus comme des biens meubles, c'est-à-dire des objets, comme c'était le cas auparavant.

L'anthropologue Philippe Descola estime que la question du rapport des humains à la nature sera très probablement la plus cruciale du présent siècle. Le droit participe à cette évolution aux côtés de la politique, des sciences et des philosophies, la proposition d'accorder la personnalité juridique à la nature ou à ses éléments représentant une rupture avec les anciennes manières de se représenter le monde.

ET VOUS ?

Dans votre environnement, avez-vous déjà imaginé la possibilité pour un ruisseau pollué, un renard blessé ou une haie broyée d'être défendu contre les responsables de leur agression ?

INTÉRÊT PÉDAGOGIQUE

Les débats sous la forme de jeux de rôle encouragent les enfants à se mettre dans la peau d'un être vivant pour porter sa parole et son point de vue.

- **Ils aident à mieux comprendre les besoins des différentes espèces et à renforcer l'empathie à leur égard.**
- **Ils permettent d'appréhender les interrelations dans les écosystèmes.**
- **Ils conduisent à élaborer des propositions d'action en prenant soin de tous les points de vue.**
- **Ils servent les apprentissages langagiers : parler et s'exprimer à l'oral de façon claire et organisée, écouter et prendre en compte ses interlocuteurs.**

Préparer l'activité

Nous proposons de travailler à partir d'un jeu de rôle. Pour que celui-ci soit riche, il est opportun que les élèves connaissent bien les espèces en jeu. L'idéal est de s'appuyer sur des activités menées au préalable sur une thématique donnée, comme par exemple les insectes pollinisateurs, les plantes sauvages de la rue, les papillons...

POUR QUI ?

Cette activité s'adresse plutôt aux élèves à partir du CE2.

OÙ ?

La phase de recherche peut avoir lieu sur le terrain, à la bibliothèque, ou dans d'autres lieux pour les enquêtes. Il est préférable que le jeu de rôle se déroule à l'extérieur.

MATÉRIEL

- 10 à 12 repères (cônes, foulards)
- Une image représentant chaque personnage, en deux exemplaires
- Les fiches des différents personnages (pré-remplies ou non), prévoir une fiche par enfant
- Les carnets d'explorateur des enfants (voir p. 73)
- Des crayons

RESSOURCES UTILES

Les Droits des animaux, ça me concerne !, Florence Pinaud et Amélie Fontaine, Actes Sud Junior, 2018. Dès 9 ans, un album pour aller plus loin et évoquer la question du droit du vivant.

Lettres des animaux à ceux qui les prennent pour des bêtes, Frédéric Brémaud et Giovanni Rigano, Glénat, 2021. Bande dessinée, pour le cycle 3.

Réaliser l'activité

Le choix de la problématique à débattre

Pour que la controverse soit nourrie, il faut éviter les sujets qui risquent de conduire trop vite à un consensus.

On peut s'inspirer des observations des enfants, de leurs questionnements en lien avec leur vécu, de projets de classe et/ou d'école. L'idée est de saisir les opportunités qui se présentent ou d'amener subtilement une occasion de débat.

Voici quelques idées de problématiques, à adapter au contexte de la classe et aux éventuels projets d'aménagement de la cour :

- *Faut-il tondre ou ne pas tondre la pelouse ?*
- *Peut-on laisser pousser des « mauvaises herbes » ?*
- *Peut-on réduire la taille du terrain de foot ou du circuit vélo pour planter des arbres ou semer des fleurs ?*
- *Peut-on remplacer du bitume par des copeaux de bois ?*
- *Est-ce possible de construire des abris pour les abeilles sauvages à l'école ?*

Exemple de jeu de rôle « Peut-on laisser pousser ou planter des orties dans la cour de l'école ? »

On peut aussi questionner l'utilité ou non de certaines espèces, par exemple les chenilles dans le potager, les pucerons, etc.

L'appropriation de la parole d'un personnage

Plus cette étape sera nourrie, plus on évitera la dérive vers des conversations limitées à des échanges d'idées toutes faites. Le débat qui s'ensuivra sera ainsi plus riche.

Une fois la problématique choisie, on définit la liste des personnages concernés : 5 ou 6 minimum, en veillant à ce que certains besoins ou opinions soient antagonistes et qu'il y ait un équilibre entre personnages humains et non humains.

Les enfants forment plusieurs groupes, un par personnage. Afin de bien connaître celui-ci, l'enseignant·e invite les enfants à mener des observations dans la nature, des enquêtes ou des recherches documentaires.

Fiche personnage à compléter

Pour guider les élèves, on leur distribue une fiche personnage à compléter, comportant les questions qu'ils doivent se poser :

- *Quels sont les besoins du personnage ?*

Pour un humain, il s'agira de besoins en lien avec son métier ou ses activités. Pour un animal ou une plante, les enfants devront identifier les besoins d'abri et les sources de nourriture.

- *Quels sont les problèmes du personnage ?*

Il peut s'agir de difficultés à satisfaire certains besoins et/ou de conflits avec d'autres personnages.

Pour les plus jeunes, on peut fournir une fiche préremplie.

FICHES PERSONNAGES PRÉREMPLIES

« Peut-on laisser pousser ou planter des orties dans la cour de l'école ? »

Mon personnage

Je représente : **le papillon paon-du-jour**. On admire mes couleurs, on aime bien me voir voler dans le jardin.

Mes besoins

- Je me nourris du nectar des fleurs de saule, de pissenlit, de sureau, de violette et de trèfle.
- En hiver, je reste abrité dans des lieux sombres et frais, comme des arbres creux, des végétations denses, des tas de bûches…
- Je ponds mes œufs sur les feuilles d'orties, dont mes chenilles se nourriront.

Mes problèmes

- Ce n'est pas facile de trouver les fleurs sauvages que je butine… il n'y a pas toujours de pissenlits et de violettes dans les pelouses, ni d'orties pour déposer mes œufs.
- Il me manque des endroits où m'abriter.

Mon personnage

Je représente **la directrice de l'école**.
Je suis responsable de l'école et des enfants.

Mes besoins

- Les enfants doivent se sentir bien à l'école et être en sécurité.
- C'est important qu'ils puissent apprendre beaucoup de choses.

Mes problèmes

- J'aimerais que la cour soit plus naturelle, qu'on laisse pousser librement les fleurs et même des plantes qu'on aime moins, comme les orties, mais j'ai peur que les enfants se piquent.
- J'ai peur qu'il ne reste pas de place pour jouer au foot.
- Je crains que les enfants arrachent les fleurs et piétinent les herbes.

Vous trouverez également en téléchargement les fiches personnages de la chenille du paon-du-jour, de l'ortie, de la mésange charbonnière et du maire.

Le temps du débat

Les images des personnages « Peut-on laisser pousser ou planter des orties dans la cour de l'école ? »

Le dispositif présenté ici s'inspire à la fois des jeux de rôles et des cercles de Samoan (une technique de débat où l'on constitue deux cercles de participants, l'un s'exprimant tandis que l'autre écoute).

Au centre, on dispose en cercle deux repères de type cônes par personnage (soit 10 à 12 repères), et on fixe sur chacun une image le représentant.

Chaque groupe désigne ensuite un porte-parole de son personnage pour commencer le débat, et celui-ci prend place près d'un des repères correspondants (le débat aura donc lieu entre 5 et 6 enfants). Puis les autres enfants s'installent tout autour du cercle central.

En cours de débat, un autre membre du groupe qui souhaite s'exprimer pourra venir près du deuxième repère du personnage, prenant le relais du premier enfant qui tenait ce rôle. Celui-ci se retirera alors dans le cercle extérieur.

LE DISPOSITIF DU DÉBAT

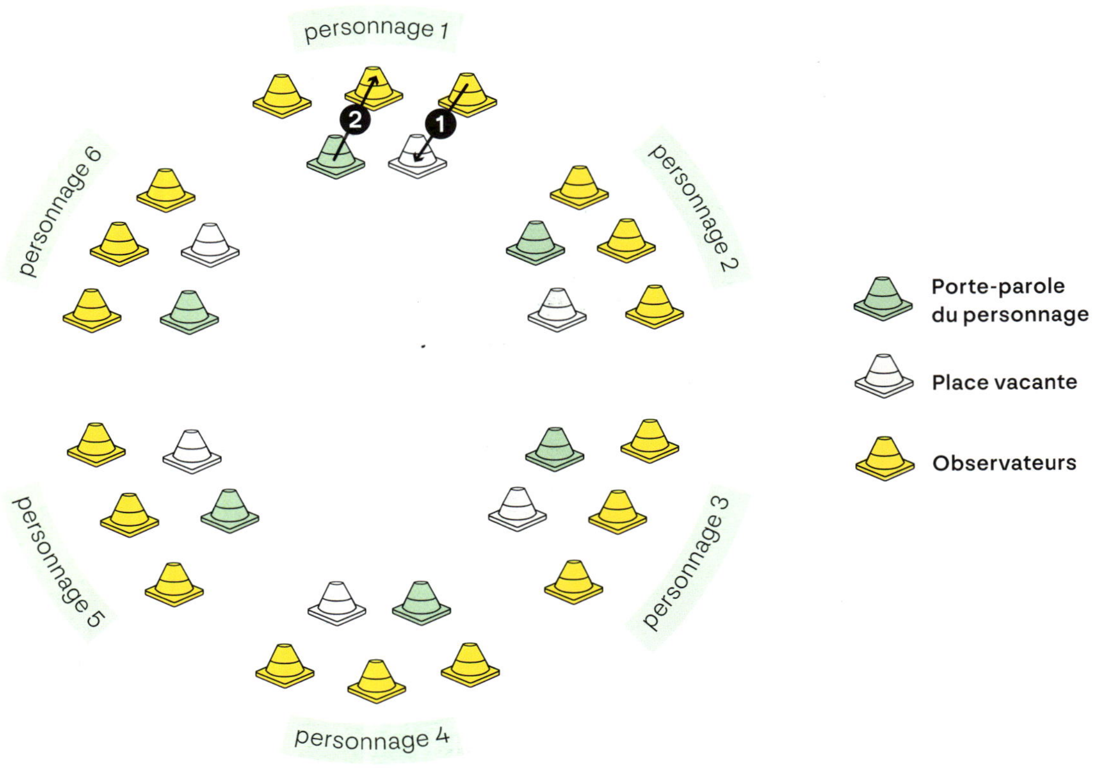

Le débat, d'une durée de 30 à 40 minutes, est animé par l'enseignant·e et comprend différents temps :

- l'adulte commence par exposer la problématique ;
- chaque personnage se présente et expose son point de vue ;
- les personnages débattent sur leurs convergences et leurs divergences ;
- l'enseignant·e demande aux enfants de trouver des solutions pour rendre les propositions des uns acceptables pour les autres ;
- on vise une prise de décision par consentement (recherche de solutions qui soient tolérables pour tous).

Le bilan

Il est utile de verbaliser les émotions ressenties par les élèves au cours du débat en proposant des prises de parole brèves (un mot ou une phrase pour décrire comment on se sent après ce débat).

« Garder trace : le carnet d'explorateur », p. 73.

Pour conserver une trace du débat, chaque enfant note dans son carnet d'explorateur les idées et arguments qu'il souhaite garder en mémoire.

Observer et apprendre

Activités pour observer et apprendre

Ces dix-huit activités ont pour objectif d'explorer l'environnement naturel à travers des thématiques spécifiques. Elles constituent des portes d'entrée pour construire des connaissances sur le monde vivant et se doter de clés pour mieux comprendre sa structure, son fonctionnement et les interrelations complexes qui l'animent.

1 L'arbre, un écosystème

« Perdu au milieu de la ville
L'arbre tout seul, à quoi sert-il ?

Les parkings, c'est pour stationner,
Les camions pour embouteiller,
Les motos pour pétarader,
Les vélos pour se faufiler.

[...]

L'arbre tout seul, à quoi sert-il ?

Il suffit de le demander
À l'oiseau qui chante à la cime. »

Jacques Charpentreau, « L'arbre »,
dans *La ville enchantée*, L'École, 1976.

L'arbre, tout un symbole

À toutes les époques, l'arbre a été célébré par les conteurs et les poètes comme un élément fondamental, source de vie, un pont entre la terre dans laquelle il s'enracine et le ciel. Il est à la fois le symbole de la longévité, de la vigueur, de la stabilité et en même temps celui de la vie en perpétuelle évolution.

Aujourd'hui, les arbres sont devenus des vecteurs de la reconnexion à la nature et leurs effets bénéfiques sur le bien-être et la santé sont souvent invoqués, des « bains de forêt » parfois préconisés.

Et vous, y a-t-il un arbre que vous aimez particulièrement ? Que vous apporte-t-il ?

L'écosystème de l'arbre

Les arbres constituent une porte d'entrée pour comprendre le fonctionnement d'un écosystème, c'est-à-dire une communauté d'êtres vivants en interaction entre eux et avec le milieu dans lequel ils vivent. C'est cette dimension qui sera privilégiée ici.

L'arbre est en effet en lien avec de nombreux êtres vivants, comme les végétaux qui poussent sur son tronc et ses branches (mousses, lichens, lierre...) et les animaux qu'il abrite ou nourrit (oiseaux nichant dans le tronc ou la canopée, araignées tissant leur toile, abeilles butinant les fleurs...). Il est aussi en communication avec les champignons du sol (mycorhizes), et avec d'autres arbres (*via* le sol ou l'air), comme le montrent des recherches récentes ayant mis en évidence des liens encore plus vastes que ceux imaginés précédemment (voir par exemple le livre de Peter Wohlleben, *La vie secrète des arbres*, publié aux éditions des Arènes en 2017, qui s'appuie sur les travaux de différents chercheurs).

INTÉRÊT PÉDAGOGIQUE

Cette activité permet d'aborder une notion clé en sciences du vivant, celle d'écosystème.

- Elle vise à explorer les relations d'un être vivant, l'arbre, avec les éléments et les autres êtres vivants de son environnement, sans viser cependant une connaissance détaillée des relations en jeu.
- Elle conduit à découvrir les liens d'interdépendance dans un écosystème.
- Elle amène les enfants à raisonner dans la complexité, et donc à développer une compétence fondamentale pour comprendre le monde.
- Elle est l'occasion de s'émerveiller devant la capacité d'accueil de l'arbre pour les autres êtres vivants.

Préparer l'activité

Cette activité peut être proposée dès le début de l'année. Elle pourra être approfondie en explorant d'autres milieux, comme la haie et le lierre.

POUR QUI ?

Au cycle 2, on visera la prise de conscience du lien entre l'arbre et d'autres êtres vivants, en formulant quelques hypothèses sur la nature de ces liens.

Au cycle 3, on entrera un peu plus dans la complexité du fonctionnement d'un écosystème, en s'intéressant aux liens qu'ont les êtres vivants entre eux.

QUAND ?

Sept	Oct	Nov	Déc	Janv	Fév	Mars	Avril	Mai	Juin
●	●	●	●	●	●	●	●	●	●

Cette activité peut être réalisée pendant toute l'année scolaire. Certains animaux, les insectes par exemple, sont plus abondants à la belle saison, mais l'arbre nu en hiver donne plus facilement à voir les nids, les cavités dans les branches et les oiseaux qui se perchent sur lui.

OÙ ?

On peut pratiquer cette activité un peu partout. Il y a toujours un arbre dans la cour de l'école ou à proximité que les enfants côtoient sans vraiment le connaître. Si on a le choix, il est préférable de baser son observation sur un arbre plutôt âgé et si possible d'une espèce locale de feuillus (chêne, hêtre, érable, etc.), dont la faune associée est souvent plus riche.

MATÉRIEL

- Des feuilles A4 ou A5
- Des crayons et/ou des feutres
- Des ficelles (de couleur en cycle 3) ou des bâtons
- Une affiche (type feuille de paperboard)
- Les carnets d'explorateur des enfants (voir p. 73)

RESSOURCES UTILES

Le chêne, film de Laurent Charbonnier et Laurent Seydoux, 2022 (1 h 20).

« Chêne, l'arbre de vie », *La minute nature de la Salamandre*, n° 269 (6 min 15).
https://media.mdi-editions.com/vb01a

Mon arbre, Gerda Muller, L'école des loisirs, 2018.

« Cet arbre est-il habité ? », *Miniguide de la Salamandre*, n° 85. Pour reconnaître les traces des animaux qui habitent les vieux troncs (trous de pics, galeries d'insectes, fruits grignotés…).

Réaliser l'activité

À la découverte de l'arbre

La pratique régulière de l'affût facilite cette phase d'observation (voir p. 37).

Le groupe classe s'installe près d'un arbre, à une distance permettant de le voir dans toute sa hauteur. Les enfants sont invités à l'observer en silence pendant quelques minutes.

L'enseignant·e amorce ensuite un échange, en soulevant différentes questions :

- *Que savez-vous de cet arbre ?*
- *Est-ce un être vivant comme nous ?*
- *De quoi a-t-il besoin pour vivre ?*
- *D'après-vous, a-t-il besoin d'autres végétaux ou animaux pour vivre ?*

Sortie nature à Clavé (Deux-Sèvres), février 2021.

Tous les enfants n'ont pas conscience qu'un arbre est un être vivant qui a besoin d'air, d'eau, de minéraux et de lumière pour vivre. Ils ne réalisent en général pas non plus que la présence d'autres animaux ou végétaux puisse lui être bénéfique.

À ce stade, on se contente de recueillir les représentations des enfants et leurs connaissances préalables, même si elles sont fausses ou imprécises.

On pourra par exemple réfléchir aux points communs et aux différences entre l'arbre et l'homme : tous deux grandissent et meurent un jour. Mais les arbres deviennent plus grands que les humains et vivent souvent plus longtemps, des centaines d'années pour certains, soit plusieurs vies humaines. Les enfants ont en général conscience de leur même besoin en eau. Ils auront sans doute plus de difficultés à percevoir leur besoin commun de se nourrir et de respirer.

Qui vit auprès de notre arbre ?

L'enseignant·e invite ensuite les enfants à se regrouper par deux et leur propose de partir à la découverte de l'écosystème de l'arbre :

➤ *Quels sont les plantes et les animaux qui vivent sur cet arbre ? Pouvez-vous les voir ? Y a-t-il des indices de leur présence ?*

Les enfants peuvent observer de la mousse, des insectes, des oiseaux… ou repérer une toile d'araignée, un nid d'oiseau ou d'écureuil, des trous de pics ou d'insectes…

« Nommer le vivant », p. 67.

Si les enfants ne connaissent pas les noms des plantes ou des animaux, on peut leur proposer d'en inventer.

➤ *Connaissez-vous les noms de ces plantes et de ces animaux ?*

➤ *Y a-t-il d'autres plantes et animaux qui peuvent vivre aussi sur cet arbre, d'après vous ?*

➤ *Avec quels éléments l'arbre est-il en contact ou échange-t-il ?*

Les enfants peuvent mentionner l'air, le sol…

Au cycle 3, l'enseignant·e attire si nécessaire l'attention des enfants sur des êtres vivants non évoqués spontanément, par exemple les lichens, ou la présence de galles (excroissances formées sous des feuilles suite à une piqûre d'insecte qui y a déposé ses œufs).

QUELQUES ÊTRES VIVANTS (OU LEURS TRACES) À OBSERVER SUR UN ARBRE

Des nids d'oiseaux ou d'écureuil

Des trous creusés par des pics

De la mousse

Du lichen

Des champignons

Du lierre

Du gui

Des galles formées par des petites guêpes

Des galeries de larves d'insectes

Quels sont les liens entre ces êtres vivants ?

⚠ En début de cycle 2, les enfants perçoivent surtout les animaux. À partir du CE2, ils remarquent plus facilement les végétaux.

Les relations avec l'arbre

Le groupe se rassemble afin de mettre en commun ses découvertes.

L'enseignant·e demande à chaque enfant de présenter un élément, un animal ou une plante en lien avec l'arbre :

- *Quel est son nom ? Où l'avez-vous observé ?*
- *Qu'est-ce que l'arbre lui apporte ? Qu'apporte-t-il à l'arbre ?*

Chacun écrit sur une feuille blanche le nom de l'espèce dont il est responsable (ou la dessine).

On pose toutes les feuilles sur le sol autour de l'arbre, puis on les relie à son tronc à l'aide d'une ficelle ou d'un bâton, pour former un schéma (voir ci-dessous). Pour en garder la trace, l'enseignant·e le photographie ou le reprendra en classe avec les enfants pour réaliser une affiche.

EXEMPLES DE RELATIONS ENTRE L'ARBRE ET SON ÉCOSYSTÈME

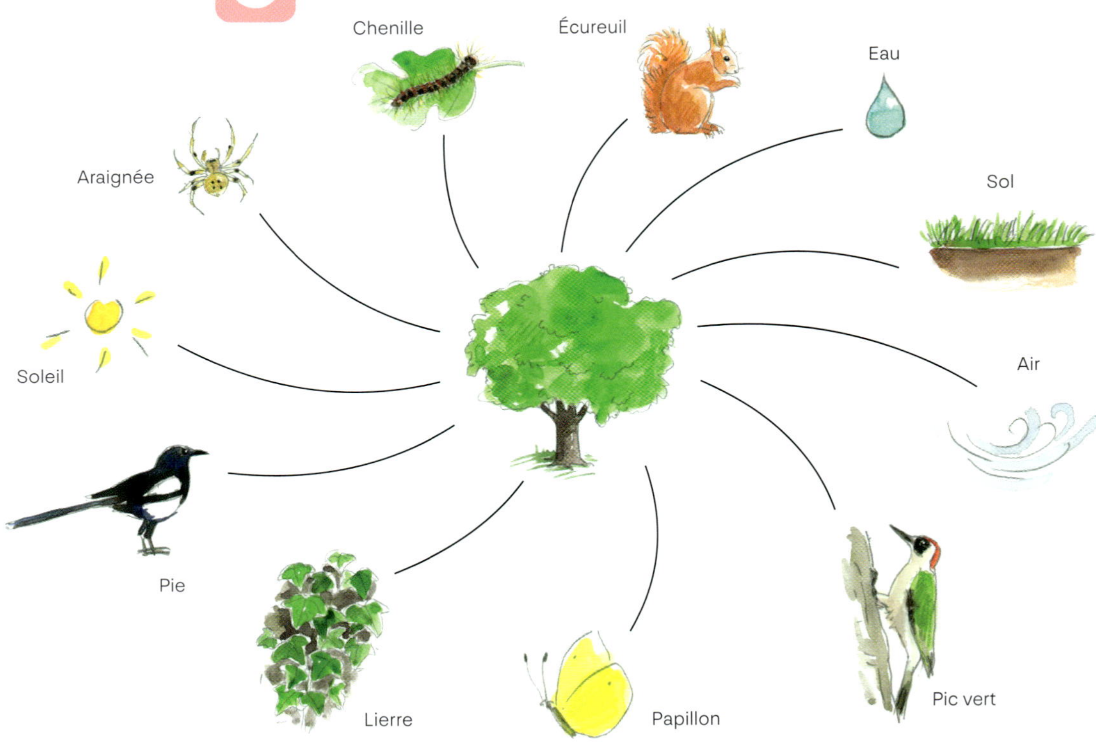

À partir du CE2, on peut demander aux enfants d'expliquer la nature de la relation entre l'arbre et l'élément présenté :

- L'arbre puise l'eau dans le sol grâce à ses racines.
- L'arbre est ancré à la terre (au sol) par ses racines.
- L'arbre respire l'air autour de lui et en même temps l'enrichit en oxygène.

- Les pics percent des trous dans les vieux arbres pour se nourrir des insectes cachés sous l'écorce.
- Le papillon butine les fleurs de l'arbre : il se nourrit de leur nectar, tout en transportant le pollen de l'une à l'autre, ce qui permet à des fruits de se former et donc à l'arbre de se reproduire.
- Le lierre utilise le tronc de l'arbre pour grimper et accéder à plus de lumière.
- Des oiseaux, comme les pies, construisent leur nid sur l'arbre.
- Le soleil est la source d'énergie de l'arbre.
- L'araignée tisse sa toile entre des branches.
- La chenille mange les feuilles de l'arbre.
- L'écureuil vit dans les arbres : il s'y déplace, s'y nourrit de fruits et de graines, y fait son nid.

Les relations autour de l'arbre

Il ne s'agit pas ici de viser l'exhaustivité, mais plutôt d'illustrer la notion d'interdépendance.

À partir du cycle 3, on explore les liens entre chaque élément : par exemple, l'écureuil se nourrit de graines, mais a aussi besoin d'air et d'eau pour vivre. Le lierre a également besoin d'air et d'eau, ainsi que de lumière et de terre. Il accueille des animaux comme les araignées.

Sur le schéma, on indique ces relations avec des ficelles de couleurs différentes. On obtient alors une figure comme celle ci-dessous.

EXEMPLES DE RELATIONS ENTRE LES DIFFÉRENTS ÊTRES VIVANTS DE L'ÉCOSYSTÈME DE L'ARBRE

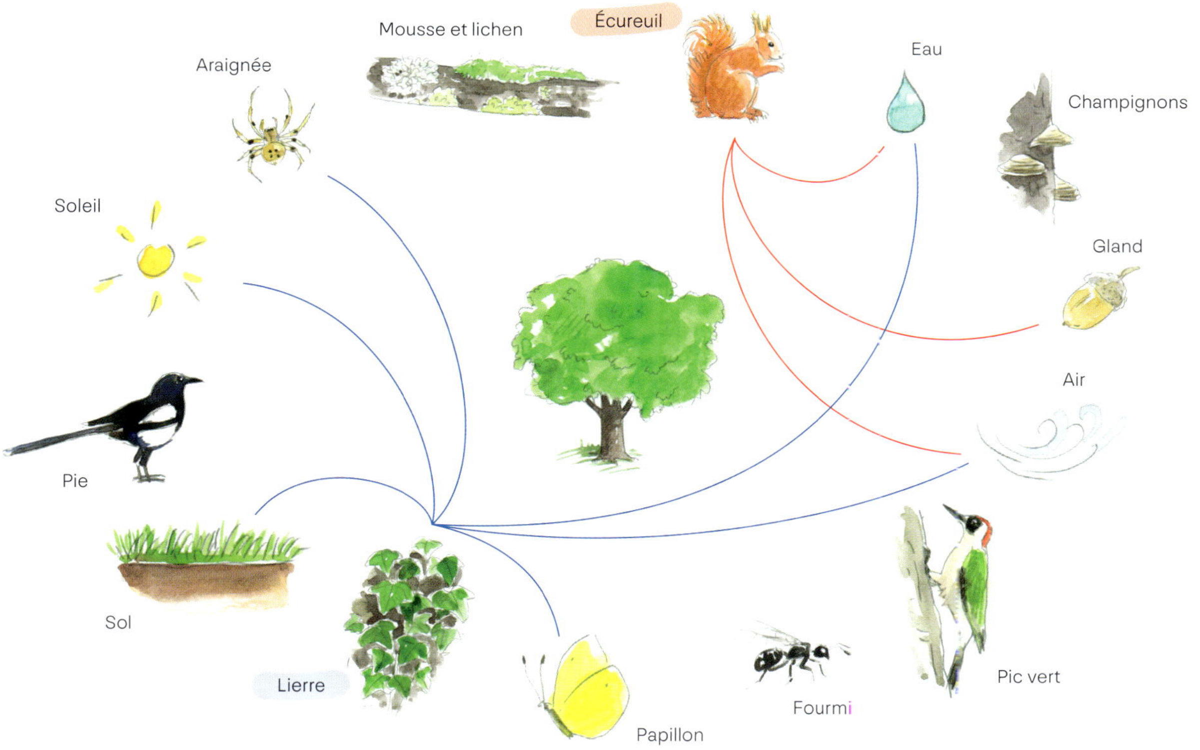

Les relations entre le lierre et les autres êtres vivants de l'écosystème de l'arbre.
Les relations entre l'écureuil et les autres êtres vivants de l'écosystème de l'arbre.

Raconte ton arbre

À partir du CM1, on peut proposer une réflexion plus vaste, d'ordre philosophique : «Qu'est-ce que les arbres apportent aux humains ?»

Si cela n'a pas été fait, l'enseignant·e suggère d'ajouter l'enfant à la liste des êtres vivants en interaction avec l'arbre, puis propose un temps de réflexion de quelques minutes :

- *Qu'est-ce que cet arbre vous apporte ?*

On procède ensuite à un échange oral, pendant lequel chacun peut exprimer ses ressentis et ses réflexions.

« Garder trace : le carnet d'explorateur », voir p. 73.

Enfin, on laisse un temps aux enfants pour produire un écrit, par exemple :

- *Dessinez et/ou décrivez cet arbre (ou votre arbre préféré).*
- *Racontez votre plus belle rencontre avec un arbre.*

L'enseignant·e peut aussi narrer son propre vécu.

PASSONS À L'ACTION !

Informer sur la biodiversité des vieux arbres

Ce peuplier centenaire abrite de nombreuses espèces d'insectes, d'oiseaux...

Plus les arbres sont vieux, plus le nombre d'êtres vivants qu'ils hébergent augmente. Et en même temps, le risque qu'ils soient coupés est décuplé. C'est parfois justifié par un réel danger de chute de branches, mais pas toujours...

Alors pourquoi ne pas attirer l'attention sur la présence d'êtres vivants dans ces arbres ? Les enfants peuvent préparer des panneaux pour présenter les espèces qu'ils ont repérées, une cavité importante pour la nidification des oiseaux...

2 Mon arbre mois par mois

« J'ai dessiné un arbre
Un arbre noir sur gris d'hiver
Mais un enfant m'a dit :
Ça manque de vert
Pour savoir si c'est un platane ou un sapin
Et de feuilles en aiguille
Mon arbre cousu de fil vert
Est devenu portefeuilles aux millefeuilles »

Constantin Kaïtéris, « J'ai dessiné un arbre »,
dans *Sur un arbre caché*, Motus éditions, 2018.

Pourquoi certaines feuilles tombent et d'autres pas ?

Les arbres caducs, comme le marronnier ou le chêne, perdent leurs feuilles à l'automne. Celles-ci sont des capteurs solaires : elles utilisent l'énergie lumineuse, l'eau, les sels minéraux et le dioxyde de carbone pour synthétiser la matière organique de l'arbre. En automne, il y a moins de lumière, il commence à faire plus froid, et cela entrave la photosynthèse. À la base des feuilles, se forme un petit bouchon qui bloque la circulation de la sève amenant l'eau et les sels minéraux depuis les racines vers les feuilles. Ces dernières vont donc se déshydrater, durcir, puis finir par tomber. En même temps, les composés de la feuille vont eux aussi se dégrader, et en particulier la chlorophylle, le pigment donnant la couleur verte. D'autres pigments se dégradant moins rapidement vont alors prendre le dessus (les carotènes, par exemple), donnant une couleur jaune orangé aux feuilles.

Certains arbres, comme les conifères ou l'olivier, possèdent des feuilles persistantes adaptées pour résister au froid : la surface de contact avec l'air est réduite grâce à leur forme (aiguilles ou écailles), et une fine couche de cire les protège.

Le mystère des bourgeons

Dès qu'une feuille apparaît, naît en même temps le bourgeon de celle qui lui succédera.

À l'intérieur, de jeunes rameaux portant des feuilles, et parfois des fleurs, grossissent au cours de l'été. Mais c'est à l'automne, quand l'arbre se dégarnit, que les bourgeons sont le plus visibles. En hiver, leurs écailles protègent les petites tiges feuillées qui adoptent une vie ralentie. Elles s'écarteront au printemps, permettant à la pousse de l'année de sortir.

DANS LE BOURGEON SE CACHENT LES FUTURES FEUILLES OU FLEURS

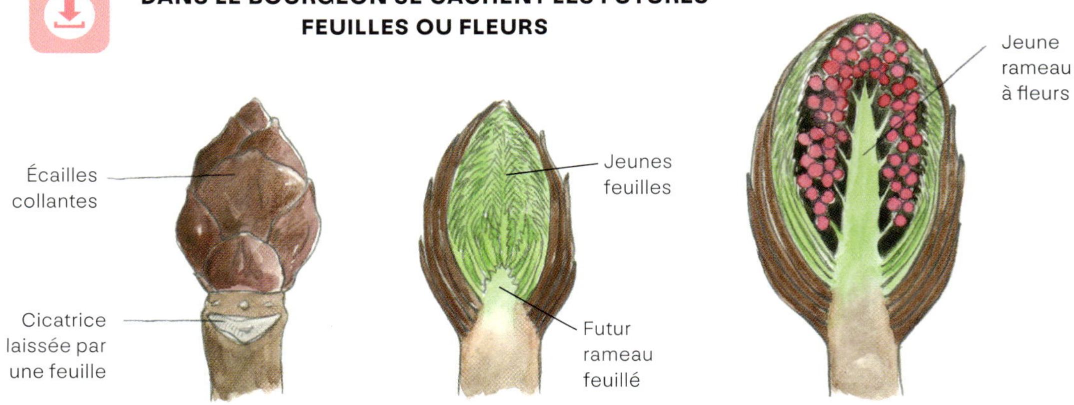

Un bourgeon de marronnier en hiver — **Coupe d'un bourgeon à feuilles au début de l'hiver** — **Coupe d'un bourgeon à fleurs à la fin de l'hiver**

INTÉRÊT PÉDAGOGIQUE

Cette activité est souvent réalisée à l'école maternelle, mais il est très intéressant de la poursuivre et de l'approfondir à l'élémentaire.

- Elle consiste à observer régulièrement un arbre et à s'interroger sur ses variations en lien avec les saisons.
- Elle permet de comprendre que l'arbre n'est pas mort en hiver.
- Elle fournit une occasion pour observer les bourgeons, qui donnent naissance à une nouvelle tige portant des feuilles, permettant ainsi à l'arbre de grandir.
- Elle développe la perception sensorielle des enfants.

Préparer l'activité

Cette activité est complémentaire de celle sur l'écosystème de l'arbre. Elle peut être prolongée par une étude des graines ou de la litière en forêt.

POUR QUI ?

Ce sujet est très adapté au cycle 2, mais il est aussi possible de le traiter au cycle 3.

QUAND ?

Sept	Oct	Nov	Déc	Janv	Fév	Mars	Avril	Mai	Juin
•	•	•	•	•	•	•	•	•	•

La première observation est à programmer peu de temps après la rentrée, puis on réitèrera chaque mois, parfois de manière approfondie (en particulier au printemps, où tout va très vite), d'autres fois plus rapidement (notamment en hiver).

OÙ ?

Dans l'enceinte de l'école (à condition qu'il y ait au moins 5 arbres) ou dans un espace arboré à proximité.

MATÉRIEL

- Des feuilles grand format pour créer des affiches
- Des crayons, des pastels
- Des sacs pour les récoltes
- De la colle
- Du scotch
- Des loupes
- Les carnets d'explorateur des enfants (voir p. 73)

RESSOURCES UTILES

« Pourquoi les feuilles changent de couleur ? », *La minute nature de la Salamandre*, n° 218 (4 min 30). https://media.mdi-editions.com/vb02a

« J'apprends à reconnaître les arbres », coffret-jeu édité par Marc Vidal. Des fiches comportant des photographies et des descriptions pour apprendre à identifier 18 arbres.

« Feuillus de plaine », « Les écorces », « Clé des bourgeons », « Fruits d'arbustes feuillus », *Miniguides de la Salamandre*, n° 60, n° 118, n° 106 et n° 116.

Le livre aux arbres, Nathalie Tordjman, Belin jeunesse, 2020.

Réaliser l'activité

Devine quel arbre nous avons choisi

Pour réaliser cette activité, un minimum de 5 arbres est nécessaire. S'il y en a plus, l'enseignant·e pourra réguler le choix des enfants afin qu'une plus grande diversité d'espèces, plutôt à feuilles caduques, soit représentée.

En complément, on peut mener un « kim du toucher » (voir p. 47) afin de mettre l'accent sur la reconnaissance tactile des écorces.

Par petits groupes de 3 ou 4, les enfants choisissent un arbre dans l'espace délimité par l'enseignant·e, avec l'objectif d'en dresser le portrait :

➤ *Vous allez réaliser une affiche pour faire deviner à la classe quel est votre arbre.*

Lors d'un échange, on liste les éléments pouvant figurer sur l'affiche :

- une petite branche avec des feuilles ;
- des dessins ou des empreintes de feuilles ;
- un fragment et/ou une description de l'écorce ;
- des fruits ;
- un dessin ou une photographie de sa silhouette, de son port ;
- des échantillons de ce qu'on trouve sous l'arbre (graines en cours de germination, feuilles tombées…) ;
- des représentants de ses habitants (lichens, mousses, galles, traces d'animaux)…

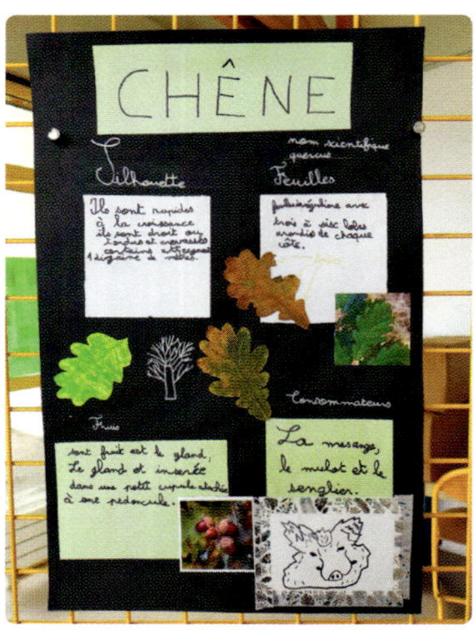

Affiches réalisées par les élèves de CM1-CM2 de l'école d'Ercé-près-Liffré (Ille-et-Vilaine).

Les affiches sont ensuite placées au sol au milieu de l'espace arboré. L'enseignant·e les montre une à une et les enfants qui n'ont pas réalisé l'affiche doivent retrouver chaque arbre décrit. On commente les points communs et les différences entre les arbres.

On peut ensuite affecter un nom à l'arbre, soit inventé, soit à l'aide de documents d'identification.

Des fiches complémentaires sont proposées en téléchargement pour les arbres suivants : le châtaignier, l'érable champêtre, le frêne et le pin sylvestre.

RECONNAÎTRE QUELQUES ARBRES

Mon arbre à l'automne

On rapprochera l'intervalle entre les observations lorsque les feuilles commenceront à changer de couleur au mois d'octobre.

Au cours de chaque sortie, les enfants notent les changements qu'ils remarquent sur leurs arbres.

Ce temps est opportun pour réaliser des « palettes de couleurs » (voir p. 46), afin de percevoir l'évolution des couleurs des feuilles et leurs nuances.

Collage de feuilles de différentes couleurs.

L'enseignant·e peut également susciter différents questionnements, qui sont autant d'occasions de débats, d'observations et éventuellement de recherches :

⚠ Ce questionnement est à réserver aux enfants à partir du CE2.

- *Pourquoi les feuilles changent-elles de couleur ?*
- *Pourquoi tombent-elles des arbres ?*

Sans entrer dans le détail des processus, on peut évoquer la sensibilité au froid et la diminution de la luminosité, qui entraînent la disparition de la chlorophylle permettant de capter l'énergie lumineuse dont la plante a besoin pour se nourrir.

- *Votre arbre a-t-il des feuilles simples ou des feuilles composées ?*

Il est souvent difficile de le savoir quand elles sont sur l'arbre… mais c'est extrêmement simple à l'automne. La feuille composée est constituée de plusieurs folioles (sortes de mini feuilles), qui tombent d'un seul tenant, contrairement aux feuilles simples (constituées d'une seule feuille), qui tombent toutes séparément.

FEUILLES SIMPLES OU FEUILLES COMPOSÉES ?

Le sureau a des feuilles composées

Le bouleau a des feuilles simples

- *À quoi ressemblent les fruits (ou les graines) de votre arbre ?*

« Des graines qui font voyager les plantes », p. 135.

On pourra comparer les différentes formes, essayer de les nommer, imaginer la vie d'une graine, effectuer des semis…

Sortie nature, école du Sacré-Cœur, Lannilis (Finistère).

Mon arbre en hiver

Cette activité peut être mise en lien avec celle sur la litière en forêt, p. 149.

L'enseignant·e prend appui sur les remarques des enfants pour attirer leur attention sur les différents aspects des arbres en hiver :

- *Tous les arbres ont-ils la même apparence ?*

Selon les espèces, il existe trois possibilités :

- l'arbre a perdu toutes ses feuilles (marronnier, tilleul, par exemple) ;
- les feuilles ont pris une teinte marron, mais ne sont pas encore toutes tombées, ou tombent plus tardivement (chêne, par exemple) ;
- les feuilles sont restées vertes (résineux et arbres à feuilles persistantes : laurier, chêne vert...).

On peut aussi proposer aux enfants de prêter attention à l'arbre nu, imaginer son âge, son évolution, son histoire de vie, ce qu'il raconte de lui...

Les sorties d'observation en hiver sont aussi l'occasion de :

- dessiner la silhouette de l'arbre et comparer son apparence avec celle d'autres espèces ;
- changer de point de vue et se projeter dans la canopée en observant l'arbre à l'aide d'un miroir placé sur l'arête du nez et ainsi imaginer ce que voit un oiseau (voir p. 47) ;
- repérer des bourgeons montrant que l'arbre est toujours en vie, puis les décortiquer pour mettre en évidence la présence d'écailles protectrices, d'une tige miniature et de feuilles minuscules, ou bien d'un jeune rameau s'il s'agit d'un bourgeon à fleurs.

En hiver, on peut identifier les arbres à l'aide des bourgeons, ceux du frêne sont par exemple très noirs. Mais c'est souvent un exercice délicat et il vaut mieux croiser avec d'autres critères de signification, comme l'écorce ou le port de l'arbre.

Mon arbre au printemps

Avant l'éclosion des feuilles, il est intéressant d'observer le gonflement des bourgeons.

Chaque groupe coupe l'extrémité d'un rameau de son arbre et le place dans un vase avec de l'eau à l'intérieur de la classe. Les enfants observent (si possible avec une loupe), dessinent (et/ou photographient) chaque jour à taille réelle l'évolution des bourgeons.

Il est aussi possible de réaliser les observations directement sur l'arbre, mais le processus est plus lent à l'extérieur.

Après deux semaines environ, on affiche les dessins dans l'ordre de leur réalisation pour identifier les étapes du processus : les bourgeons commencent par gonfler, les écailles s'écartent, la tige miniature, contenue dans le bourgeon portant les nouvelles feuilles, croît. On relève les différences de rythme selon les espèces.

Dessins réalisés par un enfant de l'école Saint-Exupéry, Dreux (Eure-et-Loir), 2007.

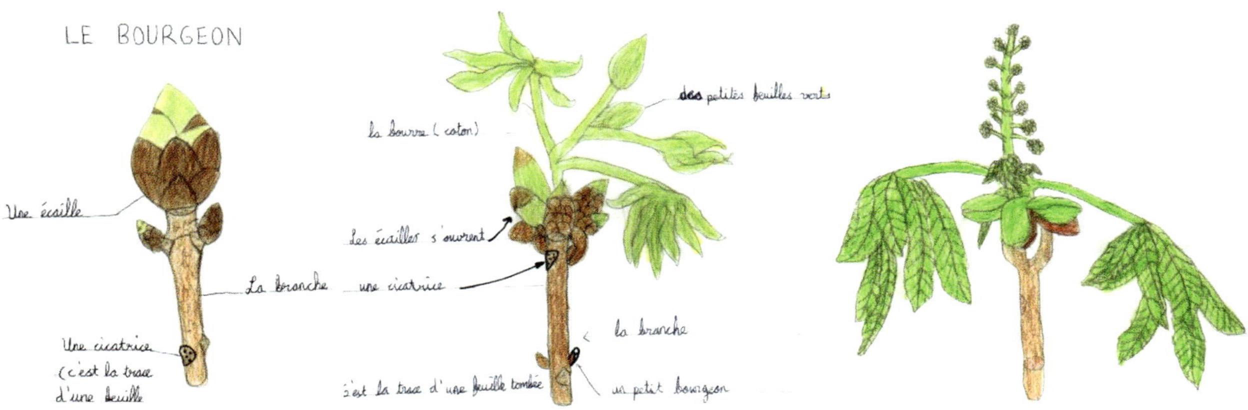

LES MOTS DES ENFANTS

« Ce sont les cerisiers de mon balcon. Ils sont trop beaux au début du printemps quand ils fleurissent, c'est mon anniversaire quand ils sont en fleur. C'est le retour de la joie, ils ressemblent à de gros pompons roses. C'est le plus beau cadeau de dame Nature, ce sont mes arbres du Bonheur ! »

Dessin et texte d'une élève au CM1 de l'école élémentaire Ernest Widemann de Saint-Louis (Haut-Rhin), dans le cadre d'un concours organisé par le musée d'histoire naturelle et d'ethnographie de Colmar, 2020.

PASSONS À L'ACTION !

Accueillir une plus grande diversité d'arbres et d'arbustes

Dans le cadre des observations menées dans cette activité et éventuellement en lien avec un état des lieux de la cour (voir p. 243), on peut se rendre compte qu'il y a peu d'espèces d'arbres différentes dans l'enceinte de l'école. On peut alors rédiger un courrier à la mairie pour lui soumettre des propositions de plantations, par exemple en s'inspirant d'espèces présentes dans les forêts environnantes.

Des enfants plantent de jeunes arbres, dans le cadre du projet « À l'école de la biodiversité », région Champagne-Ardenne.

3 La haie, un écosystème

« Des naturalistes britanniques ont comptabilisé 2 070 espèces dans 90 m de haie : 1 700 espèces d'insectes, une trentaine d'escargots, 50 araignées, 120 plantes, 80 champignons et lichens et une cinquantaine de vertébrés… »

Charles Stépanoff, *L'animal et la mort*, La Découverte, 2021.

Qu'est-ce qu'une haie ?

Les haies sont des créations humaines installées au bord de zones aménagées.

En zone rurale, des haies bocagères séparent les champs et prairies. Ces haies, fréquentes autrefois, ont été en grande partie supprimées pour agrandir la taille des parcelles cultivables (les haies ont perdu 70 % de leur surface depuis 1950). Cette tendance tend cependant à s'inverser et depuis les années 2000, on replante des haies en zones agricoles.

Dans les zones urbanisées et en particulier dans les quartiers pavillonnaires, les haies délimitent les propriétés, les jardins et longent les chemins.

Les haies diffèrent par leur composition et leurs fonctions, mais on peut en distinguer deux grands types.

➤ Les **haies vives**, plus fréquentes en zone bocagère, comportant plusieurs types de végétaux, étagés en différentes strates :

– une strate arborée composée d'arbres de haut jet (chêne, frêne, etc.) ;

– une strate arbustive mêlant divers arbustes (prunellier, aubépine, etc.) et qui donne à la haie son épaisseur ;

– une strate herbacée avec des espèces fleuries et des graminées ;

– des végétaux grimpants (lierre, chèvrefeuille...).

LES DIFFÉRENTES STRATES DE LA HAIE

➤ Les **haies-murs végétalisées** sont présentes surtout en milieu urbanisé. Elles sont constituées d'une plantation uniforme d'arbres persistants, fréquemment taillés, souvent d'une seule espèce, et sont beaucoup moins accueillantes pour la faune que les précédentes.

Une haie vive (à gauche) et une haie-mur (à droite).

Des haies utiles pour tous les êtres vivants

Les haies constituent une interface entre un milieu boisé qui sert de refuge et un espace ouvert de prés ou de champs alentour. Elles reproduisent les milieux naturels constitués par les lisières de forêt et possèdent souvent une grande richesse écologique. Quand elles sont structurées en maillage continu, elles constituent des couloirs favorisant les déplacements des animaux. On parle de « corridor écologique » ou de « trame verte ».

Les haies ont également de nombreuses fonctions pour l'homme :

- elles retiennent les eaux de pluie et les sols, réduisant ainsi le ruissellement et l'érosion ;
- elles ralentissent le vent et protègent ainsi les espaces alentour ;
- elles peuvent comporter des arbustes fruitiers produisant des baies et des fruits, et les branches taillées constituent une ressource en bois ;
- elles agrémentent les paysages, en particulier dans les bocages.

INTÉRÊT PÉDAGOGIQUE

L'environnement immédiat contribue à construire les représentations qu'on se fait de la nature... Les enfants qui ne rencontrent que des haies-murs intègrent ce modèle comme étant une référence de naturalité. Cette activité, qui permet de découvrir des haies variées et de favoriser leur installation dans l'environnement proche de l'école, est donc très intéressante.

- Elle permet de prendre conscience qu'une haie variée est un véritable écosystème, dans lequel de nombreux êtres vivants trouvent des conditions de milieux favorables (abris, sources de nourriture...) et se développent en interdépendance les uns avec les autres.
- Elle conduit à découvrir les différentes fonctions de la haie pour les êtres vivants et en particulier celle de corridor écologique, qui favorise le déplacement et la dissémination des espèces.
- Elle développe la capacité à observer.
- Elle favorise la prise de conscience de sa capacité à agir pour favoriser la biodiversité.

Préparer l'activité

La découverte d'une haie peut former le point de départ de nombreuses explorations : insectes, araignées, graines... et donner lieu à un projet d'aménagement au sein de l'école. La notion d'écosystème abordée ici est également présente dans les activités sur l'arbre et sur le lierre.

POUR QUI ?

Si de premières investigations peuvent être menées au cycle 2 pour découvrir les êtres vivants de la haie, la plupart des notions abordées dans cette activité sont plus adaptées au cycle 3.

QUAND ?

Sept • Oct • Nov • Déc • Janv • Fév • Mars • Avril • Mai • Juin

Cette activité peut être menée à tout moment de l'année : à la belle saison, l'identification des plantes est facilitée par la présence des feuilles, tandis qu'à l'automne, on peut prendre appui sur les baies. La vie animale est plus active au printemps, mais en l'absence de feuilles en hiver, il est plus facile d'observer les oiseaux et les traces d'activités (nids, par exemple).

OÙ ?

On peut trouver des haies plus ou moins variées autour de l'école, dans des parcs ou des propriétés privées environnantes. Les haies de bocages sont présentes uniquement en milieu rural.

Si cela est possible, une zone surélevée permet d'observer le maillage des haies (en particulier en milieu rural ou pavillonnaire).

MATÉRIEL

- Des sacs pour les récoltes
- Des appareils photo ou des tablettes numériques
- Des boîtes-loupes
- De la colle
- Du scotch
- Des crayons et des pastels
- Les carnets d'explorateur des enfants (voir p. 73)
- Des cartes Géoportail de la zone géographique concernée (projetées ou imprimées)

RESSOURCES UTILES

« **15 feuilles d'arbres et d'arbustes** » et « **Les fruits sauvages** », affiches CPN.

« **Les stars de la haie** » et « **Baies et petits fruits** », *Miniguides de la Salamandre*, n° 50 et n° 40.

À tous les étages, les mille et une histoires d'une haie, documentaire de Marie Daniel et Fabien Mazzocco, La Salamandre (32 min).

Ma haie, refuge de biodiversité, Gilles Leblais, Terre vivante, 2021. Livre ressource pour l'enseignant·e.

Réaliser l'activité

À la découverte d'une haie variée

On commence par identifier la haie la plus variée dans l'environnement immédiat de l'école, incluant idéalement des plantes épineuses (ronces, aubépines...) et/ou grimpantes (chèvrefeuille, lierre...) : l'enseignant·e peut réaliser un repérage préalable, ou cela peut être l'objectif d'une sortie avec les enfants.

La pratique régulière de l'affût (voir p. 37) rend coutumière la posture d'observation attentive.

Puis le groupe classe s'installe auprès de la haie, et l'enseignant·e invite les enfants à l'observer en silence quelques minutes :

- *Regardez bien tous les détails de cette haie, comme si vous deviez la décrire à une personne qui n'est pas présente.*

Puis on démarre un échange sur ses caractéristiques :

- *Comment est faite cette haie ?*
- *Quels sont les différentes plantes qui la composent ?*
- *Comment reconnaît-on une haie ?*

Par exemple : une haie forme une ligne, ou une barrière, elle comporte différents étages de végétation, il peut y avoir des arbres, des arbustes, des lianes, des herbes, etc.

Activité nature autour des haies, classe de CM2 à Genay (Rhône).

Explorons la biodiversité de la haie

L'enseignant·e rappelle l'interdiction de manger les fruits trouvés, car certains sont toxiques.

Les groupes recherchant des traces d'animaux peuvent avoir besoin de l'aide d'un l'adulte.

« Nommer le vivant », p. 67.

L'objectif de ce travail de recherche est de faire prendre conscience de la diversité de la vie dans la haie, mais on ne vise pas un inventaire détaillé.

Les enfants forment plusieurs groupes, chacun ayant pour mission d'explorer une composante de la haie : les arbres et arbustes, les plantes grimpantes, les autres végétaux, les animaux visibles (insectes, araignées…), les traces d'autres animaux (nids, fruits rongés, etc.). Ils peuvent récolter le plus de feuilles ou de baies différentes possible, capturer de petits animaux dans des boîtes-loupes, collecter ou prendre en photo des traces. L'enseignant·e les invite à nommer les espèces ou les groupes qu'ils connaissent, inventer des noms ou simplement les dénombrer.

Collecte de feuilles et de végétaux dans une haie, classe de CM2 à Genay (Rhône).

Chaque groupe expose ensuite ses découvertes à la classe. On commente la diversité des espèces végétales et animales, puis on s'interroge :

Pensez-vous que d'autres animaux, que nous n'avons pas vus aujourd'hui, habitent dans cette haie ?

Les enfants peuvent mentionner des oiseaux, des lézards, des mammifères comme l'écureuil, le hérisson…

On peut analyser une haie homogène pour prendre conscience de la moindre diversité écologique de ce milieu.

Qu'est-ce qui rend la haie si accueillante ?

Celle-ci peut servir d'abri contre le vent, la pluie ou le froid. Elle produit différentes baies fournissant de la nourriture à certains animaux…

« Garder trace : le carnet d'explorateur », p. 73.

Enfin, les enfants gardent une trace dans leur carnet d'explorateur de leurs découvertes : dessins, photos, textes, collage d'échantillons de feuilles, etc.

QUELQUES BAIES ET GRAINES FRÉQUENTES DANS LES HAIES

Cynorhodons de l'églantier

Fruits de l'aubépine

Prunelles du prunellier

Akènes de la clématite des haies

Mûres des ronces

Baies du fusain (toxiques)

Comparons différentes haies du quartier

Selon le milieu environnant de l'école, cette étape peut nécessiter d'organiser une sortie.

Lors d'une promenade dans les environs et dans l'enceinte de l'école, on repère avec les enfants des haies variées. Ils les dessinent, les photographient, les localisent éventuellement sur un plan...

De retour à l'école, on questionne les enfants :

- *Toutes les haies que nous avons observées sont-elles identiques ?*
- *Quelles différences avez-vous remarquées ?*

On peut classifier les haies en distinguant :

- les haies-murs, composées d'une espèce à feuilles persistantes, souvent taillées ;
- les haies variées (haies vives ou champêtres), composées de diverses espèces enchevêtrées.

On poursuit ensuite le débat :

- *Pourquoi plante-t-on des haies ?*

Les premières réponses pourront être vérifiées et complétées par la consultation de livres documentaires (ou le visionnage de vidéos), voire par une enquête auprès des parents, jardiniers de la ville, agriculteurs, etc.

Les enfants apportent quelques éléments de réponse, par exemple : la haie permet de dissimuler un espace, comme un jardin, d'apporter de l'ombre, d'abriter la faune. Il est possible que d'autres fonctions leur échappent : la haie sert également de brise-vent, à retenir l'eau, etc.

Découvrons les corridors et les trames vertes

Pour faire prendre conscience de l'importance de la haie comme voie de circulation pour les animaux, on observe les continuités et discontinuités des haies des environs de l'école :

- soit en les observant depuis un promontoire si le terrain s'y prête ;
- soit en consultant des images satellite du site Géoportail.

Exemple de maillage de haies (Hautes-Alpes), géoportail.gouv.fr.

« Développer son empathie », p. 91.

On peut alors proposer aux enfants de se mettre dans la peau d'un animal comme le hérisson et de se questionner sur l'importance des haies pour ses activités : abris, source de nourriture, mais aussi axes de déplacement en sécurité...

PASSONS À L'ACTION !

Planter des haies à l'école

Dans le cadre de projets de renaturation, on peut envisager de planter des haies ou de transformer des haies existantes, en implantant de nouvelles espèces si la diversité est faible. Pour ces actions, il est conseillé de prendre appui sur des partenaires associatifs pour le choix des espèces et sur les services techniques de la commune pour la mise en œuvre (voir p. 275).

Les élèves d'une classe de CE1-CE2 plantent une haie, école des Coutiats, Saint-Maurice-sous-les-Côtes (Meuse).

4 Le lierre, un écosystème

« La nature vient au secours de tous les abandons ; là où tout manque, elle se redonne tout entière ; elle refleurit et reverdit sur tous les écroulements ; elle a le lierre pour les pierres et l'amour pour les hommes. »

Victor Hugo, *L'homme qui rit*, 1869.

Une plante à observer en automne et en hiver

Voici une plante idéale pour un projet scolaire de découverte de la nature : on la trouve un peu partout même en ville, son cycle est calé sur le rythme de l'école et elle constitue un milieu de vie très hospitalier.

Le lierre fonctionne en effet à l'envers de la plupart des autres plantes, avec une floraison automnale et une mise à fruit hivernale. De ce fait, son rôle écologique est important, car elle fournit des ressources alimentaires à de multiples espèces animales lors de périodes de disette : des fleurs à l'automne pour les insectes (plus de 200 espèces identifiées de mouches, abeilles, guêpes, etc.), des baies en fin d'hiver pour les oiseaux (grives, merles, fauvettes à tête noire).

Connaître le lierre

Cette liane utilise les troncs des arbres ou les murs pour grimper à la recherche de la lumière. Elle est souvent accusée de nuire à ses supports, ce qui est en réalité rarement le cas quand l'arbre est en bonne santé ou le mur en bon état. Au contraire, la présence de lierre sur une façade la protège et renforce la régulation thermique du bâtiment. Les vieux lierres forment parfois des édifices impressionnants, de véritables sculptures.

Ses feuilles sont luisantes, cireuses, équipées pour résister à la mauvaise saison et restent vertes toute l'année. Elles peuvent prendre différentes formes : les plus jeunes sont très échancrées, celles des parties les plus basses sont plus découpées et celles des tiges hautes, qui ont accès à la lumière, sont allongées.

Outre les ressources alimentaires qu'il procure, le lierre sert de refuge en hiver à des animaux comme le papillon citron, les araignées, les coccinelles... et de lieu de nidification à de nombreux oiseaux au printemps.

Attention ! Les baies du lierre sont toxiques pour l'homme (à partir de 2 à 3 fruits ingérés pour un jeune enfant). Fort heureusement, le goût amer de la baie empêche l'absorption de quantité mortelle. Pour cette raison sans doute, le centre antipoison ne classe pas le lierre parmi les plantes les plus dangereuses.

INTÉRÊT PÉDAGOGIQUE

Cette activité permet d'aborder une plante courante, même en milieu urbain, elle est donc envisageable un peu partout.

- Elle a pour objectif d'explorer le riche écosystème du lierre, qui accueille de nombreuses espèces animales.
- Elle est l'occasion de découvrir la diversité des insectes butinant le lierre à l'automne et d'en identifier quelques-uns.
- Elle peut déboucher sur un projet d'action pour favoriser la biodiversité au sein de l'école, à travers la plantation de lierre.

Préparer l'activité

Cette activité peut être envisagée dès la rentrée dans la plupart des écoles, quel que soit leur environnement. Des observations de pollinisateurs au printemps sur d'autres plantes pourront la compléter.

POUR QUI ?

Dès le CP, il est possible de partir à la découverte du lierre, d'observer les insectes qui le butinent et de repérer quelques espèces (papillons, bourdons).

QUAND ?

Sept	Oct	Nov	Déc	Janv	Fév	Mars	Avril	Mai	Juin
●	●	○			○	○			

On peut observer le lierre toute l'année, mais ses heures de gloire sont à l'automne (floraison) et à la fin de l'hiver (fruits). Nous proposons ici essentiellement des observations d'automne.

OÙ ?

On rencontre du lierre dans des lieux très variés : en forêt, dans les jardins, sur les vieux murs, et même en ville. Selon le contexte, les observations se dérouleront dans l'enceinte de l'école ou dans les environs.

MATÉRIEL

- Les carnets d'explorateur des enfants (voir p. 73)
- Des appareils photo ou des tablettes
- Un document d'identification des principaux insectes butineurs

RESSOURCES UTILES

« Le lierre et la tortue » (première partie), *La minutes nature de la Salamandre*, n° 38, (5 min 46).
https://media.mdi-editions.com/vb04a

« Préservons le lierre pour nourrir les butineurs », affiche SPIPOLL, Vigie-Nature, OPIE.
https://media.mdi-editions.com/vb04b

« Le lierre », *La Hulotte*, n° 107 et n° 108. À proposer en lecture offerte (des extraits ou en totalité), et pour regarder des images de lierres aux formes incroyables (p. 32).

« Fabriquer un tipi de lierre », académie de Créteil.
https://media.mdi-editions.com/vb04c

Réaliser l'activité

À la découverte du lierre

La pratique régulière de l'affût (voir p. 37) rend coutumière la posture d'observation attentive.

Le groupe classe s'installe auprès d'un lierre ou d'un espace dans lequel celui-ci est très présent (une forêt, par exemple), mais à une distance permettant de le voir dans toute sa hauteur.

Les enfants sont invités à observer en silence le lierre quelques minutes :

- *Regardez bien tous les détails, comme si vous deviez le décrire à une personne qui n'est pas présente.*

Puis l'enseignant·e initie un échange :

- *Quels sont les critères qui permettent de reconnaître le lierre ?*
- *Est-ce que cette plante possède des particularités ?*

Il s'agit d'une liane, qui a besoin d'un support pour grandir, son tronc s'accroche grâce à des crampons. Ses feuilles sont épaisses, vert luisant, elles ne tombent pas en hiver et peuvent prendre plusieurs formes.

RECONNAÎTRE LE LIERRE

Selon son support et son stade d'évolution, le lierre revêt des apparences très variées.

Ses feuilles peuvent prendre différentes formes.

Ses crampons lui permettent de s'accrocher sur tous les supports.

Il fleurit à l'automne.

Ses fruits se forment pendant l'hiver.

Les enfants gardent une trace de leurs observations dans leur carnet d'explorateur : dessins, photos, textes, empreinte ou collage de feuilles, etc.

Pour compléter la découverte de cette plante, il est intéressant de partir à sa recherche lors d'une promenade dans les environs, afin de relever les différents supports, les différentes tailles et formes, etc. Et pourquoi pas partir à la recherche de lierres aux formes incroyables et les photographier ?

Des recherches documentaires pourront permettre de compléter les connaissances.

Qui vient butiner le lierre ?

« Les insectes pollinisateurs », p. 179.

Pour éviter le risque (minime) de piqûre, on demandera aux enfants de respecter une distance de sécurité d'environ 20 cm.

En s'inspirant de l'activité sur les pollinisateurs, l'enseignant·e propose aux enfants de mener un affût de 10 à 20 minutes par groupes de deux pour observer les insectes qui se posent sur les fleurs de lierre :

- *Notez les comportements des insectes (qu'est-ce qu'ils font ?).*
- *Comptez le nombre d'espèces de papillons.*
- *Identifiez quelques espèces à l'aide de la fiche « Des insectes à observer sur le lierre » (voir page suivante) : des abeilles, quelques papillons et d'autres insectes (guêpes, bourdons, cétoines).*

De nombreuses mouches ressemblant à des abeilles (souvent des éristales) butinent le lierre. Pour les distinguer, c'est facile :

- les mouches n'ont que 2 ailes (diptères), et de gros yeux de mouche ;
- les abeilles ont 4 ailes (celles du dessous sont cependant souvent cachées par celles du dessus) et de petits yeux.

L'objectif ici n'est pas de réaliser un inventaire exhaustif, mais de prendre conscience de la diversité des espèces d'insectes butinant le lierre.

En fin d'hiver, on pourra aussi observer des oiseaux, en particulier les merles et les grives, ainsi que la fauvette à tête noire, qui consomment les baies du lierre quand ils n'ont plus grand-chose à se mettre sous le bec.

DES INSECTES À OBSERVER SUR LE LIERRE

Éristale (c'est une mouche !)

Abeille domestique

Guêpe

Cétoine dorée

Bourdon

Petite tortue

Vulcain

Belle-dame

PASSONS À L'ACTION !

Planter du lierre à l'école

Dans le cadre d'un projet de renaturation de la cour de l'école (voir « Planter, semer... », p. 269), on peut mener un échange sur le rôle du lierre dans l'écosystème, en se basant sur des observations et des lectures documentaires (voir « Ressources utiles », p. 131). On s'interroge alors :

- *Cette plante est-elle présente dans notre école ?*
- *Si ce n'est pas le cas, sur quel support pourrait-elle se développer ?*

Une solution pour couper court aux craintes concernant l'impact du lierre sur les arbres ou les murs est de construire une structure, un tipi par exemple, et de planter des pieds de lierre à la base. Ces plants peuvent être facilement obtenus par bouturage : il suffit de couper des pousses terminales de lierre en septembre, puis de les placer dans du terreau, et de les transplanter au printemps.

Un tipi de lierre.

5 Des graines qui font voyager les plantes

« Vous savez, une graine, ce n'est jamais qu'une ration-survie, une mini boîte de conserves dont la contenance a été calibrée au plus juste, uniquement pour passer les quelques premières journées très délicates de l'existence. Le temps de déballer [une] radicelle, de fabriquer [les] deux premières feuilles et hop ! [la graine est] sauvée : ces petits appareils vont travailler pour [la plante], [la] ravitailler, [lui] permettre de sortir rapidement de nouveaux modèles de feuilles d'une taille un peu supérieure, donc plus performants… »

« La cardère des champs », © Pierre Déom, *La Hulotte*, n° 61.

Les plantes : des voyageuses immobiles

Les végétaux ne sont pas aussi statiques qu'ils en ont l'air. Si chaque individu reste ancré dans le sol qui le nourrit, l'espèce colonise de nouveaux territoires par différents mécanismes, en particulier par la dissémination de ses graines, issues de la pollinisation (voir p. 180).

La découverte de ces processus donne une autre dimension au végétal, le rapproche de l'animal et de nous autres humains dans ce même besoin de déplacement.

De plus, des animaux interviennent parfois dans le voyage des plantes en disséminant une partie des graines dont ils se nourrissent. Végétaux et animaux coopèrent ainsi pour leurs bénéfices réciproques.

Alors, n'hésitez pas à en prendre de la graine !

Les semences présentent différentes adaptations au voyage selon le moyen de locomotion choisi :

- les graines disséminées par le vent sont munies de dispositifs en forme d'ailes, de plumes ou de poils leur permettant de voler ;
- certaines s'accrochent à la fourrure des animaux ou aux vêtements des hommes grâce à des épines ou à des crochets ;
- lorsque les graines sont enfermées dans un fruit charnu, elles pourront être consommées par un animal, puis rejetées plus loin dans ses excréments ;
- certaines (noix, noisettes, glands) sont également très prisées de certains animaux (écureuils ou geais, par exemple), qui en font des provisions en les enterrant et en les oubliant parfois ;
- d'autres encore sont projetées par la plante elle-même (ce qui n'est toutefois pas facile à observer sur le terrain), par exemple lors de la brusque rupture des gousses sèches (violette, cardamine, genêt) ou flottent et sont transportées par l'eau.

Les plantes produisent une énorme quantité de semences, dont un tout petit nombre seulement se développe jusqu'à devenir une plante adulte.

LES MODES DE DISPERSION DES GRAINES ET DES FRUITS

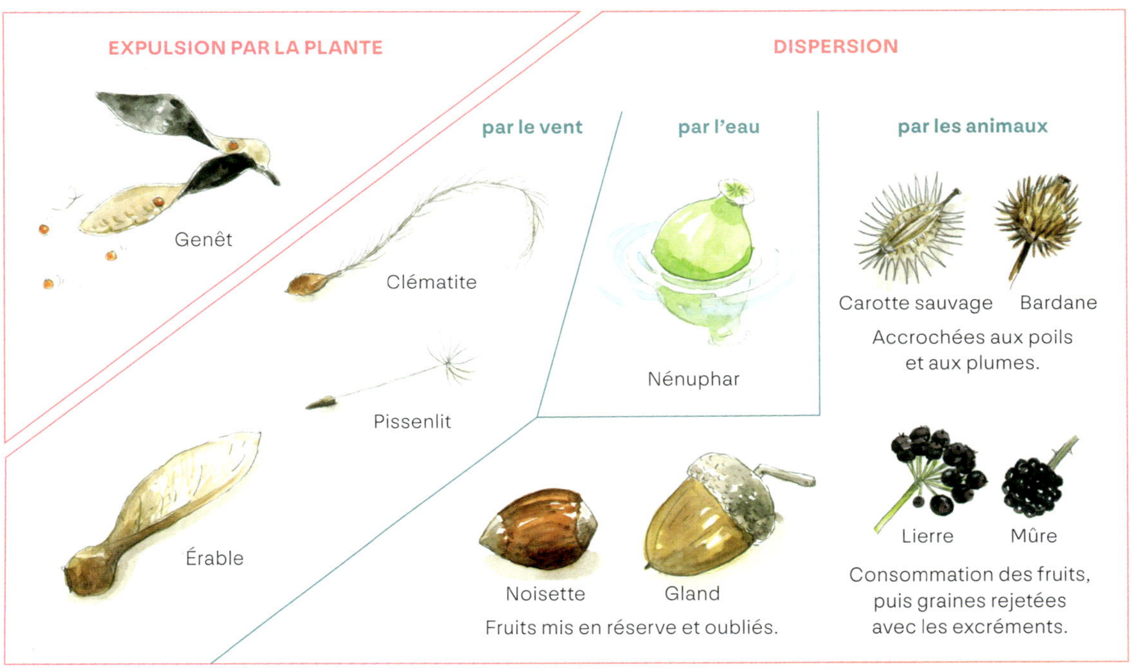

À la rencontre d'une graine

Dans le cycle de vie des plantes « à graines », ces dernières proviennent d'une transformation de l'ovule (contenu dans le pistil), après sa fécondation lors de la pollinisation.

La graine, souvent contenue dans un fruit, a un rôle de protection de l'embryon qu'elle contient grâce à son enveloppe souvent durcie, et de nutrition grâce à des réserves de substances nourricières. La graine permet à la plante d'échapper aux conditions d'un milieu devenu hostile (froid, gel, etc.), en attendant le retour de circonstances favorables.

La graine est souvent contenue dans un fruit, mais il n'est pas toujours aisé de différencier ces deux éléments. D'un point de vue botanique, le fruit est un organe végétal contenant une ou plusieurs graines et il provient de la transformation du pistil. Le fruit protège la ou les graines et favorise leur dissémination. La baie est un type de fruit charnu et dans le cas des fruits secs comme la noisette, le fruit est constitué de la graine entourée d'une coquille. Mais à l'école élémentaire, on ne rentrera pas dans ces subtilités.

L'INTÉRIEUR D'UNE GRAINE

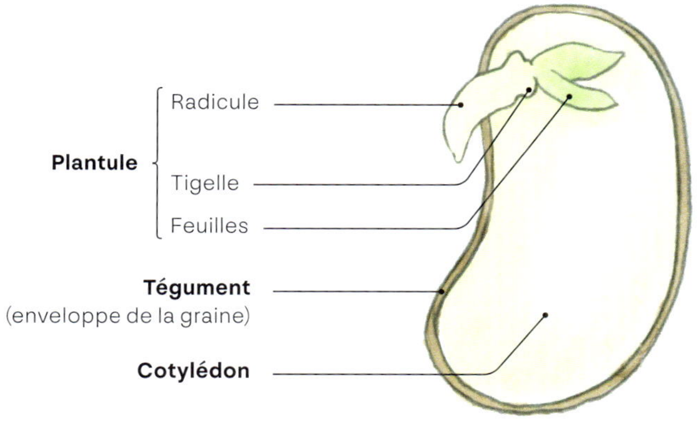

INTÉRÊT PÉDAGOGIQUE

Cette activité vise à explorer le monde des graines dans leur dimension écologique, c'est-à-dire dans leurs interactions avec les autres éléments de l'écosystème.

- Elle laisse une place importante à l'observation et à l'identification des graines et des fruits.
- Elle offre une opportunité pour appréhender le cycle de vie des plantes : la graine germe, la plantule qu'elle contient grandit en utilisant des réserves de nourriture contenue dans un ou des cotylédons, puis la plante produit des graines pour assurer sa descendance.
- Elle permet de comprendre que les plantes se déplacent *via* leurs semences et de découvrir les différentes stratégies utilisées par les végétaux pour les disséminer.
- Elle permet aussi de découvrir des relations de coopération : certains animaux végétariens se nourrissent de graines et certaines graines se déplacent grâce à des animaux.
- Elle fournit une occasion d'expérimenter le semis de graines issues de plantes sauvages, et d'agir ainsi pour la biodiversité.

Préparer l'activité

Ce grand classique de l'automne en maternelle mérite d'être approfondi à l'école élémentaire tant il est riche en enseignements et facile à mettre en œuvre quel que soit l'environnement de l'école.

POUR QUI ?

Ce sujet est très adapté au cycle 2, plus particulièrement en CE1-CE2, mais il est aussi possible de le traiter au cycle 3.

QUAND ?

Sept	Oct	Nov	Déc	Janv	Fév	Mars	Avril	Mai	Juin
●	●	●						○	○

Cette activité est à mener de préférence à l'automne, saison où les graines sont les plus abondantes. Des observations complémentaires sont envisageables à la fin du printemps ou en été pour certaines espèces plus précoces (exemple des graines de pissenlit, des noyaux de cerises, etc.).
Le printemps est également la période idéale pour observer la germination des graines, par exemple celle des glands…

OÙ ?

Pour la récolte, on choisira un endroit riche en fruits et graines sauvages : haie champêtre, terrain vague, friche, lande, forêt… En ville, on prospectera les terrains vagues, les jardins ou les parcs.

MATÉRIEL

- Une boîte à œufs de 10 ou 12 alvéoles par binôme
- Les carnets d'explorateur des enfants (voir p. 73)
- Une petite grainothèque (voir p. 140)

RESSOURCES UTILES

Plantes vagabondes, Émilie Vast, éditions MeMo, 2018. Album jeunesse, dès le cycle 2.

« **Baies et petits fruits** » et « **Fruits d'arbres feuillus** », *Miniguides de la Salamandre*, n° 40 et n° 111. Guides d'identification des graines et des fruits.

L'histoire d'une graine, Dianna Hutts Aston et Sylvia Long, éditions Circonflexe, 2014. Documentaire jeunesse pour le cycle 3.

PDF ***« Collecte et mise en culture d'arbres et arbustes sauvages et locaux »***, Afac-Agroforesteries, mars 2021. Guide très technique pour l'enseignant·e sur la culture de graines sauvages.
https://media.mdi-editions.com/vb05a

Réaliser l'activité

À la recherche de graines et de fruits

Si l'enseignant·e en ressent le besoin, on peut aussi démarrer cette activité par un recueil de représentations (voir p. 55), pour faire le point sur ce que les enfants savent des graines.

Lors d'une sortie, l'enseignant·e propose de s'intéresser aux fruits et aux graines. Les enfants forment des binômes, et on distribue à chacun une grande boîte à œufs.

Vous allez partir à la recherche de graines et de fruits, en récoltant un exemplaire de chaque variété rencontrée, afin de garnir le plus d'alvéoles de la boîte à œufs possible.

Puis on laisse circuler les enfants en autonomie pendant 15 minutes environ sur un secteur défini au préalable.

L'enseignant·e rappelle l'interdiction de manger les fruits trouvés, car certains sont toxiques.

Classe de CP-CE1, animation nature avec les Écologistes de l'Euzière et l'association A.R.B.R.E., 2020.

Si certains enfants n'ont qu'une maigre récolte, on peut faire un premier regroupement afin que chaque équipe présente sa cueillette, puis relancer une seconde phase de recherche, sans doute plus fructueuse.

Cette première récolte peut être l'occasion de se questionner :

Qu'est-ce qu'une graine ? Qu'est-ce qu'un fruit ?

Les graines sont souvent contenues dans un fruit, comme par exemple pour les cerises. D'autres graines n'ont pas d'enveloppe, comme celles du pissenlit. Elles peuvent avoir des formes très variées, et permettent à la plante de se reproduire dans un autre lieu.

On peut mener une dissection de graines assez grosses, pour mettre en évidence l'enveloppe protectrice, les réserves (souvent deux cotylédons) et le germe.

Ensuite, le groupe classe se rassemble, et chaque binôme présente à tour de rôle une graine ou un fruit récolté :

Décrivez votre graine ou votre fruit.

Donnez son nom si vous le connaissez : vous pouvez aussi en inventer un.

« Nommer le vivant », p. 67.

On passe ainsi en revue les différentes semences rapportées.

On visera uniquement la mémorisation des noms de fruits et de graines des arbres les plus répandus dans nos forêts et de quelques arbustes fréquents dans les haies.

LES NOMS DE QUELQUES FRUITS ET GRAINES

Glands du chêne

Faines du hêtre

Samares de l'érable

Noisettes du noisetier

Cynorhodons de l'églantier

Fruits de l'aubépine

Prunelles du prunellier

Akènes de la clématite des haies

Les modes de transport des semences

Il est utile que l'enseignant·e possède une petite grainothèque afin de montrer aux élèves des graines aux modes de dissémination variés si on n'en trouve pas suffisamment le jour de l'activité.

L'enseignant·e montre une graine caractéristique d'un mode de dissémination : par exemple, l'« hélicoptère » de l'érable (samare de son vrai nom) et/ou les petits crochets de la bardane, puis questionne les enfants :

➤ *Selon vous, à quoi servent ces ailes (ou ces crochets) ?*

Les ailes des samares permettent à la graine de voler et les crochets de s'agripper à la fourrure d'un animal, à un vêtement... On introduit ainsi l'idée que les graines permettent à la plante de voyager, et on lance un premier débat sur les différents types de dissémination des graines :

➤ *Connaissez-vous d'autres façons utilisées par les graines pour voyager ?*

Certaines graines, comme celles des mûres ou des prunelles, se trouvent à l'intérieur d'un fruit, qui peut être avalé par des animaux (ou des humains !) : les graines seront alors rejetées ailleurs dans leurs excréments. D'autres tombent et rebondissent un peu plus loin, comme les marrons, ou sont stockées dans le sol par des animaux, puis oubliées avant de germer (le geai des chênes enterre des glands, l'écureuil cache des noisettes).

Les enfants se remettent ensuite en binôme pour classer les graines qu'ils ont récoltées en fonction de leur mode de transport (pelage des animaux, tube digestif des animaux, vent, etc.). Ce classement peut aussi être réalisé à partir de verbes d'actions, comme le propose Émilie Vast dans son livre *Plantes vagabondes* : s'envoler, tomber, s'agripper, être mangé, sauter, flotter, etc.

« Ressources utiles », p. 138.

« Garder trace : le carnet d'explorateur », p. 73.

On proposera enfin aux enfants de garder une trace de l'activité sur leur carnet d'explorateur :

➤ *Vous pouvez dessiner certaines graines particulières et écrire quelques mots pour décrire son mode de transport.*

On peut questionner les enfants sur les plantes qui poussent spontanément dans la pelouse en libre évolution : comment sont-elles arrivées là ? D'où viennent les graines ?

Dessin de graines transportées par le vent, réalisé par un élève de CE2, école Jean Burger à Metz (Moselle).

Le récit de la vie d'une graine

Cette activité peut donner lieu à une production orale ou écrite, et se prête bien aussi à la réalisation d'une bande dessinée.

L'enseignant·e invite les enfants à raconter la vie d'une graine :

➤ *Imaginez la vie d'une graine ou d'un fruit de votre choix.*

Comment se sent-elle lorsqu'elle est accrochée à la plante ou à l'arbre ? Que se passe-t-il lorsqu'elle se détache ? Va-t-elle tomber sous la plante ou l'arbre, ou bien être transportée ailleurs ? Va-t-elle faire des rencontres ? Va-t-elle trouver un endroit où elle pourra germer et grandir ?

Lors de la mise en commun des productions, on attire leur attention sur le fait qu'un petit nombre seulement de graines se transformera en une nouvelle plante, tandis que beaucoup seront consommées ou tomberont dans des lieux peu propices à la germination.

Une séquence sur la germination des graines, en particulier celles de haricot, pourra également compléter cette activité.

Pour compléter la réflexion sur la vie des graines, il est possible de visionner une vidéo montrant un écureuil ou un autre animal en train de disséminer des noix ou des glands.

Sur ces glands, on peut observer les traces des dents d'un rongeur et sur ces noisettes les trous laissés par des insectes venus se nourrir des graines.

On peut aussi observer sur le terrain des traces laissées par les animaux ayant consommé des fruits ou des graines : petits trous formés par des insectes, marques de coups de becs, empreintes de dents de rongeurs, etc.

PASSONS À L'ACTION !

Semer des graines locales

Dans le cadre des projets de renaturation dans l'enceinte de l'école, il est intéressant d'avoir recours au semis de graines prélevées dans la nature à proximité de l'école (voir p. 269). En effet, ces espèces et variétés sont les plus adaptées aux conditions locales (sol, climat) et à l'écosystème.

De plus, cette démarche permet de faire vivre aux élèves un processus proche de celui qui se produit dans la nature, sans intervention humaine et donc sans passer par les semenciers qui commercialisent les graines en sachets et les pépiniéristes qui vendent les plants en godets.

EXEMPLE DU SEMIS DE GLANDS DE CHÊNES (SESSILES OU AUTRE)

Les glands germent rapidement et n'ont pas besoin, contrairement à de nombreuses autres plantes, d'être soumis à des périodes de froid pour lever leur dormance :
- ramassez des glands entre mi-septembre et mi-novembre, rapidement après leur chute ;
- faites-les tremper 12 heures dans l'eau et éliminez ceux qui restent en surface, souvent attaqués par des parasites ;
- semez à l'abri du froid dans des godets remplis de terreau assez drainant (la germination se fait aussi facilement dans du coton humide) ;
- plantez les jeunes chênes en pleine terre au printemps (en mars-avril) au stade 2 à 4 feuilles.

6 Les plantes sauvages de la rue

« [Deux scientifiques] réalisent [...] des missions d'inventaire de la flore sauvage dans le centre-ville toulousain. À cette occasion, ils ont noté le nom de quelques plantes sur les trottoirs [...]. Et les habitants en redemandent... Quelle joie en effet de repérer qu'une plante comestible ou médicinale pousse à deux pas de sa porte ! [...] Les plantes sauvages, que beaucoup qualifient de mauvaises herbes, sont répertoriées, classées et possèdent aussi de jolis noms poétiques. Savez-vous, par exemple, que 83 espèces [...] ont été recensées dans un seul quartier [toulousain] ? »

« Quelle est cette herbe qui pousse sur mon trottoir ? »,
Annabel Fontecave pour le blog du Muséum de Toulouse, 21 août 2019.

Des plantes inattendues

En ville, on peut parfois penser que tout n'est que béton ou asphalte. Mais un regard un peu plus attentif permet de découvrir la nature qui pousse à nos pieds ! Les plantes profitent en effet de tous les interstices pour s'installer, et depuis l'interdiction en 2017 de l'emploi par les communes de France des produits phytosanitaires, on observe une recrudescence des plantes spontanées en pleine ville.

Quelques-unes sont connues et appréciées, on les trouve jolies : les pâquerettes, les coquelicots, les pissenlits... mais, la plupart demeurent dans l'ombre. Connaissez-vous le laiteron maraîcher ou le séneçon commun ?

Voici donc quelques pistes pour découvrir cette flore urbaine spontanée, inspirées du programme « Sauvages de ma rue », un observatoire de sciences participatives du Muséum national d'histoire naturelle.

« Mauvaises herbes », plantes sauvages ou spontanées ?

On qualifie souvent ces plantes de « mauvaises herbes » car elles échappent au contrôle de l'homme et s'établissent là où leur présence n'était pas prévue. On leur reproche de perturber l'ordonnancement programmé et de concurrencer les plantations. Mais leurs bienfaits sont nombreux : sources de nourriture et lieux de reproduction pour divers êtres vivants, protection du sol contre l'érosion *via* leurs systèmes racinaires, etc. Il est temps de réhabiliter ces « sauvages » !

Ceci étant dit, si certaines de ces plantes proviennent effectivement de la flore sauvage locale, d'autres sont des espèces cultivées ayant fini par coloniser nos rues de manière spontanée. Il n'est cependant pas question d'entrer dans ces subtilités avec des enfants de l'école élémentaire. On acceptera donc à ce niveau de nommer « plantes sauvages » toutes celles qui poussent spontanément sans être semées ou plantées par des humains.

INTÉRÊT PÉDAGOGIQUE

Cette activité s'appuie sur l'observation des plantes poussant de manière spontanée dans notre environnement proche.

- **Elle vise à faire connaissance avec ces plantes et à discerner quelques espèces.**
- **Elle apprend aux enfants à les côtoyer… et à s'en émerveiller.**
- **Elle permet de prendre conscience que les végétaux peuvent pousser indépendamment de la volonté humaine.**
- **Elle peut déboucher sur un projet d'action pour favoriser les plantes sauvages dans l'enceinte scolaire.**

Préparer l'activité

Cette activité est accessible à toutes les écoles, quel que soit leur environnement. Elle pourra être prolongée par une réflexion sur l'origine de ces plantes : comment sont-elles arrivées là ?

POUR QUI ?

Cette activité s'adresse principalement aux enfants de cycle 3.

QUAND ?

Sept · Oct · Nov · Déc · Janv · Fév · Mars · Avril · Mai · Juin

Afin de rendre cette activité plus attractive et de faciliter l'identification, on privilégiera les périodes de floraison des plantes, c'est-à-dire le printemps pour la plupart des espèces. Quelques plantes ne fleurissent cependant qu'à la fin de l'été, période au cours de laquelle on peut aussi observer une seconde floraison d'espèces printanières.

OÙ ?

Cette activité peut être menée dans tous les secteurs urbanisés, en commençant par la cour de l'école et ses alentours immédiats. On s'intéressera aux espaces non cultivés, en particulier les interstices des zones artificialisées (pieds d'arbres ou de murs, fissures du bitume ou des pavés, etc.).

MATÉRIEL

- **Pour la phase d'observation** : une tablette ou un appareil photo numérique, des post-it de différentes couleurs, éventuellement des loupes à main
- **Pour l'identification** : la fiche « Quelques plantes sauvages de la rue » et un guide d'identification (voir « Ressources utiles », ci-dessous)
- **Les carnets d'explorateur** des enfants (voir p. 73)

RESSOURCES UTILES

L'herbier, plantes sauvages des villes, Émilie Vast, éditions MeMo, 2011. Un herbier artistique.

Bonjour, plantes sauvages du quartier…, Olympe Perrier et Manue Kergall, La pimpante, 2023. Un album pour le cycle 2.

Pl@ntNet, une application pour identifier des plantes à partir de photos. https://media.mdi-editions.com/vb06a

PDF ***Mon carnet de plantes : 25 plantes rencontrées fréquemment sur nos trottoirs***, projet « Fleurs de trottoirs », Bruxelles environnement, édité par Natagora et le Centre d'écologie urbaine (Belgique). Utilisable par les enfants avec l'aide d'un adulte. https://media.mdi-editions.com/vb06b

Guide des plantes des villes et des villages, Gérard Guillot, Belin, 2012. Utilisable par les enfants avec l'aide d'un adulte.

Réaliser l'activité

Ce que nous savons déjà

« Questionner ses représentations », p. 55.

Une fois n'étant pas coutume, nous proposons de démarrer la réflexion en classe. L'enseignant·e demande aux enfants d'écrire individuellement ce qu'ils savent des plantes sauvages (celles qui poussent « spontanément », toutes seules) de la cour ou de l'espace urbain auquel la classe s'intéresse :

- *Savez-vous combien de plantes différentes poussent toutes seules dans la cour ?*
- *Connaissez-vous leurs noms ?*

Lors de la mise en commun, on liste les espèces. Peut-être certains auront-ils déjà repéré des pissenlits ou des violettes, par exemple.

On fait ensuite préciser aux élèves leurs critères d'identification (couleur ou peut-être forme de la fleur…), puis on propose d'aller observer.

Observons les plantes sauvages de la rue

Le recours aux photos prises avec des tablettes facilite les comparaisons, mais on peut aussi se baser sur des descriptions et des dessins.

La classe est divisée en groupes de 3-4 élèves ayant en charge un petit périmètre défini. Chaque groupe dispose de post-it de couleur spécifique et de tablettes.

- *Vous allez compter le nombre de plantes différentes sur votre périmètre, en plaçant un post-it à côté de chaque nouvelle espèce et en prenant des photos.*

Mener cette démarche sur des milieux différents permet de comparer leur richesse spécifique (nombre d'espèces).

Les groupes se rassemblent ensuite par deux, afin de partager leurs observations et avec comme objectif de ne garder qu'un post-it par espèce (si une même plante a été repérée par les deux groupes). Puis on fait une mise en commun globale avec toute la classe.
On commence par recueillir les impressions des enfants :

- *Est-ce que quelque chose vous a étonné pendant cette observation ?*
- *Avez-vous trouvé certaines plantes agréables à regarder ?*

« Nommer le vivant », p. 67.

L'enseignant·e demande à un enfant de chaque groupe de présenter aux autres une plante qu'il a repérée et d'en donner les caractéristiques, en s'appuyant sur les photos prises avec la tablette. On discute des points communs et des différences conduisant à regrouper ou à distinguer deux plantes. On peut éventuellement leur attribuer un nom, soit celui en usage s'il est connu (le pissenlit par exemple), soit un nom inventé en fonction des caractéristiques de la plante (exemple : « pompons roses » pour le trèfle).

L'enseignant·e amène ensuite les enfants à observer des caractères autres que la forme et la couleur des fleurs : leur taille, leur nombre et leur disposition, la hauteur de la plante, la forme et la dimension des feuilles, la présence de poils, etc. On conclut par un simple dénombrement des espèces de l'espace étudié.

À la découverte de quelques espèces

Animation sur les plantes sauvages de la rue, école Jules-Michelet, Niort (Deux-Sèvres).

En binôme, les enfants approfondissent la connaissance de leur espèce préférée. Ils essaient de la dessiner, de trouver son nom en consultant des guides, puis recherchent des informations complémentaires à son sujet, en particulier sur sa place dans l'écosystème :

- *Dans quel endroit préfère-t-elle pousser ?*
- *Avez-vous observé des papillons ou d'autres insectes sur elle ?*
- *Est-ce qu'elle pousse seule ou avec d'autres plantes ?*

Le recours à l'application Pl@ntNet peut être proposé pour valider les hypothèses émises.

Cette recherche peut donner lieu à un affichage en compilant les productions des élèves, ce qui constituera une référence pour des observations ultérieures sur le même site ou dans d'autres milieux.

Un débat philo peut aussi être mené sur le thème : « Pourquoi préfère-t-on souvent la rose au pissenlit ? » ou « Pourquoi y a-t-il des plantes qu'on aime et d'autres moins ? » (voir p. 85).

On peut aussi laisser des traces dans l'école et aux alentours en écrivant le nom des plantes sur le sol à la craie, en installant des petits panneaux en bois ou bien encore en mettant en valeur la plante par des dessins à la craie autour d'elle.

Exemples de marquages effectués auprès de plantes sauvages des rues.

Enfin, chaque enfant garde une trace de sa plante préférée sur son carnet d'explorateur :

- *Dessinez votre plante, décrivez-la, expliquez ce que vous aimez chez elle.*

« Garder trace : le carnet d'explorateur », p. 73.

QUELQUES PLANTES SAUVAGES DE LA RUE

Voici les plantes les plus fréquentes rencontrées dans l'environnement urbain, les périodes de floraison sont indiquées entre parenthèses.

Pissenlit commun
(mars à octobre)

Cardamine hérissée
(février à octobre)

Séneçon commun
(toute l'année)

Plantain lancéolé
(juin à octobre)

Pâturin annuel
(toute l'année)

Coquelicot
(avril à août)

Trèfle des prés
(mai à octobre)

Pâquerette vivace
(avril à juin)

PASSONS À L'ACTION !

Des plantes sauvages à l'école

En prenant appui sur les observations effectuées, la classe réfléchit à ce qui permettrait d'augmenter la diversité des plantes de l'école ou de ses abords : réduire les surfaces artificialisées, diminuer la fréquence des tontes des pelouses (voir p. 255).

Même sans engager de gros travaux de débitumisation, il est souvent possible, en demandant l'accord de la mairie, de développer les interstices en pied d'immeuble ou de trottoirs, d'enlever un pavé par ci, une couche de graviers par là, etc.

Les enfants auront ainsi la possibilité d'observer la recolonisation de ces petits biotopes.

7 La litière en forêt

« En forêt, les feux d'artifice automnaux vont bientôt laisser leur place au long hiver. Les dernières feuilles vivement colorées gisent maintenant au sol : il y a les jaunes des peupliers noirs et des érables champêtres, les bordeaux des viornes lantanes et des cornouillers sanguins et les orange des hêtres. Mais les reines absolues du sous-bois, ce sont les feuilles du cerisier sauvage. Sur ces palettes chromatiques végétales, verts, jaunes et rouges se côtoient sur un même petit limbe avec désinvolture. Des joyaux naturels à déguster encore pendant quelques jours… »

Jean-Philippe Paul, « Litière en flammes », article en ligne sur salamandre.org, 9 décembre 2014.

Un réservoir de biodiversité sous nos pieds

Le sol, un compartiment majeur des écosystèmes terrestres, constitue un des réservoirs de biodiversité les plus importants de la planète. Bactéries, champignons, insectes, mille-pattes, vers de terre, cloportes… et bien d'autres organismes y vivent et interagissent entre eux. Cette richesse biologique très hétérogène est à l'origine même du fonctionnement du sol et de tous les services écosystémiques qu'il rend à l'homme, en permettant le développement des végétaux, indispensables tant pour notre alimentation que pour oxygéner l'air que nous respirons, pour tempérer le climat ou encore agrémenter les paysages.

L'activité proposée ici vise à s'intéresser au fonctionnement d'un sol forestier pour y observer la décomposition de la matière organique et la faune qui s'attelle à cette tâche. Il s'agit aussi de prendre conscience de l'appauvrissement des sols dans les espaces investis par l'homme, comme les cours d'école, afin de dégager des pistes pour y remédier.

La décomposition de la litière forestière

La litière est composée de toute la matière morte qui tombe au sol : feuilles, aiguilles, brindilles, branches et troncs morts, cadavres et excréments d'animaux. Cette matière est découpée en minuscules morceaux, consommée par de nombreux animaux (cloportes, mille-pattes, vers de terre, escargots, limaces…) qui produisent de grandes quantités de crottes. Cette masse se mélange et se décompose sous l'action de champignons microscopiques et de bactéries. Au bout de quelques années, cela devient de l'humus (couche supérieure du sol créée par la décomposition de la matière organique), qui va nourrir les plantes.

LA TRANSFORMATION DES FEUILLES MORTES

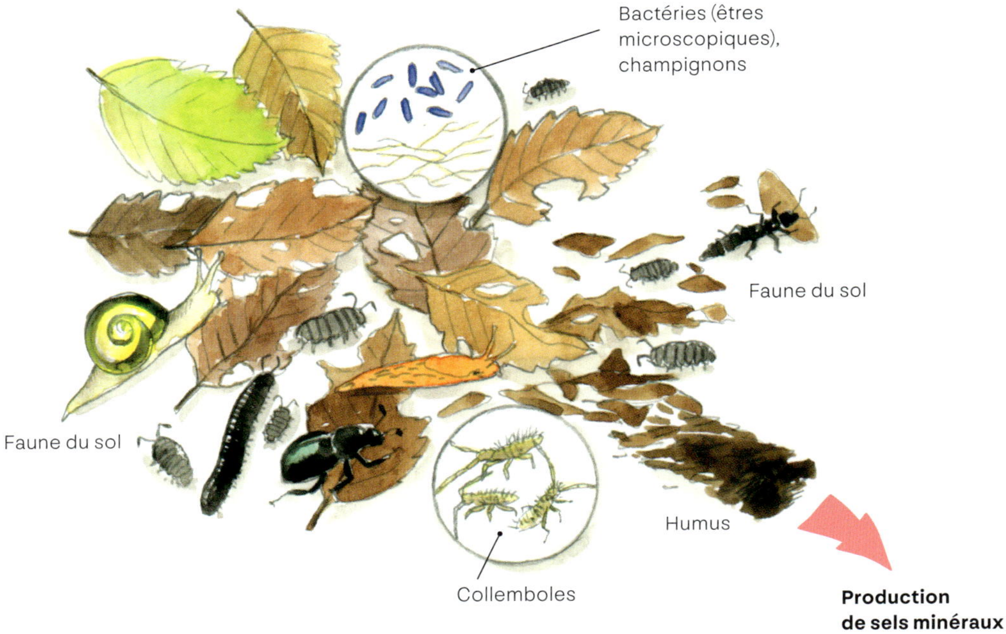

INTÉRÊT PÉDAGOGIQUE

Cette activité offre l'opportunité de partir à la découverte d'un compartiment de l'écosystème peu étudié à l'école : le sol.

➤ Elle permet de mieux comprendre le processus de décomposition de la matière organique sous l'action d'une grande variété de décomposeurs, processus qui libère la matière minérale pour nourrir les plantes.

➤ Elle ouvre une porte sur un monde de petites bêtes du sol *a priori* peu attrayantes, permettant d'explorer leur diversité et de les situer dans la classification du vivant.

Préparer l'activité

Cette activité peut être mise en lien avec l'observation des vers de terre et prolongée par une réflexion sur les aménagements permettant de favoriser la biodiversité du sol dans la cour de l'école : compost, et plus largement renaturation des sols.

POUR QUI ?

Les notions en jeu dans cette activité sont plus accessibles à partir du CE2, mais on pourra partir à la découverte des petites bêtes dès le CP.

QUAND ?

Sept	Oct	Nov	Déc	Janv	Fév	Mars	Avril	Mai	Juin
	●	●	●			●	●		

La meilleure période pour réaliser cette activité est la fin de l'automne, lorsque les arbres ont perdu toutes leurs feuilles et que la litière de l'année est abondante à la surface du sol. Elle est aussi réalisable au printemps. Par contre, il convient d'éviter les périodes trop froides et trop sèches.

OÙ ?

Idéalement, dans une forêt de feuillus pourvue d'une litière épaisse ou, à défaut, un parc ou un autre espace dans lequel les feuilles mortes sont laissées à terre.

MATÉRIEL

- Des pinces pour capturer les petites bêtes
- Des loupes et des boîtes-loupes
- Une tablette ou un appareil photo numérique
- Des barquettes en plastique de grande dimension (20 cm au moins), de couleur claire de préférence
- Les carnets d'explorateur des enfants (voir p. 73)

RESSOURCES UTILES

« **La faune du sol** », *Miniguide de la Salamandre*, n° 81.

« **Les "loca-terres" du sol** », *Cahiers techniques de la gazette des terriers*, FCPN.

PDF « **En quête des invisibles du sol** », FCPN et Agence régionale de la biodiversité d'Île-de-France, 2018. Un outil pour l'enseignant·e, pour mieux connaître la faune du sol.
https://media.mdi-editions.com/vb07a

« **Que trouve-t-on dans la terre ?** » et « **Quels sont les animaux qui vivent dans le sol ?** », dans *Réduire mes déchets, nourrir la terre* (séances 4 et 4 bis), cycles 1, 2 et 3, Dominique Pense, Pierre Cesarini et Karine Pucelle-Gastal, association Passerelles/Hatier, 2011.

Réaliser l'activité

Observons la litière

Lors d'une sortie dans une zone boisée, l'enseignant·e propose aux enfants de s'intéresser à ce qui se passe au sol, en portant leur attention d'abord sur le bois mort.

» *À votre avis, que deviennent les branches tombées au sol et les troncs des arbres coupés ?*

On invite les enfants à observer pendant 2 à 3 minutes et à ramasser quelques échantillons, puis le groupe se rassemble et chacun montre ses découvertes et explique ce qu'il a vu : bois humide, qui s'émiette, présence de filaments blancs (mycélium des champignons), de moisissures, de petits animaux, etc.

Le bois mort peut être la source de nombreuses observations.

On s'intéresse ensuite aux feuilles mortes tombées au sol :

» *Et les feuilles mortes, que deviennent-elles une fois tombées au sol ?*

Les enfants émettent des hypothèses : elles s'émiettent, pourrissent, s'enfoncent dans la terre, etc.

Puis l'enseignant·e propose d'aller observer et de ramener des feuilles à différents stades de décomposition.

Lors de la mise en commun, on organise les éléments récoltés selon leur degré de fragmentation : depuis les feuilles entières jusqu'à celles réduites aux seules nervures.

L'enseignant·e creuse un trou dans la litière afin que la classe puisse observer l'emplacement de chaque type de feuilles et donc les différentes couches de la litière :

- à la surface, on peut observer des feuilles entières, brunes, généralement sèches ;
- en-dessous, se trouvent des feuilles humides, presque entières, collées les unes aux autres avec de la moisissure blanchâtre ;
- plus en profondeur, les feuilles sont fragmentées, noirâtres et humides ;
- et sous les feuilles, il y a de la terre noirâtre (humus).

LES ÉTAPES DE LA DÉCOMPOSITION D'UNE FEUILLE

Une feuille se décompose en quelques semaines à quelques mois, selon la température, l'humidité et l'espèce (cela peut prendre jusqu'à 2 ans pour celles du chêne).

À la découverte des habitants du sol

L'usage de pinces pour capturer les petites bêtes rassure certains enfants.

Dans la litière, les enfants ont sans doute noté la présence de divers petits animaux. L'enseignant·e propose de partir à la découverte des différentes espèces.

Vous allez prélever des échantillons de litière (si possible à différentes profondeurs) et les étaler dans des barquettes pour pouvoir observer ses habitants avec une loupe.

Sortie nature encadrée par le Conservatoire d'espaces naturels de Normandie.

> ⚠ La plupart des décomposeurs fuient la lumière et se cachent. Placer des échantillons de litière dans des barquettes permet de les repérer plus facilement.

Petites bêtes découvertes dans la litière d'un sol forestier.

« Garder trace : le carnet d'explorateur », p. 73.

Puis on demande à chaque enfant de choisir une petite bête, de l'examiner plus attentivement et de la dessiner sur son carnet d'explorateur.

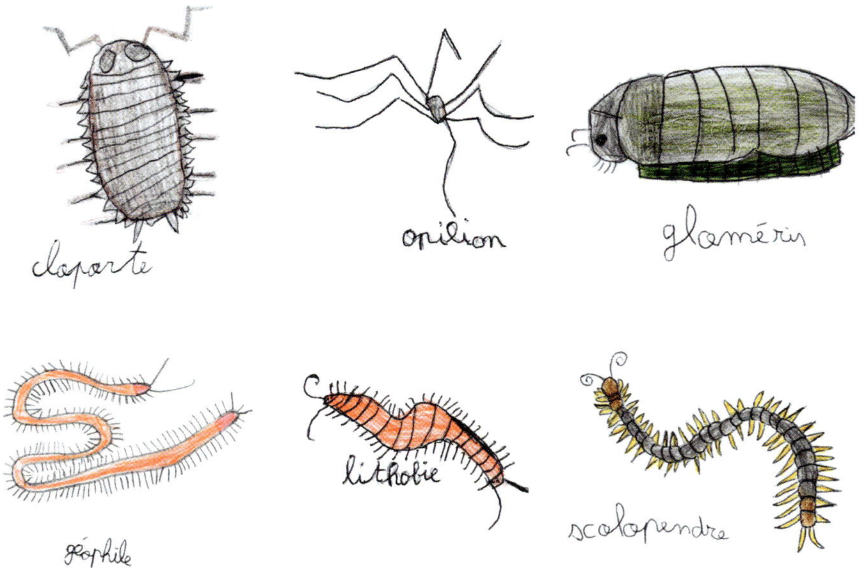

Dessins réalisés par les élèves de la classe unique de l'école d'Erstroff (Moselle).

Lors de la mise en commun, on commente les points communs et les différences entre les animaux rencontrés. Les enfants peuvent remarquer qu'ils peuvent avoir un corps mou ou rigide, qu'ils n'ont pas le même nombre de pattes ou d'antennes…

À l'aide du document page suivante, on repère à quelles familles appartiennent les plus gros animaux. L'écosystème du sol offre une palette assez large de grands groupes animaux, permettant une approche de la classification du vivant.

QUELQUES FAMILLES D'ANIMAUX DU SOL

Corps allongé formé d'anneaux

VERS
(ANNÉLIDES)

Corps mou, pied plat porteur, une à deux paires de tentacules sur la tête

ESCARGOTS ET LIMACES
(MOLLUSQUES, GASTÉROPODES)

Corps formé de segments, de pattes articulées, squelette extérieur

MILLE-PATTES
(MYRIAPODES)

- Nombreux segments
- Nombreuses paires de pattes
- 1 paire d'antennes

CLOPORTES
(CRUSTACÉS)

- 5 paires de pattes (ou plus)
- 2 paires d'antennes

INSECTES

- 3 paires de pattes
- 1 paire d'antennes
- Corps divisé en 3 parties

ARAIGNÉES ET PSEUDOSCORPIONS
(ARACHNIDES)

- 4 paires de pattes
- Corps divisé en 2 parties

Le sol de notre cour est-il le même que celui de la forêt ?

De retour à l'école, on observe le sol de la cour et on s'interroge sur la différence par rapport à celui de la forêt : il est peu ou pas recouvert de feuilles mortes, mais souvent de matériaux comme du goudron, du béton, du sable...

Puis on mène une recherche rapide des animaux observés dans la litière de la forêt, qui sont beaucoup plus rares.

On peut également comparer la terre de la forêt (observée sur place ou en ramenant des échantillons) avec celle de la cour :

- sa couleur : elle est plus noire en forêt ;
- sa texture : le sol est plus aéré en forêt, moins compact, il y a moins de matière minérale (sable, graviers...) ;
- son odeur (celle-ci peut être plus ou moins forte, rappeler une odeur de champignon ou de bois...).

Décantation de terre dans un bocal

Pour affiner la comparaison et mieux voir apparaître la composition de la terre, on peut en séparer les éléments par une décantation. Il suffit de mélanger un échantillon de terre avec de l'eau dans un bocal transparent. Au bout d'un quart d'heure environ, on observe de bas en haut : graviers et sables grossiers, sables fins, limons, tandis que les argiles restent en suspension dans l'eau et que les débris organiques (morceaux de feuilles, de bois...) flottent.

PASSONS À L'ACTION !

Enrichir le sol de l'école

L'enseignant·e peut questionner les enfants sur ce qu'apporte un sol forestier riche en humus : les plantes y poussent mieux (comme dans le terreau du commerce), les animaux y sont plus nombreux, etc.

On en déduit l'importance d'enrichir le sol de la cour et on émet des premières hypothèses sur les manières d'y parvenir :

- laisser en place les feuilles mortes sur certaines zones de la cour (voir p. 263) ;
- mettre en place un compost à partir des déchets de la cantine, mais aussi de feuilles mortes, tiges sèches, herbes coupées, ce qui permet de produire une matière proche de l'humus en forêt et de l'utiliser pour enrichir la terre (voir p. 285) ;
- demander l'autorisation à la mairie de débitumer une petite partie de la cour (ou plus, dans le cadre d'un projet de renaturation) afin de rétablir des sols naturels.

8 Les vers de terre

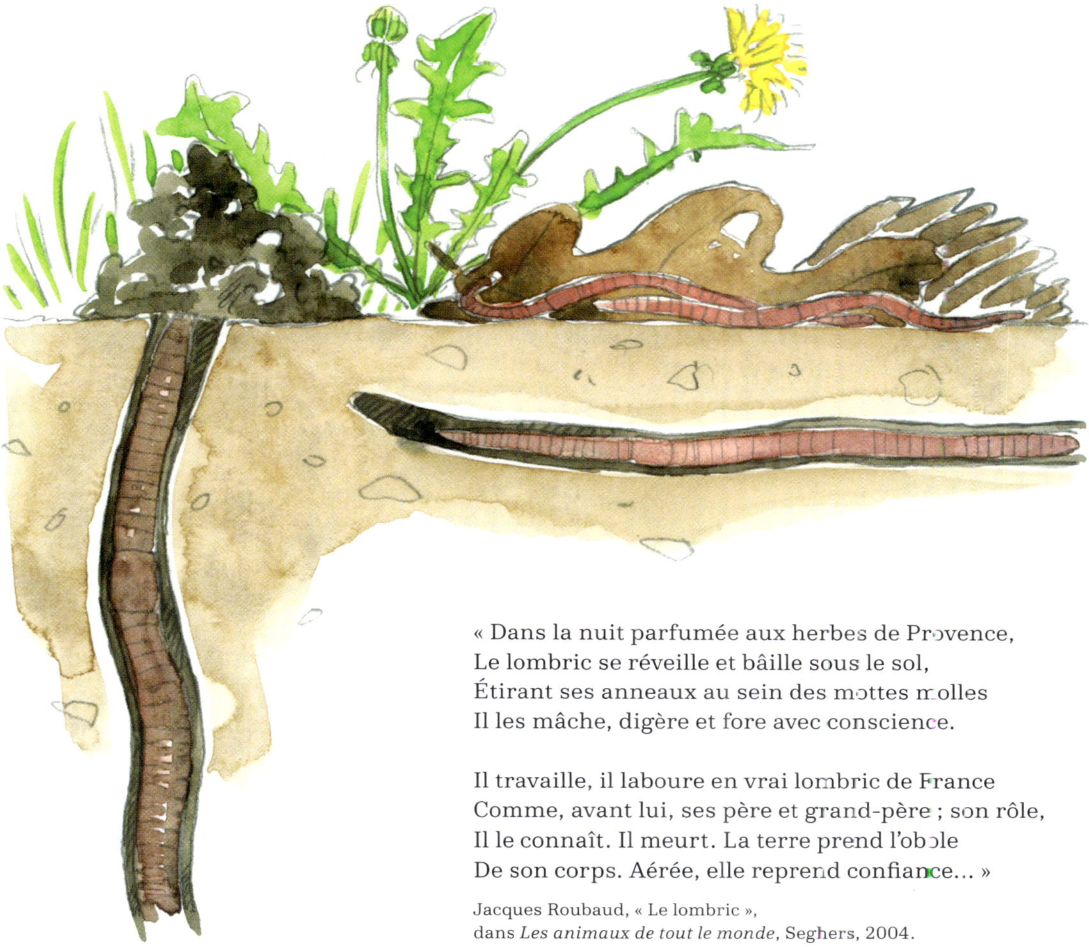

« Dans la nuit parfumée aux herbes de Provence,
Le lombric se réveille et bâille sous le sol,
Étirant ses anneaux au sein des mottes molles
Il les mâche, digère et fore avec conscience.

Il travaille, il laboure en vrai lombric de France
Comme, avant lui, ses père et grand-père ; son rôle,
Il le connaît. Il meurt. La terre prend l'obole
De son corps. Aérée, elle reprend confiance… »

Jacques Roubaud, « Le lombric »,
dans *Les animaux de tout le monde*, Seghers, 2004.

Des animaux qui gagnent à être connus !

De prime abord, les vers de terre suscitent moins d'émerveillement que d'autres animaux et parfois même une certaine répulsion. Prendre dans sa main ce tuyau mou ne va pas de soi, il faut apprivoiser le contact avec cet être vivant. Mais dès lors qu'on s'intéresse de manière plus approfondie au lombric, il nous ouvre la porte de ce mystérieux monde souterrain.

Découvrons les liens forts qui nous unissent à ces êtres si différents. On connaît en effet depuis longtemps l'influence majeure des vers dans la formation de la terre végétale qui nous nourrit : Charles Robert Darwin (1809-1882), célèbre naturaliste anglais auteur de la théorie de l'évolution, leur avait déjà consacré un livre.

Qui sont les vers de terre ?

Les lombrics sont constitués d'anneaux et font donc partie du groupe des annélides. Ils se nourrissent de matière organique en décomposition qu'ils contribuent à dégrader.

Ils sont très nombreux (environ 250 par mètre carré) et très diversifiés. Il existe environ 150 espèces en France, réparties en trois grandes familles :

- les épigés : petits vers rouges de surface (3 à 12 cm) ;
- les endogés : vers pâles des profondeurs (taille moyenne : 3 à 20 cm, roses, gris clair ou verts) ;
- les anéciques : grands vers à la tête colorée (10 à 100 cm), qui creusent des galeries verticales.

LES TROIS TYPES DE VERS DE TERRE

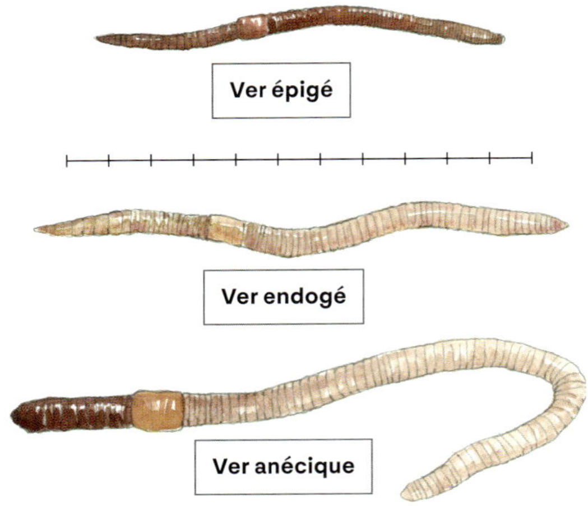

Un rôle clé et une population en déclin

La fonction des vers de terre dans l'écosystème est importante : leurs excréments (appelés « turricules ») sont très riches en sels minéraux, qui servent de nourriture aux végétaux, et les galeries qu'ils creusent permettent à l'air et à l'eau de pénétrer vers les racines des plantes et les animaux du sol.

Les populations de vers de terre sont en déclin pour des causes diverses : de plus en plus de surfaces sont bitumées ou goudronnées et inhospitalières pour eux, les terres agricoles sont peu accueillantes car perturbées par les labours, pauvres en matière organique et polluées par les traitements chimiques. Quand il y a moins de lombrics, les sols sont plus tassés, moins aérés et moins perméables à l'eau, ce qui les rend moins accueillants pour la faune du sol, et moins propices à la croissance des plantes.

INTÉRÊT PÉDAGOGIQUE

Les vers de terre sont connus de tous, car ils sont presque toujours présents dans notre environnement, pour peu qu'il y ait des portions de terre non artificialisées. Mais ils provoquent peu d'intérêt et on sait finalement peu de choses sur eux. Cette activité vise à réhabiliter ces animaux, *a priori* peu attrayants.

- Elle amène les enfants à s'intéresser à des décomposeurs qui transforment la matière organique morte en sels minéraux nécessaires pour les végétaux.
- Elle permet de prendre conscience de l'abondance et de la diversité des vers de terre dans le sol en mettant en œuvre un protocole scientifique d'inventaire.
- Elle conduit à développer un sentiment d'empathie envers ces animaux très différents de nous.

Préparer l'activité

Cette activité est une mise en œuvre d'un protocole de sciences participatives du programme « Vigie-Nature école » du Muséum national d'histoire naturelle, qui consiste à faire remonter les vers de terre à la surface grâce à de la moutarde ! Mieux vaut banaliser une demi-journée, en particulier pour l'inventaire et les observations à effectuer dans la continuité.

POUR QUI ?

Le protocole d'échantillonnage sur lequel s'appuie cette activité s'adresse aux enfants de cycle 3. Au cycle 2, on pourra s'inspirer de l'activité pour mener des observations et des questionnements avec des vers de terre capturés grâce à d'autres méthodes (par exemple, ceux sortis spontanément les jours de pluie).

QUAND ?

Sept · Oct · Nov · Déc · Janv · Fév · Mars · Avril · Mai · Juin

La recherche des vers de terre est plutôt à réaliser en sortie d'hiver, de janvier à avril, de préférence le matin lorsqu'il fait entre 6 et 10 °C et que le sol est humide, ou éventuellement à l'automne.

OÙ ?

Prévoir idéalement 4 zones de 1 m^2 (ou plus, selon le nombre de groupes d'élèves) dans différents milieux de l'école ou à proximité.

MATÉRIEL

Pour chaque zone d'échantillonnage (groupe de 4-5 élèves)*

- 4 piquets + 4 m de ficelle + un mètre
- Des ciseaux
- 4 petits pots de 150 g de moutarde « fine et forte »
- Un arrosoir de 10 litres + une pomme d'arrosage + des bâtons pour mélanger la solution
- De l'eau (2 x 10 litres + de l'eau de rinçage)
- 2 grandes barquettes blanches ou des bassines pour placer les vers recueillis
- Des pinces
- Une loupe par enfant

* La présence d'un second adulte est utile pour accompagner tous les groupes.

RESSOURCES UTILES

Les vers de terre, Alain M. Bergeron, Michel Quintin et Sampar, collection « Savais-tu ? », éditions Michel Quintin, 2015. Document jeunesse, dès 6 ans.

« Les vers : seigneurs des anneaux », *C'est pas sorcier*, France 3, 2008 (26 min). https://media.mdi-editions.com/vb08a

« Protégeons les vers de terre », dans *Devenir écocitoyen, neuf projets pour le cycle 3* (projet 9), Béatrice Venard, éditions Canopé, 2017.

« Placettes à vers de terre », le programme de sciences participatives de Vigie-Nature école, Muséum national d'histoire naturelle. https://media.mdi-editions.com/vb08b

« Qui sont les vers de terre » et « Que mangent les vers de terre ? », dans *Réduire mes déchets, nourrir la terre* (séances 5 et 6), cycles 1, 2 et 3, Dominique Pense, Pierre Cesarini et Karine Pucelle-Gastal, association Passerelles/Hatier, 2011.

Réaliser l'activité

Ce que nous savons déjà

« Chouette, il pleut ! », p. 227.

En l'absence de ver de terre ou de turricules à la surface du sol, il est toujours possible de creuser un trou avec une pelle dans un coin de pelouse.

Pour cette activité, l'idéal est de s'appuyer sur les observations spontanées des élèves quand les vers de terre remontent à la surface les jours de pluie et y laissent des turricules (tortillons de terre). L'enseignant·e se saisit alors des questions des élèves ou attise leur curiosité :

- *Y a-t-il des lombrics partout sous terre ?*
- *Sont-ils tous les mêmes ?*
- *Comment faire pour mieux observer les vers de terre ?*
- *Comment savoir combien de vers vivent sous nos pieds ?*

Les enfants émettent collectivement quelques hypothèses sur la manière d'observer les vers de terre, comme par exemple : noter et compter les tortillons de terre que font les vers (appelés « turricules »), observer le sol après la pluie quand les vers sortent, creuser la terre avec une bêche, taper des pieds pour mimer les gouttes de pluie...

On peut proposer aux enfants qui le souhaitent de toucher un ver de terre pour se familiariser avec cet animal.

Réalisons un inventaire comme les scientifiques

On propose aux enfants de recourir à une méthode utilisée par les scientifiques pour faire sortir un grand nombre de vers de la terre :

- *Nous allons mettre dans leurs galeries un mélange d'eau et d'une substance qui les irrite mais est sans danger pour eux : de la moutarde !*

Le protocole « Placettes à vers de terre »

Vigie-Nature école
https://media.mdi-editions.com/vb08b

Les élèves se rassemblent par petits groupes de 4 à 5, puis l'enseignant·e leur présente le protocole.

1. **La délimitation du carré d'échantillonnage** : à l'aide d'un mètre, de piquets et de ficelles, chaque groupe marque le contour d'un carré d'un mètre de côté, puis coupe l'herbe au ras du sol à l'aide de ciseaux.
2. **La préparation de la première solution** : les enfants versent le contenu de deux petits pots de 150 g de moutarde dans un arrosoir, ajoutent un peu d'eau, mélangent avec un bâton puis remplissent l'arrosoir d'eau.
3. **L'arrosage de la zone** : les enfants versent la solution sur leur carré, en veillant à répartir le liquide de manière homogène.

La récolte de vers peut être effectuée avec les doigts ou à l'aide de pinces.

4. **La première récolte de vers de terre** : pendant 15 minutes, les enfants récoltent les vers de terre qui remontent à la surface et les stockent dans la barquette avec un tout petit peu d'eau (pour qu'ils ne sèchent pas, mais sans les immerger).
5. **La seconde récolte** : au bout de 15 minutes, on renouvelle l'opération, avec une seconde solution, identique à la première, et on récolte les vers à nouveau pendant 15 minutes.

Si le contexte le permet, on oriente les choix pour que les milieux étudiés soient assez différents les uns des autres : pelouse tondue, prairie fleurie, terre nue, friche, zone piétinée ou non... cela permettra de comparer par la suite leur abondance en vers.

Mise en œuvre du protocole Vigie-Nature école dans une classe des monts du Lyonnais (Rhône).

L'enseignant·e conduit ensuite un court échange pour vérifier que tous les enfants ont bien compris le protocole.

Chaque groupe choisit une zone, puis les élèves réalisent l'échantillonnage.

Pour aller plus loin, la classe peut participer au programme de sciences participatives Vigie-Nature école, dont s'inspire le protocole proposé, en dénombrant chacun des trois groupes de vers et en transmettant les données.

Pour finir, chaque groupe dénombre les vers qu'il a recueillis dans sa barquette et chaque enfant dessine et/ou décrit le ver de son choix après observation à l'aide d'une loupe.

Les vers sont relâchés à 2 mètres environ de la zone où la moutarde a été versée.

Questionnons nos observations

L'enseignant·e questionne les enfants en classe entière sur leurs ressentis par rapport à leur expérience :

- *Comment c'était de faire cette activité, de manipuler les vers ?*
- *Qu'est-ce qui vous a surpris ?*

Les enfants ont pu trouver le corps du ver mou, sa peau humide… Peut-être était-ce même désagréable pour certains ?

« Observer et représenter », p. 61.

Puis on affiche au tableau les dessins réalisés par les élèves à la fin de l'inventaire et on propose de lister les points communs aux lombrics : ils ont tous un corps cylindrique, effilé aux deux extrémités, composé d'anneaux, d'une bouche et d'un anus, parfois d'une partie renflée (le clitellum, organe de reproduction présent seulement chez les vers adultes).

LES DIFFÉRENTES PARTIES DU VER DE TERRE

On invite enfin les enfants à commenter les différences de taille et de couleur. La présence de grands individus peut surprendre certains, on explique alors que ce sont ceux qui font les galeries de haut en bas. Parmi les plus petits, on pourra remarquer que certains sont plus colorés et d'autres plus pâles : ces derniers voient moins la lumière du jour, car ils vivent en profondeur.

« Garder trace : le carnet d'explorateur », p. 73.

L'enseignant·e demande ensuite aux enfants de dessiner à nouveau un ver de terre sur leur carnet d'explorateur, en mentionnant cette fois le nom des différentes parties de son corps, et d'écrire un court texte sur ce qu'ils ont appris.

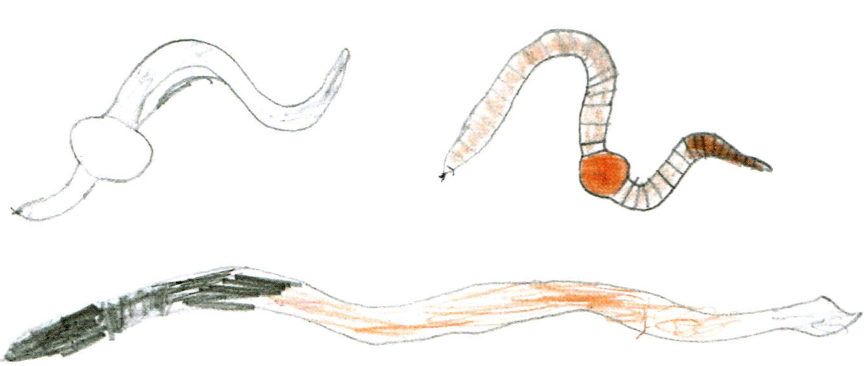

Dessins réalisés par un enfant de cycle 3.

Puis l'échange se poursuit par une synthèse des dénombrements :

- *Combien avez-vous compté de vers de terre ?*
- *Dans quelle zone étaient-ils les plus nombreux ?*

Les résultats de la classe peuvent être comparés à ceux de Vigie-Nature école (voir graphique ci-dessous), qui montrent des populations de vers plus importantes dans les prairies que dans les terres cultivées.

Résultats scientifiques des « Placettes à vers de terre »

Vigie-Nature école https://media.mdi-editions.com/vb08c

LE NOMBRE DE VERS DE TERRE SELON L'OCCUPATION DU SOL

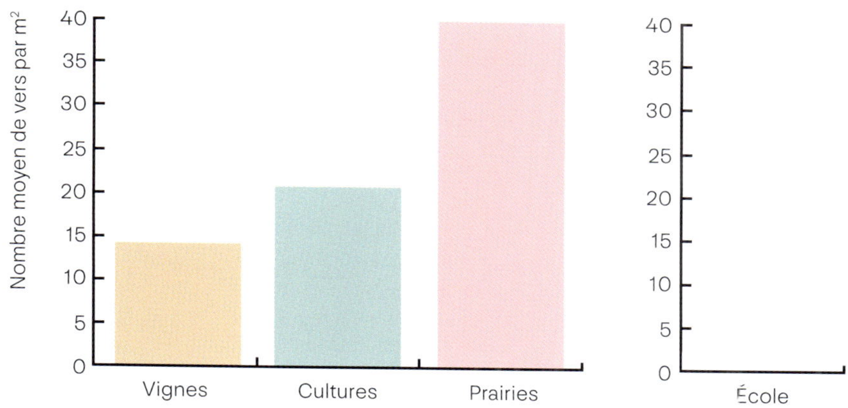

Source : Observatoire agricole de la Biodiversité, Vigie-Nature école, Observatoire participatif des vers de terre.

Un atelier d'empathie : si j'étais un ver…

« Développer son empathie », p. 91.

L'enseignant·e propose aux enfants de se mettre à la place d'un ver de terre :

- *Si j'étais un ver, comment serait ma vie ?*
- *Qu'est-ce que je mangerais ? Est-ce que d'autres animaux essaieraient de me manger ?*
- *Dans quel endroit aurais-je envie de vivre ?*
- *Quelles relations aurais-je avec les autres êtres vivants ? avec les humains ? etc.*

Cette activité peut être prolongée par un travail sur la chaîne alimentaire (les hérissons et certains oiseaux mangent les vers de terre).

On leur demande de réfléchir individuellement et de noter leurs idées sur leur cahier de brouillon.

Lors du temps de parole, l'enseignant·e note les principales idées sur une affiche.

Puis au cours d'un temps collectif, on anime un premier tour de parole pour que chacun ait la possibilité de s'exprimer (sans obligation cependant). Les enfants qui le souhaitent peuvent ensuite intervenir de nouveau pour réagir aux interventions des autres, proposer des idées nouvelles, etc.

« Ressources utiles », p. 159.

Ce temps peut amener des questionnements et déboucher sur une recherche documentaire (web, livres, vidéos…), afin de répondre aux questions que posent les enfants et mieux connaître les fonctions des vers de terre dans l'écosystème.

PASSONS À L'ACTION !

Accueillir les vers de terre à l'école

À partir des inventaires réalisés par la classe dans différents milieux, mais aussi des résultats présentés sur le site de Vigie-Nature école (voir graphique p. 163) et des informations glanées dans les ressources documentaires, on s'interroge sur les besoins des vers de terre : sols meubles, non artificialisés, recouverts de végétaux variés (il y a plus de vers dans les prairies que dans les pelouses...), sources alimentaires (végétaux en décomposition), etc.

On en déduit des pistes d'actions à conduire pour favoriser les populations de vers de terre dans l'école, par exemple :

- réduire les zones artificielles, comme les sols recouverts de bitume ;
- protéger certains secteurs du piétinement ;
- moins tondre les pelouses (voir p. 255) ;
- laisser en place les feuilles mortes ou les tontes (voir p. 263) ;
- créer un compost (voir p. 285).

Une merlette qui vient d'attraper un ver de terre.

9 Les escargots et autres limaces

« Je vous ai raconté que je ne mangeais que de nuit, rappelez-vous : j'ai horreur du soleil ; mais aujourd'hui, comme le temps est gris et humide et que par-dessus le marché je meurs de faim, je crois que je vais faire une exception. Il y a des plantes que j'adore, leur parfum enivrant m'attire comme un aimant. Je me dirige vers elles au radar, dans une sorte de brouillard, car n'oubliez pas que je suis épouvantablement myope [...]. J'ai aussi bien sûr, comme tout le monde, mes gourmandises préférées [...]. Cependant mon idole, celle dont je raffole par-dessus tout au monde, c'est l'*Ortie*. J'escalade ses tiges hérissées d'aiguilles rien que pour le plaisir de déguster ses feuilles. »

« L'escargot des haies », © Pierre Déom, *La Hulotte*, n° 97.

Les gastéropodes sont partout...

On trouve des escargots et des limaces dans tous les milieux naturels (forêts, prairies, haies, etc.). Dans les jardins, ils sont plus abondants et diversifiés si ceux-ci sont gérés de manière « naturelle » (maintien de zones en friche, présence de lierre sur les arbres, d'orties...). Certains, comme l'escargot de Bourgogne, sont plus sensibles à cette naturalité, tandis que d'autres, comme le petit-gris, ont une plus grande capacité d'adaptation à diverses conditions.

Ces mollusques passent la plus grande partie de l'année à l'état de vie ralentie. Ils entrent en hibernation dès que la température descend au-dessous de 12 à 15 °C et deviennent aussi inactifs pendant les périodes sèches de l'été. Les escargots vivent alors cachés sous des feuilles ou des pierres, rétractés à l'intérieur de leur coquille qu'ils ont fermée avec un disque de mucus séché. Les limaces, quant à elles, se protègent de l'assèchement en s'enterrant dans le sol.

... et ils sont nombreux !

Les termes « escargot » et « limace » recouvrent une grande diversité d'espèces, plus de 400 en France, dont les plus communes sont l'escargot des jardins, l'escargot des haies, l'escargot des forêts, le petit-gris, l'escargot de Bourgogne, les loches rouges et noires (voir p. 170).

S'intéresser aux mollusques constitue donc une belle opportunité pour comprendre le sens du terme « biodiversité ».

Ces animaux ont en commun d'avoir un corps mou (mollusques). Ils ont un pied plat porteur et font partie des gastéropodes (ventre-pied). Ils sont pourvus d'une à deux paires de tentacules sur la tête. La paire supérieure porte les yeux alors que la seconde est dédiée à l'odorat et au toucher.

INTÉRÊT PÉDAGOGIQUE

L'escargot est commun, facile à observer et à élever dans un terrarium. C'est pourquoi il s'agit d'un des animaux les plus investis dans le champ scolaire, en particulier en maternelle. Cette activité, pensée pour les enfants de l'élémentaire, propose de mener des observations sur l'ensemble des gastéropodes (escargots et limaces) dans différents objectifs.

- **Elle permet de prendre conscience de leur diversité, en mettant en œuvre un protocole de sciences participatives.**
- **Elle ouvre un questionnement sur les régimes alimentaires de ces animaux et sur leur place dans les réseaux alimentaires.**
- **Elle amène à reconsidérer le rôle écologique des mollusques, souvent perçus uniquement comme des ravageurs du jardin.**

Préparer l'activité

Cette activité est une mise en œuvre d'un protocole de sciences participatives du programme « Vigie-Nature école » du Muséum national d'histoire naturelle. Elle nécessite de prévoir un travail en deux phases réparties dans le temps, car un délai d'un mois est nécessaire entre la mise en œuvre du dispositif et l'inventaire. On pourra l'associer avec d'autres observations d'animaux sortant par temps de pluie.

POUR QUI ?

Voilà un sujet tout à fait accessible aux élèves de cycle 2, mais qui peut aussi être abordé au cycle 3.

QUAND ?

Sept	Oct	Nov	Déc	Janv	Fév	Mars	Avril	Mai	Juin
	●	●				●	●	●	

Les gastéropodes sont plus actifs par temps humide lorsque les températures sont modérées. Les observations sont donc plus propices à l'automne et au printemps.

OÙ ?

Un peu partout, à l'extérieur de l'école ou dans les environs. Mais plus les milieux seront diversifiés, plus le nombre d'espèces observables sera important.

MATÉRIEL

- Des planches en bois brut non verni et non traité (40 x 40 cm ou 30 x 50 cm, d'une épaisseur d'au moins 1,5 cm)
- Des loupes à main
- Des planches d'identification (voir ci-dessous)
- Une collection de coquilles d'escargots (récoltées par l'enseignant·e, facultatif)

RESSOURCES UTILES

PDF **« Identifier les escargots et les limaces de l'opération escargot »**, Vigie-Nature école, Muséum national d'histoire naturelle. Mini-guide d'identification conçu pour les enfants.
https://media.mdi-editions.com/vb09a

PDF **« Livret du participant de l'opération escargot »**, Vigie-Nature école, Muséum national d'histoire naturelle. Contient une planche de coquilles d'escargots (p. 6).
https://media.mdi-editions.com/vb09b

« Sur la trace des escargots et des limaces » et **« Guide des escargots et limaces »**, *Les cahiers techniques de la gazette des terriers*, FCPN.

Les limaces, Alain M. Bergeron, Michel Quintin et Sampar, collection « Savais-tu ? », éditions Michel Quintin, 2017. Documentaire jeunesse.

« L'escargot des haies », *La Hulotte*, n° 97 et n° 98.

« Le rêve de l'escargot », *Bestioles*, podcast pour le cycle 2 sur le monde animal, coproduction France Inter et Muséum national d'histoire naturelle (10 min).
https://media.mdi-editions.com/vb09c

Réaliser l'activité

À la recherche d'escargots

« Chouette, il pleut ! », p. 227.

Afin d'augmenter les chances de trouver des escargots le jour de l'activité, l'enseignant·e pourra effectuer des repérages en amont, mais le plus important est de profiter d'un jour de pluie.

L'élevage d'escargots est un complément intéressant (avec, par exemple, le dispositif de Raymond Tavernier dans *La découverte du monde vivant*, voir bibliographie, p. 301). Cela permet d'expérimenter sur leurs besoins (eau, lumière, température…) ou leurs préférences alimentaires.

Lors des sorties par temps de pluie, les enfants remarquent en général la présence d'escargots. L'enseignant·e peut alors profiter de leur intérêt pour proposer de partir à la recherche des gastéropodes de la cour, du jardin, d'un autre espace à l'intérieur de l'école ou à proximité.

Les enfants forment de petits groupes, chargés chacun de la prospection d'une zone :

- *Vous allez compter le nombre d'escargots présents dans votre espace.*
- *Vous pouvez les regarder sans les capturer ni les toucher et observer leur comportement.*

Les loupes à main permettent d'affiner l'observation.

Ensuite, le groupe se rassemble, l'enseignant·e invite chacun à partager ses observations, questionne les enfants sur ce qu'ils savent des escargots et attise leur curiosité :

- *Y a-t-il des escargots partout ?*
- *Sont-ils tous les mêmes ?*
- *Comment faire pour en savoir plus ?*

Réalisons un inventaire comme les scientifiques

Le protocole « Opération escargots »

Vigie-Nature école https://media.mdi-editions.com/vb09d

La mise en place du protocole

L'enseignant·e propose aux enfants une méthode utilisée par les scientifiques pour échantillonner les escargots et les limaces :

- *Nous allons placer des planches au sol, sous lesquelles les mollusques vont aller se réfugier, car ils y trouveront l'humidité dont ils ont besoin, puis nous attendrons un mois avant d'aller les compter.*

Chaque groupe met en place un dispositif en s'appuyant sur le protocole fourni. On surélève un côté de la planche (par exemple à l'aide d'un caillou) afin que les plus gros mollusques aient assez de place pour s'y glisser.

On essaie de répartir les dispositifs dans des milieux variés (pelouse, haie, etc.) pour comparer les résultats.

Protocole Vigie-Nature école mis en œuvre dans une classe des monts du Lyonnais (Rhône).

Le comptage et l'identification

Un mois plus tard, par beau temps, chaque groupe soulève sa planche pour compter les escargots, les limaces et autres petites bêtes ! Il identifie les espèces à l'aide de la planche de coquilles d'escargots page suivante ou du mini-guide d'identification de l'opération escargot.

« Ressources utiles », p. 167.

Si on le souhaite, on peut remettre les planches en place pour effectuer une nouvelle observation un mois plus tard.

Les observations peuvent être saisies sur le site de Vigie-Nature école.

Relevage des escargots, animation du Conservatoire d'espaces naturels de Champagne-Ardenne.

LES ESPÈCES LES PLUS RÉPANDUES D'ESCARGOTS ET DE LIMACES

Petit-gris

Escargot de Bourgogne

Escargot des haies, des jardins ou des forêts

Loche rouge

Loche noire

Limace léopard

En parallèle, il est intéressant de constituer une collection de coquilles d'escargots, récoltées par l'enseignant·e et les enfants au cours de leurs promenades et de leurs vacances dans des milieux divers, afin d'élargir la conscience de la diversité des espèces.

Une planche de coquilles d'escargots issue du livret du participant du protocole de l'« opération escargots », Vigie-Nature école.

Photos : Benoît Fontaine, Olivier Gargominy, Vincent Prié, Alexis Rondeau, Olivier Roques, Christophe Bernier

Les mollusques dans le réseau alimentaire

Qui mange quoi ?

On commence par questionner les élèves sur l'alimentation des mollusques :

➤ *À votre avis, que mangent les escargots et les limaces ?*

De nombreux enfants savent que la plupart mangent des plantes : lorsqu'on cultive un petit bout de jardin, il est en effet aisé de constater les dégâts des mollusques sur les jeunes pousses. Leur présence dans le compost laisse aussi supposer leur rôle dans la décomposition de la matière végétale, surtout si elle est fraîche. Mais les enfants ne se doutent en général pas que certains, comme la limace léopard, peuvent être omnivores et croquer des congénères de temps à autre.

« Composter pour accueillir les petites bêtes », p. 285.

QUE MANGENT LES ESCARGOTS ET LES LIMACES ?

Limace léopard	→	**Végétaux, débris végétaux, autres limaces**
Petit-gris et escargot de Bourgogne	→	**Végétaux**
Escargot des haies	→	**Végétaux, débris végétaux**
Loche rouge ou noire	→	**Végétaux, débris végétaux**

Puis on s'interroge sur les prédateurs des mollusques :

➤ *Quels sont les animaux qui mangent les escargots et les limaces ?*

La classe émet des hypothèses, que l'on vérifie ensuite par des recherches documentaires. Les prédateurs des mollusques sont nombreux : hérisson, crapaud, taupe, grive, certains gros insectes (comme le carabe).

« Ressources utiles », p. 167.

Le schéma du réseau alimentaire

L'enseignant·e explique ensuite aux élèves comment construire le schéma d'un réseau alimentaire autour des escargots et des limaces.

➤ *Nous allons représenter qui mange qui (ou quoi) à l'aide de flèches. Celles-ci doivent partir de ce qui est mangé et pointer vers celui qui mange.*

Matériel pour construire le réseau alimentaire autour des mollusques

Exemple :

Pour faciliter la tâche, on fournit aux enfants un tableau simplifié des régimes alimentaires de quelques mollusques et de leurs prédateurs, ainsi que des étiquettes avec les noms des espèces (ou des photographies pour les plus jeunes), qu'ils peuvent ainsi déplacer, agencer et réagencer à leur guise.

Le schéma qui en résulte peut sembler complexe, mais sa construction est assez simple et il permet de visualiser l'interdépendance des espèces.

EXEMPLE DE RÉSEAU ALIMENTAIRE AUTOUR DES MOLLUSQUES

PASSONS À L'ACTION !

Accueillir les gastéropodes et leurs prédateurs

Le travail sur le réseau alimentaire autour des mollusques peut servir de base à une réflexion sur le rôle écologique des gastéropodes :

- *À quoi servent les escargots et les limaces ?*
- *Pourquoi sont-ils parfois gênants pour le jardinier ?*
- *Comment faire pour éviter les dégâts ?*

Les escargots se nourrissent parfois des légumes présents au potager, mais ils font aussi partie des décomposeurs ; ils transforment la matière organique morte en sels minéraux nécessaires aux végétaux.

S'il y a suffisamment de prédateurs de mollusques (hérissons, crapauds, etc.), ceux-ci ne pourront pas proliférer. En revanche, s'ils sont absents, les mollusques deviendront trop nombreux et occasionneront des dégâts sur les végétaux… tout est une question d'équilibre !

On peut ainsi envisager d'installer des aménagements pour mieux accueillir les prédateurs comme le hérisson (voir p. 240), les crapauds (voir p. 277), les grives (voir p. 210 et 226), etc.

10 Les araignées

« Dire que la plupart des gens ont les Araignées en horreur… Si ce n'est pas malheureux ! […] Nombre d'ignorants croient dur comme fer que toutes […] sont noires, avec des poils partout et des pattes montées sur ressorts, pour mieux rattraper les humains à la course comme dans les films d'horreur américains. […] Les toiles [des araignées à toiles géométriques] sont magnifiques d'invention et d'élégance, mais les artistes sont encore plus beaux que leurs œuvres. […] Tous les coloris dont peut rêver un peintre, vous les trouverez sur les corps de ces petits créateurs. […] pourquoi personne n'est-il au courant ? »

« Les araignées à toiles géométriques », © Pierre Déom, *La Hulotte*, n° 73.

Des mal-aimées à réhabiliter

Les araignées figurent parmi les animaux les plus mal aimés. Elles suscitent la peur, voire l'aversion ou la phobie. Elles constituent un des symboles d'une maison mal entretenue. Or elles jouent un rôle fondamental dans les écosystèmes, en régulant par exemple les populations d'insectes. De plus, en France, aucune araignée n'est dangereuse (les morsures que peuvent provoquer certaines sont bénignes). Il est donc essentiel de réhabiliter ce grand groupe (environ 1 600 espèces en France).

Si on leur prête attention et qu'on prend le temps de les regarder de plus près, on découvrira alors un univers fascinant, une diversité d'espèces, avec parfois des formes et des couleurs étonnantes.

Mieux connaître les araignées pour en avoir moins peur

Les araignées, comme les insectes, font partie des arthropodes, car elles ont un squelette externe et des pattes articulées. Leur corps est divisé en deux parties, le céphalothorax (tête et thorax soudés), doté de huit pattes, et l'abdomen. Contrairement aux insectes, elles ne disposent ni d'ailes ni d'antennes (les appendices bucaux à l'avant du céphalothorax ne sont pas des antennes).

Toutes sécrètent de la soie, à différentes étapes de leur vie et pour des raisons particulières : fabrication de toiles, emmaillotage de proies, confection de cocons pour leurs œufs, réalisation d'un fil pour se déplacer, tapissage de leur terrier… Cette soie est d'une solidité et d'une élasticité exceptionnelle.

LES DIFFÉRENTES PARTIES DU CORPS DE L'ARAIGNÉE

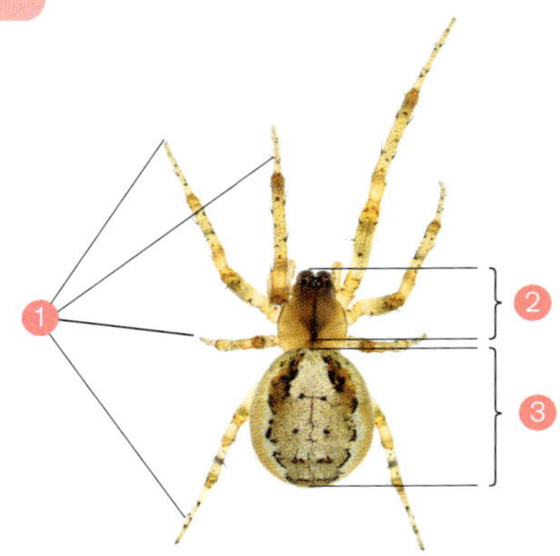

1 4 paires de pattes
2 Céphalothorax
3 Abdomen

Les araignées sont presque toutes prédatrices. Leurs toiles leur servent pour chasser et tendre un piège efficace. Aucune ne sera identique, mais certaines similitudes permettront de déterminer l'identité de la propriétaire. À noter qu'une partie des araignées confectionnent des toiles géométriques telles qu'on les représente souvent, tandis que d'autres réalisent des toiles moins régulières, en nappe par exemple, et certaines n'en fabriquent pas.

INTÉRÊT PÉDAGOGIQUE

Cette activité constitue une occasion pour familiariser les enfants avec un animal mal aimé, l'apprivoiser afin d'apaiser la peur qu'il provoque, et s'émerveiller devant la beauté des toiles d'araignées, toutes si différentes.

➤ Elle permet d'acquérir des connaissances sur le mode de vie des araignées, en particulier sur leur statut de prédatrices.

➤ Elle favorise, à travers les diverses observations, la prise de conscience de leur diversité.

Préparer l'activité

Avant de se lancer, il pourra être utile de questionner son propre rapport aux araignées en tant qu'adulte, de retisser un lien personnel avec elles, de s'y intéresser pour dépasser la répulsion qu'elles inspirent souvent. Cette thématique se prête bien aux exercices d'empathie et aux débats sous forme de jeu de rôle.

POUR QUI ?

Dès le cycle 2, on peut envisager l'observation d'araignées mises en élevage temporaire ainsi qu'un questionnement sur le rapport de l'homme à cet animal.

La recherche de toiles et les observations d'araignées dans la nature sont plutôt à proposer à des élèves de cycle 3.

QUAND ?

Sept	Oct	Nov	Déc	Janv	Fév	Mars	Avril	Mai	Juin
●	●						○	○	○

L'observation des araignées dans leurs toiles est particulièrement facile à l'automne, mais on pourra en trouver durant toute la belle saison.

OÙ ?

Dans la cour de l'école, ou une zone plus ou moins naturelle de proximité.

Dénicher des araignées est facile, que ce soit en intérieur ou en extérieur.

MATÉRIEL

- Quelques petits vaporisateurs d'eau pour mettre en évidence les toiles
- Un diapason
- Des loupes, des attrape bestioles et/ou des pinceaux pour la capture*
- Une vitrine pour la mise en élevage (voir p. 178)

* L'araignée étant très fragile, on utilisera de préférence un pinceau pour la pousser dans un petit pot. Elle a en effet le réflexe de se laisser tomber dans le vide au bout de son fil et il est ainsi facile de la capturer.

RESSOURCES UTILES

« Comment l'araignée tisse sa toile ? », animation en lien avec l'exposition « Au fil des araignées », Espace des sciences (Rennes). https://media.mdi-editions.com/vb10a

« Aglaé, l'Araignée », dans *Les mal-aimés, j'adore !*, FCPN, 2022.

Abeille et épeire, Émilie Vast, éditions MeMo, 2017. Fable écologique entre documentaire et fiction, dès le cycle 2.

Mystères et toiles d'araignée, Fleur Daugey et Émilie Vanvolsem, éditions Ricochet, 2021. Documentaire jeunesse, dès le cycle 2.

« Les araignées », *Mini guide de la Salamandre*, n° 117.

« L'araignée pholcus » et **« Le petit guide des araignées à toiles géométriques »**, *La Hulotte*, nos 54, 55, 73 et 74. Plutôt pour l'enseignant·e.

Réaliser l'activité

À la recherche de toiles

On prendra soin des enfants qui manifestent de la peur en leur permettant de rester à distance et en leur laissant le temps d'« apprivoiser » l'animal en élevage.

Pour optimiser les chances de trouver suffisamment de toiles le jour de l'activité, l'enseignant·e pourra effectuer un repérage en amont.

Lors de sorties en milieu naturel (voire parfois dans la classe !), les enfants peuvent déceler la présence d'araignées : cela constitue un point de départ intéressant pour amorcer cette activité.

Dans un premier temps, on part à la recherche de toiles. Conçues pour être invisibles, celles-ci peuvent être difficiles à repérer. Privilégiez les matins frais où la rosée abonde, après un épisode pluvieux, ou alors vaporisez de l'eau sur les herbes en lisière ou dans une friche : les gouttes collées aux fils de soie rendront l'exercice plus facile.

Une fois que des toiles ont été trouvées, on peut prévoir un temps pour que les enfants puissent prendre des photos à l'aide d'une tablette, dessiner la toile, essayer de repérer sa propriétaire...

Pour faire venir une araignée sur sa toile, il suffit de faire vibrer un diapason en le frappant légèrement contre un objet dur, puis de l'appliquer délicatement sur un rayon de la toile. Les vibrations imitent celles d'un insecte qui se serait pris dans celle-ci, ce qui fait bondir l'araignée hors de sa cachette, comme pour attaquer une proie.

« Nommer le vivant », p. 67.

Au cours d'une mise en commun, on tente de discerner différentes espèces, on leur invente un nom ou on les identifie à l'aide d'un guide.

On peut aussi questionner les élèves sur les caractéristiques des araignées :

- *Comment sait-on qu'il s'agit d'une araignée et non d'un insecte ?*

« Quelques familles d'animaux du sol », p. 155.

Réponse : l'araignée possède 8 pattes et non 6, son corps est scindé en deux parties seulement, elle ne possède pas d'ailes.

QUELQUES ARAIGNÉES ET LEURS TOILES

Araignées des jardins

Argiope frelon

Épeire diadème

Zygielle (araignée des fenêtres)

Épeire concombre

Araignées des maisons

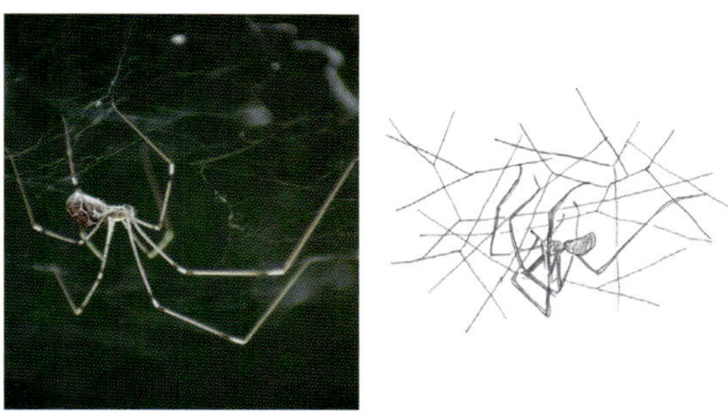
Pholcus

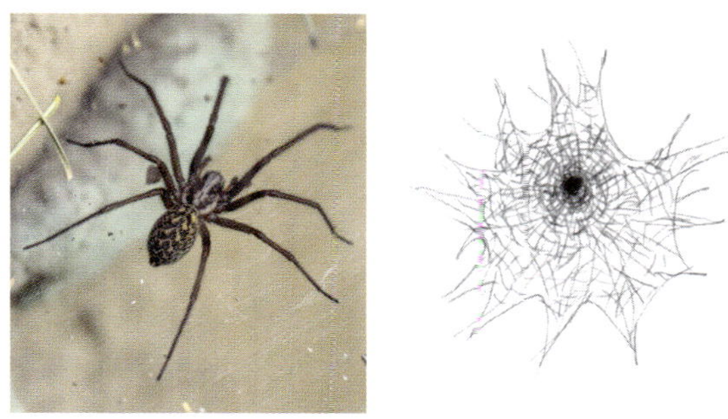
Tégénaire domestique

Regardons vivre une araignée

Peut-être avez-vous la chance d'avoir au sein d'un espace de l'école ou à proximité une (ou de) belles toiles d'araignées que les enfants pourront observer à maintes reprises.

Une des plus faciles à repérer est l'argiope frelon, une grande araignée aux couleurs et motifs de cet insecte, répandue dans les friches, les prairies ensoleillées, et qui vit sur sa toile accrochée la tête en bas, vingt-quatre heures sur vingt-quatre. Elle attend que la chaleur dégourdisse les insectes et qu'un imprudent tombe dans son piège collant. Sa toile est facile à reconnaître : elle comporte une sorte de zig-zag blanc semblable à un rapiéçage.

Sinon, il y a bien dans un recoin de l'école une araignée des maisons (pholcus) que les enfants pourront capturer et placer dans un vivarium ou une vitrine (telle que celle proposée par le magazine *La Hulotte*, voir ci-dessous). L'élevage est simple, il suffit de lui fournir un coton imbibé d'eau et quelques mouches de temps à autre.

« Ressources utiles », p. 175.

Dans les deux cas, en nature ou en élevage, il sera aisé d'observer comment l'araignée tisse sa toile et comment elle capture sa proie, l'emballe de soie, puis la digère. Mais surtout, la fréquentation régulière de l'animal tend à le rendre plus familier, à réduire la peur qu'il provoque en nous.

Une araignée pholcus dans la vitrine de *La Hulotte*.

Enfin, pour satisfaire la curiosité des enfants qui ne manqueront pas de poser de multiples questions, on propose des lectures documentaires.

Les araignées et nous

Cette démarche peut être utilisée avec le serpent, l'ortie, la guêpe, le moustique...

L'objectif est ici de questionner le rapport entre les humains et les araignées, afin de montrer que tous deux ne sont pas si dissemblables. Plusieurs approches sont envisageables.

Le questionnement

➤ *Quels sont les points communs et les différences entre les araignées et nous ?*

On peut comparer la morphologie (tête, pattes/membres...), le mode de vie, l'alimentation, etc.

Le débat philosophique

« Philosopher », p. 85.

➤ *Pourquoi y a-t-il des animaux qu'on aime et d'autres pas ?*

L'atelier d'empathie

« Développer son empathie », p. 91.

➤ *Que peut ressentir une araignée quand elle rencontre un humain ?*

PASSONS À L'ACTION

Accueillir les araignées dans la cour de l'école

On questionne les enfants sur les lieux dans lesquels ils ont observé des araignées ou leurs toiles : celles-ci vivent souvent dans des friches, des haies, des buissons, des prairies fleuries. Pour amener une plus grande variété d'araignées dans la cour de l'école, il est donc nécessaire de diversifier les milieux : en laissant évoluer librement des secteurs de pelouse (voir p. 255), en semant et plantant des espèces végétales, dont des buissons et des haies (voir p. 128)...

11 Les insectes pollinisateurs

« Les pollinisateurs font littéralement ce que nous appelons, candides, “le printemps”, comme si c’était un cadeau de l’univers, ou du soleil : non, c’est leur action bourdonnante, invisible et planétaire, qui appelle chaque année au monde, à la sortie de l’hiver, les fleurs, les fruits, les dons de la terre, et leur retour immémorial. Les pollinisateurs, abeilles, bourdons, oiseaux, ne sont pas posés comme des meubles sur le décor naturel et immuable des saisons : ils fabriquent cette saison dans ce qu’elle a de vivant. »

Baptiste Morizot, *Manières d’être vivant : Enquêtes sur la vie à travers nous*, © Actes Sud, 2020.

Les acteurs de la pollinisation

La pollinisation des plantes par les insectes est un exemple des interactions entre les végétaux et les animaux assez facilement observable. Dès qu’on s’y intéresse, elle révèle des processus fascinants d’adaptation et de coévolution : certaines orchidées vont même jusqu’à déguiser leurs pièces florales en insectes pour mieux les attirer !

Parmi les nombreux insectes pollinisateurs, les papillons (lépidoptères) et les abeilles (hyménoptères) sont les plus connus, mais les mouches (diptères) et les coléoptères jouent aussi ce rôle (voir page suivante).

Ce monde est fascinant, complexe, mais tout à fait abordable. Nous espérons que vous trouverez ici les clés pour y entrer à la fois pour vous-même en tant qu’adulte et pour vos élèves.

LES FAMILLES DE POLLINISATEURS

Les **lépidoptères** (papillons) sont pourvus de 2 paires d'ailes colorées et d'une trompe.

Les **coléoptères** (coccinelles et scarabées) sont pourvus d'une paire d'ailes durcies (élytres) et d'une paire d'ailes membraneuses (cachées sous les élytres).

Les **hyménoptères** (abeilles, guêpes, bourdons) sont pourvus de 2 paires d'ailes (peu visibles au repos) et de petits yeux.

Les diptères (**mouches**) n'ont qu'une paire d'ailes et de gros yeux.

La reproduction sexuée chez les plantes à fleurs

La pollinisation correspond, chez les plantes à fleurs, au transport du pollen des organes de reproduction mâles (étamines) vers le ou les organes de reproduction femelles (pistil). Ce transport a lieu soit à l'intérieur d'une même fleur, soit par pollinisation croisée (le pollen d'une fleur se dépose sur le pistil d'une autre fleur de la même espèce).

DU POLLEN À LA GRAINE

Organe mâle (grains de pollen dans les étamines)

Organe femelle (ovules dans le pistil)

1. **Pollinisation** : transport du pollen vers le pistil par les abeilles, le vent…
2. **Fécondation** : le pollen pénètre dans l'ovule.
3. C'est la naissance d'une **graine** (située dans le fruit).

Environ 90 % des plantes à fleurs sont pollinisées par des animaux, principalement des insectes ; les espèces végétales ont développé des organes floraux parfois extrêmement complexes afin de les attirer. En contrepartie, les plantes contribuent à l'alimentation des pollinisateurs en leur fournissant le pollen en excès ou du nectar (le suc qui constitue la matière première du miel).

Chez la plupart des plantes à fleurs, la pollinisation suivie d'une fécondation est indispensable à la formation des graines et des fruits. Plus de 70 % des cultures (dont presque tous les fruitiers, légumes, oléagineux et protéagineux, épices, café et cacao, soit 35 % du tonnage de ce que nous mangeons) dépendent fortement ou totalement d'une pollinisation animale. Si celle-ci n'a pas lieu, la production de fruits et de graines est gravement affectée, ce qui peut poser d'importants problèmes en agriculture.

INTÉRÊT PÉDAGOGIQUE

À l'école élémentaire, la découverte de la pollinisation est l'occasion d'explorer la complexité du fonctionnement des écosystèmes.

- Elle permet de découvrir la coopération entre insectes et plantes, ainsi que l'importance des pollinisateurs pour la reproduction de nombreuses plantes.
- Elle amène à constater la diversité des pollinisateurs et à connaître les familles auxquelles ils appartiennent.
- Elle constitue une occasion pour mettre en œuvre un protocole scientifique d'inventaire.
- Elle conduit à changer de regard sur des animaux qui font peur (abeilles, guêpes...).
- Elle offre une opportunité d'action pour favoriser l'accueil des pollinisateurs dans l'enceinte scolaire.

Préparer l'activité

Cette thématique est très accessible, car partout où il y a des fleurs, que ce soit dans l'enceinte de l'école ou aux alentours, on peut sans difficulté observer des insectes en train de les polliniser. Ceux-ci, et en particulier les papillons, attirent naturellement le regard des enfants, ce qui facilite le démarrage de l'activité.

POUR QUI ?

Cette activité est plutôt destinée aux élèves de cycle 3. Au cycle 2, on pourra cependant observer les espèces les plus courantes de papillons.

QUAND ?

Sept · Oct · Nov · Déc · Janv · Fév · Mars · Avril · Mai · Juin

Les pollinisateurs commencent à être suffisamment présents en avril, mais les mois de mai et juin sont idéaux. On peut aussi prévoir des observations en septembre, bien que les espèces présentes ne soient pas tout à fait les mêmes.

OÙ ?

Dans tout espace pourvu de plantes à fleurs. La floraison des arbres fruitiers en avril (cerisiers, pommiers...) puis celle des plantes aromatiques (lavande, thym, romarin...) sont particulièrement intéressantes. À l'automne, le lierre fournit d'autres opportunités d'observation (voir p. 129).

MATÉRIEL

- Des petits guides d'identification des pollinisateurs (voir « Ressources utiles », ci-dessous)
- Des appareils photo et/ou des tablettes
- Les carnets d'explorateur des enfants (voir p. 73)

RESSOURCES UTILES

« ***Découvre les papillons de ton jardin*** », poster de l'« opération papillons », Noé et Muséum national d'histoire naturelle, à afficher ou à vidéoprojeter.
https://media.mdi.editions.com/vb11a

Livret d'identification des abeilles, Arthropologia.
https://media.mdi.editions.com/vb11b

« ***D'où viennent les fruits ?*** », *C'est pas sorcier*, 2005 (2 min 55).
https://media.mdi.editions.com/vb11c

Le voyage du pollen, Mi Gyeong-Kim et Yeong-Rim Lee, éditions du Ricochet, 2016.

« **Papillons des prairies** » et « **Abeilles sauvages** », *Miniguides de la Salamandre*, n° 67 et n° 32.

« ***La pollinisation*** », *Quésaco ?*, épisode 7 (6 min 38).
https://media.mdi.editions.com/vb11d

Réaliser l'activité

Accompagner la curiosité des élèves

« Être à l'affût », p. 37.

Lors des sorties dans la nature et des rituels d'observation (dont les affûts), les enfants peuvent être amenés à remarquer des papillons ou des abeilles butinant des fleurs. L'idéal est de saisir cette occasion pour enrichir les questionnements autour du lien entre insectes et fleurs, par exemple :

- *Que recherchent les insectes ? Qu'est-ce qui les attire ?*
- *Y en a-t-il plus sur certaines fleurs ? Moins sur d'autres ?*
- *Quels sont les principaux insectes qu'on voit sur les plantes ?*
- *Qu'est-ce que cette poudre jaune sur leurs pattes ?*
- *Est-ce que la visite de l'insecte apporte quelque chose à la plante ?*

L'objectif ici n'est pas de rechercher des réponses mais de recueillir les questions que les enfants se posent et d'attiser leur curiosité.

Une abeille domestique et un bourdon en train de butiner.

L'enseignant·e peut lister sur une affiche les questions et demander aux enfants de faire des propositions d'investigations à réaliser en classe ou sur le terrain pour y répondre (observations, recherches documentaires).

À la rencontre d'un papillon « grande-tortue ».

Affiner les observations

L'opération papillons

Noé
et Muséum national
d'histoire naturelle
https://media.mdi-editions.com/vb11e

SPIPOLL

Vigie-Nature école
https://media.mdi-editions.com/vb11f

« Ressources utiles », p. 182.

Lors des affûts ritualisés suivants (à effectuer pendant des journées ensoleillées et plutôt chaudes), l'enseignant·e incite les enfants à se concentrer sur les insectes fréquentant les massifs fleuris. Si le secteur habituel n'est pas très propice (forêt, par exemple), on peut envisager d'investir une autre zone, comme un parc ou un jardin très riche en fleurs. On peut s'appuyer sur différents inventaires participatifs, comme l'« opération papillons » (Noé et le Muséum national d'histoire naturelle) ou bien « SPIPOLL » de Vigie-Nature école (Muséum national d'histoire naturelle), un peu plus complexe, dont l'objectif est de photographier tous les insectes qui se posent sur une fleur pendant 20 minutes.

De la même manière que pour les autres temps d'affût, chaque enfant choisit un emplacement où il restera 10 à 20 minutes. L'enseignant·e peut proposer différents angles d'observation, par exemple :

- *Observez les comportements des insectes : qu'est-ce qu'ils font ?*
- *Comptez le nombre d'espèces de papillons et/ou d'abeilles que vous voyez.*
- *Essayez de reconnaître les espèces de papillons les plus courantes.*
- *Identifiez quelques espèces d'abeilles sauvages et/ou de bourdons.*
- *Quelles sont les fleurs qui attirent le plus les insectes ?*

Pour l'identification, on fournira aux élèves des guides et/ou la fiche sur les papillons les plus fréquents au printemps (voir ci-dessous).

LES PAPILLONS LES PLUS FRÉQUENTS AU PRINTEMPS

Azuré

Vulcain

Moro-sphinx

Paon-du-jour

Piérides blanches

Aurore

Les familles de pollinisateurs

L'enseignant·e peut aussi proposer de comparer les animaux observés :

- *Quels sont les points communs et les différences entre ces insectes ?*

Les insectes sont tous munis de 3 paires de pattes et d'une paire d'antennes. Ils diffèrent surtout par le nombre et l'aspect des ailes (mais aussi par la forme des yeux, la présence ou non d'une trompe, etc.).

À la fin de chaque affût, le groupe classe se réunit pour un temps de partage, lors duquel l'enseignant·e peut questionner les enfants :

- *Qu'avez-vous ressenti (étonnement, émerveillement, peur…) ?*
- *Pouvez-vous décrire ce que vous avez observé ?*

« Observer et représenter », p. 61.

Enfin, chaque enfant est incité à garder une trace de ses observations dans son carnet d'explorateur (textes, dessins…). Les papillons sont les plus faciles à représenter par les enfants et peuvent donner lieu à un travail plus fin d'observation.

Comprendre la pollinisation

En réponse aux questions évoquées dans la première partie de l'activité et aux hypothèses des élèves, l'enseignant·e recourt lors d'une séance en classe à des documentaires, sous différentes formes : livres en lecture offerte ou autonome, vidéos.

« Ressources utiles », p. 182.

Il est particulièrement intéressant de proposer des récits mettant en exergue les liens étroits entre pollinisateurs et plantes, et en particulier les adaptations des uns et des autres, leur évolution conjointe.

Dessin réalisé par un enfant de cycle 3 dans le cadre d'une animation organisée par l'association « L'école de la nature » (La Réunion).

PASSONS À L'ACTION !

Accueillir les pollinisateurs

Cette activité est propice à une réflexion sur les actions à mettre en œuvre pour accueillir les pollinisateurs dans la cour ou le jardin de l'école. L'enseignant·e peut ainsi questionner les élèves, en s'appuyant sur leurs observations :

- *Comment pourrions-nous attirer les pollinisateurs dans notre école ?*
- *Est-ce que certaines fleurs sont plus attirantes pour eux que d'autres ? (Exemple : les aromatiques, les carottes sauvages…)*
- *À quel endroit pourrions-nous en semer ou en planter ?*
- *Certains espaces pourraient-ils être laissés « sauvages » (par exemple en limitant les tontes) ?*

Les réponses conduiront à des propositions de plantations (p. 269) ou d'arrêt de la tonte des pelouses dans certaines zones (voir p. 255).

Un coin d'aromatiques pour attirer les pollinisateurs, projet « À l'école de la biodiversité », région Champagne-Ardenne.

12 Des chenilles aux papillons

« De toutes les belles choses
Qui nous manquent en hiver,
Qu'aimez-vous mieux ?
– Moi, les roses ;
– Moi, l'aspect d'un beau pré vert ; […]
– Et moi, les beaux papillons !
Le papillon, fleur sans tige,
Qui voltige,
Que l'on cueille en un réseau ;
Dans la nature infinie,
Harmonie
Entre la plante et l'oiseau !… »

Gérard de Nerval, « Les papillons », dans *Odelettes*, 1853.

De la « misérable » chenille à l'élégant papillon

L'étude du cycle de vie de la chenille au papillon est un grand classique scolaire. Nous vous proposons ici de le revisiter dans le cadre de l'observation de la nature de proximité. C'est tout un monde enthousiasmant qui s'ouvre à vous et à vos élèves.

« Tout papillon, avant d'être la gracieuse créature qui vole de fleur en fleur avec de magnifiques ailes, est une misérable chenille qui rampe péniblement. […] La plupart des insectes se comportent comme les papillons. Au sortir de l'œuf, ils ont une forme provisoire qu'ils doivent remplacer plus tard par une autre. Ils naissent en quelque sorte deux fois : d'abord imparfaits, lourds, voraces, laids ; puis parfaits, agiles, sobres et souvent d'une richesse, d'une élégance admirables. Sous sa première forme, l'insecte est un ver que l'on désigne par le nom général de larve. [...] Les chenilles sont des larves. » (Jean-Henri Fabre, *Récits sur les insectes, les animaux et les choses de l'agriculture*, Actes Sud, 2002.)

Des liens étroits entre les chenilles et les plantes

La plupart des chenilles se nourrissent exclusivement d'une espèce ou de quelques espèces de végétaux, appelées « plantes hôtes », et souvent considérées comme des « mauvaises herbes ». Ainsi, l'ortie offre l'opportunité d'observer le paon-du-jour et plusieurs autres espèces de papillons colorés. Le prunellier et l'aubépine nourrissent les chenilles du flambé. Le nerprun, un arbuste des haies, est indispensable aux chenilles des citrons, les trèfles et genêts aux azurés, etc.

Contrairement aux chenilles, les papillons adultes ont un régime alimentaire plus éclectique et butinent des fleurs riches en nectar de diverses plantes.

INTÉRÊT PÉDAGOGIQUE

Les papillons attirent, fascinent... On s'attriste de leur raréfaction, mais pour les voir en nombre, il faut accepter de laisser se développer les plantes sauvages qui les nourrissent. Ce sont donc de bons ambassadeurs de la préservation de la nature et cette activité comporte de nombreux intérêts.

- Elle permet, à travers un élevage, d'observer leur développement avec métamorphose de la larve (chenille) en adulte (papillon) et d'expérimenter sur leurs besoins alimentaires.
- Elle conduit à mettre en évidence le rôle de végétaux considérés comme étant de « mauvaises herbes » (orties, prunelliers, etc.), et qui sont en réalité des plantes hôtes pour les chenilles des papillons.
- Elle peut servir d'amorce à un projet d'action visant à favoriser l'accueil des papillons dans l'enceinte scolaire.

Préparer l'activité

Cette activité nécessite de prévoir environ un mois et demi pour observer le cycle complet du papillon, de l'œuf à l'adulte. Il est intéressant de la mettre en lien avec les insectes pollinisateurs.

POUR QUI ?

L'étude du cycle de vie des papillons avec la mise en place d'un élevage est très adaptée au cycle 2. À partir du CE2, on peut approfondir les liens d'interdépendance entre les chenilles et leurs plantes hôtes.

QUAND ?

Sept	Oct	Nov	Déc	Janv	Fév	Mars	Avril	Mai	Juin
							●	●	●

Le printemps est la période la plus favorable pour démarrer un élevage.

OÙ ?

On pourra observer des papillons et dénicher des chenilles dans un potager, dans une friche, près de haies. L'élevage sera installé dans la classe.

MATÉRIEL

- Des chenilles (prélevées dans la nature, ou achetées en ligne, en veillant à choisir une espèce de papillon locale, voir p. 190)
- Des pinces pour capturer les chenilles (celles-ci pouvant être urticantes)
- Des feuilles de la plante hôte sur laquelle vivent les chenilles, et d'autres plantes à choisir par les élèves
- Des gants pour récolter les orties
- Un vivarium transparent avec un système de fermeture (ou une boîte en plastique transparente et un voile de tulle pour fermer le côté ouvert)
- Des loupes

RESSOURCES UTILES

« Le papillon : élégant spécialiste du camouflage », *Bestioles*, podcast pour le cycle 2 sur le monde animal, coproduction France Inter et Muséum national d'histoire naturelle. https://media.mdi-editions.com/vb12a

Hier chenilles, aujourd'hui papillons !, Éric Mathivet et Émilie Vanvolsem, éditions du Ricochet, 2017. Documentaire jeunesse, dès 6 ans.

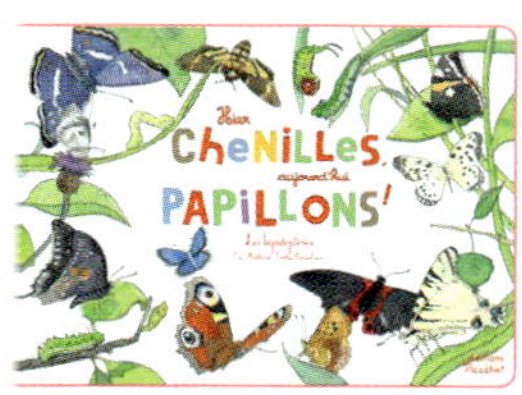

Enfants du soleil : les papillons, Jan Haft, 2017. Film dense, à diffuser sous forme d'extraits, en particulier de 8 min 05 à 10 min 40 et de 23 min 04 à 23 min 45, éventuellement sans le son, les commentaires étant de haut niveau pour les enfants. https://media.mdi-editions.com/vb12b

« Les papillons font leur show », *Salamandre junior*, n° 137, août-septembre 2021.

« Comment élever des papillons chez soi ? », en ligne sur salamandre.org. Présentation d'un dispositif d'élevage. https://media.mdi-editions.com/vb12c

Réaliser l'activité

À la recherche de chenilles

⚠ Certaines chenilles pouvant être urticantes, celles-ci doivent être attrapées sans être touchées, par exemple à l'aide d'une pince.

Lors de sorties dans ou à l'extérieur de l'école, des enfants peuvent remarquer des feuilles percées de trous, ponctuées de petits œufs ou dévorées par des chenilles sur un massif d'orties, une plantation de choux ou d'autres plantes.

Exploration des orties, coin nature de l'école d'Erstroff (Moselle).

L'enseignant·e accompagne alors leur questionnement :

- *Qui mange les feuilles ?*
- *Que vont devenir les œufs, les chenilles ?*

Pour démarrer l'élevage, on peut aussi acheter des chenilles sur internet (en veillant à sélectionner une espèce locale, comme le papillon belle-dame). Celles-ci sont souvent vendues avec des substances nutritives, mais on peut les remplacer par des plantes sauvages (la chenille du belle-dame est polyphage et se nourrit de nombreuses espèces : orties, chardons, mauve, lavande, etc.).

On propose ensuite aux enfants de ramener des rameaux garnis de chenilles à l'école afin d'observer leur évolution, avec l'objectif de relâcher les papillons qui naîtront. Il est aussi possible de récolter des œufs, mais leur identification est plus difficile : ils pourront donner naissance à d'autres insectes.

Pour trouver les chenilles de piéride qui ont mangé ce chou, il faudra aller regarder sous les feuilles. Les chenilles de paon-du-jour, quant à elles, vivent en colonie et sont en général bien visibles sur les orties.

QUELLE EST CETTE CHENILLE SUR LES ORTIES ?

Paon-du-jour

Vulcain

Petite-tortue

Robert-le-diable

D'autres papillons sont présentés p. 184.

Élevons des papillons pour mieux les regarder

L'enseignant·e commence par susciter le questionnement des enfants :

➤ *De quoi les chenilles ont-elles besoin pour vivre et se développer dans un élevage ?*

Le dispositif pour élever des papillons

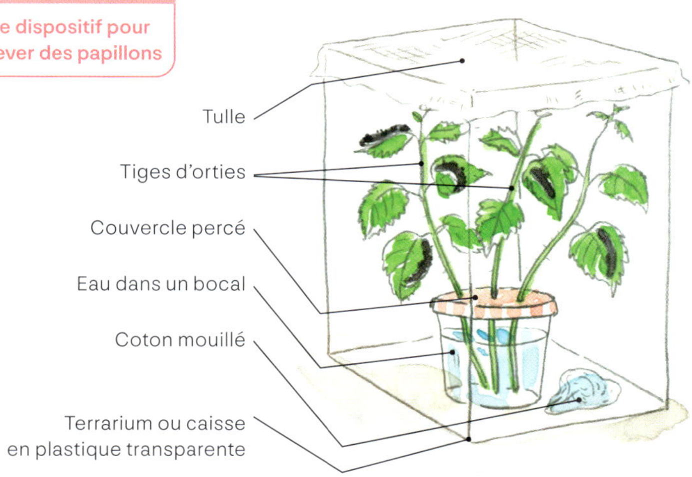

Les élèves savent en général que les chenilles se nourrissent de végétaux : il restera à déterminer quelles feuilles leur procurer.

On met alors en œuvre un dispositif simple d'élevage : on installe les chenilles dans un vivarium (qui doit être couvert pour ne pas perdre les papillons à leur envol), et on y place des plantes pour nourrir les chenilles (les tiges doivent tremper dans des récipients d'eau afin que les feuilles restent fraîches, et on couvre les récipients afin d'éviter la noyade des chenilles). On ajoute également un coton mouillé pour humidifier l'air.

Mener des élevages sur plusieurs espèces de papillons permet de mettre en évidence les différences de régime alimentaire.

On propose différentes plantes et au bout de 2 ou 3 jours, on fait le point sur celles qui sont consommées.

TÉMOIGNAGE

Un élevage à partir de chenilles trouvées sur des orties

« Si vous avez la chance d'avoir des orties pas loin de chez vous, vous y trouverez peut-être des chenilles.

J'en ai récupéré quelques unes qui font le bonheur de mes élèves.

Pour les nourrir c'est très simple, il vous suffira d'aller cueillir des orties et de les mettre dans un pot d'eau avec un couvercle percé (pour que les chenilles ne se noient pas).

Après quelque temps, la chenille se suspend la tête en bas et se transforme en chrysalide, puis en papillon que vous pourrez relâcher dans la nature.

Si vous n'avez pas d'aquarium, ni de cage à papillons, un panier à linge de notre copain le suédois fera très bien l'affaire.

Ce beau papillon qui est né l'année dernière dans ma classe est un paon-du-jour.

Cette année, ce sont des petite-tortue qui sont sortis de leurs chrysalides dorées. »

Source : blog « Mon cahier journal », article du 3 mai 2015, en ligne sur moncahierjournal.canalblog.com.

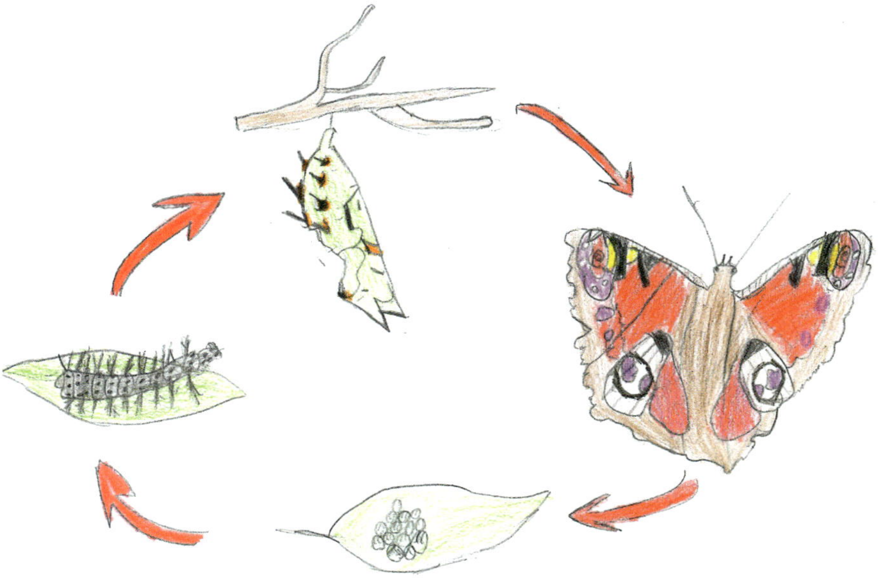

Le cycle de vie du paon-du-jour, dessins réalisés par un élève de CM1.

Observons le cycle de vie du papillon

« Observer et représenter », p. 61.

La durée totale du développement de l'œuf au papillon est d'un mois et demi environ. Des observations régulières sont organisées *a minima* deux fois par semaine avec des dessins d'observation et éventuellement des mesures de la croissance des chenilles. Les enfants peuvent également prendre des photographies.

« Ressources utiles », p. 189.

Ces observations peuvent éventuellement être complétées par le visionnage de vidéos montrant tout le cycle en gros plan et en accéléré.

Au fil du temps, les dessins et/ou photos permettront aux élèves de reconstituer le cycle de vie des papillons en s'inspirant du document ci-dessous. Il est important d'y faire figurer plusieurs stades de croissance de la chenille et des indications relatives aux milieux de vie différents entre les stades larvaires et adultes.

Au cycle 3, des recherches bibliographiques pourront être menées sur d'autres espèces de papillons, leur cycle de vie, leurs préférences alimentaires.

Il est utile de faire un parallèle entre le vocabulaire spécifique au papillon et celui employé pour l'ensemble des insectes, afin de permettre une généralisation : la chenille est la larve des papillons et la chrysalide est la nymphe des papillons. On veille aussi à amener le terme de « métamorphose ».

LE CYCLE DE VIE D'UN PAPILLON

1 Œufs 2 3 4 Plusieurs stades de développement des chenilles 5 Chrysalide 6 Papillon adulte (piéride)

PASSONS À L'ACTION !

Une école accueillante pour les papillons

Lors d'un temps d'observation de la cour de l'école, l'enseignant·e anime un échange sur sa capacité à accueillir des papillons :

➤ *Que manque-t-il pour satisfaire les besoins des papillons aux différents stades de leur vie ?*

Gîte à papillons.

On peut par exemple relever l'absence de plantes (comme les orties pour nourrir les chenilles), de fleurs (que les papillons adultes butinent), d'abris pour l'hiver, etc.

On propose de réfléchir aux transformations à réaliser dans la cour, par exemple : mise en place de prairies fleuries ou installation de gîtes pour les papillons. Ces derniers sont des boîtes comportant des ouvertures en forme de fentes verticales de 1 cm de large et hautes de 5 cm. Il peuvent être fabriqués en bois, à partir de briques de lait garnies de brindilles et d'écorces, ou bien achetés dans le commerce.

Prairie fleurie.

13 Coccinelles, pucerons et fourmis

« C'est moi, la petite coccinelle à 7 points. [...] Les hommes m'ont donné [...] plus de 700 noms populaires différents, dans une cinquantaine de langues ! [...]

De quoi rendre jalouses bien sûr les 129 autres espèces de coccinelles recensées en France et dont personne ne parle jamais. Beaucoup d'entre elles ont pourtant la même carrosserie que moi : ronde, lisse, brillante, rouge ou jaune selon les modèles [...] avec sur [leur] toit 2, 5, 7, 10 [et jusqu'à] 24 points. »

« La coccinelle à 7 points », © Pierre Déom, *La Hulotte*, n° 108.

Tout un écosystème

La coccinelle est sans doute le plus aimé de tous les insectes, à tel point qu'on l'a surnommée « bête à bon Dieu », ce qui en fait une bonne ambassadrice de la protection de la nature. Mais c'est loin d'être le cas de ses deux comparses, les pucerons et les fourmis.

Découvrir les liens intimes entre ces trois animaux est l'occasion de mieux comprendre les relations d'interdépendance au sein d'un écosystème (prédation et coopération) et cela amène à questionner des idées préconçues, comme le fait que certains animaux seraient utiles ou nuisibles.

Des insectes semblables et différents

Chacun des groupes d'insectes (pucerons, fourmis et coccinelles) recouvrent en fait une grande diversité d'espèces.

Les coccinelles appartiennent à la famille des coléoptères, insectes pourvus de deux paires d'ailes, dont l'une d'elles (les élytres) est durcie et cornée et recouvre au repos les ailes postérieures à la façon d'un étui.

Contrairement aux coccinelles, les pucerons et les fourmis sont généralement dépourvus d'ailes, mais il existe aussi des individus ailés. Chez les pucerons, ils apparaissent quand le groupe est nombreux pour aller coloniser d'autres plantes. Chez les fourmis, ce sont les mâles et les futures reines qui sont ailés.

Les pucerons ont la plupart du temps une reproduction particulière, qui les rend très prolifiques : les populations ne sont constituées que de femelles donnant naissance à une centaine de petits pucerons femelles qui se reproduiront à leur tour 10 jours plus tard. Il n'y a ni fécondation, ni production d'œufs. C'est seulement à l'automne que ce mode de reproduction donne naissance à des mâles (identiques génétiquement aux femelles, à l'exception de leur sexe) et qu'une reproduction sexuée produit des œufs qui passeront l'hiver.

Les fourmis sont des insectes de la même famille que les guêpes et les abeilles, (hyménoptères) avec leur célèbre « taille de guêpe ». Ces insectes sociaux forment des colonies, appelées « fourmilières », de quelques dizaines à plusieurs millions d'individus dans lesquelles les rôles sont différenciés (mâles, reines et ouvrières).

INTÉRÊT PÉDAGOGIQUE

Cette activité, à travers l'étude de ces trois insectes communs, permet de balayer des champs notionnels très larges.

- **Elle contribue à construire le concept d'insecte.**
- **Elle permet d'appréhender le cycle de vie de différents groupes d'insectes.**
- **Elle conduit à prendre conscience de la diversité des insectes qu'on appelle « coccinelle ».**
- **Elle donne l'opportunité de découvrir différents modes de relations existant entre des espèces animales (prédation, coopération) et de prendre conscience des vertus de la coopération.**

Préparer l'activité

Pour réaliser cette activité, il faudra partir à la chasse aux pucerons, que les fourmis et coccinelles ne tardent en général pas à rejoindre. On pourra compléter par l'observation d'autres insectes, et mettre en lien le cycle de vie de la coccinelle avec celui du papillon.

POUR QUI ?

Cette activité peut être proposée dès le cycle 2 (en particulier l'étape de l'observation des coccinelles).

QUAND ?

Sept	Oct	Nov	Déc	Janv	Fév	Mars	Avril	Mai	Juin
○	○	○				○	●	●	●

C'est au printemps que prolifèrent les colonies de pucerons, mais on peut observer des coccinelles une grande partie de l'année, à l'exception de l'hiver.

OÙ ?

Près de plantes ou arbres attaqués par les pucerons (dans le jardin ou la cour de l'école, ou bien à proximité).

MATÉRIEL

- Des boîtes-loupes (une par binôme minimum)
- Des vidéos et des récits pour compléter les observations (voir ci-dessous)

RESSOURCES UTILES

MyrmecoFourmis.fr. Un site internet avec de nombreuses images et vidéos de fourmis et de pucerons.
https://media.mdi-editions.com/vb13a

« Coccinelle VS pucerons VS fourmis », *Zapping Sauvage*, YouTube (1 min 54).
https://media.mdi-editions.com/vb13b

« La coccinelle : la vie trépidante de la bête à bon dieu », *Bestioles*, podcast pour le cycle 2 sur le monde animal, coproduction France Inter et Muséum national d'histoire naturelle (10 min).
https://media.mdi-editions.com/vb13c

« La coccinelle à sept points », *La Hulotte*, n° 108 et n° 109.
À proposer en lecture offerte sous forme d'extraits.

« Les coccinelles », *Miniguide de la Salamandre*, n° 110.

« Sur la piste des coccinelles », dossier en ligne sur salamandre.com.
https://media.mdi-editions.com/vb13d

L'affaire coccinelle, Daniel Auclair, La Salamandre, 2015 (30 min).
Film documentaire humoristique sur la vie de la coccinelle vue à travers les yeux des pucerons.

Réaliser l'activité

À la découverte des pucerons

Les pucerons apprécient les végétaux tendres comme les jeunes pousses, les bourgeons, les boutons de fleurs, et affectionnent fèves, haricots, capucines, rosiers, cerisiers...

Au printemps, il est fréquent de trouver des colonies de pucerons qui envahissent des plantes du jardin, des arbres ou des arbustes.

L'enseignant·e peut alors attiser l'intérêt des enfants :

- *Avez-vous remarqué ces petites bêtes ? Connaissez-vous leur nom ?*
- *Sur quelle partie de la plante sont-elles installées ? Que font-elles ?*
- *Comment se porte la plante ?*

Cette observation sur le terrain gagnera à être complétée par le visionnage de photos (voir ci-dessous), permettant de voir les insectes en gros plan.

Les enfants se regroupent par deux ou trois. Munis de boîtes-loupes, ils prélèvent quelques pucerons et les observent plus en détail.

Ensuite, lors d'un temps d'échange, l'enseignant·e laisse les enfants s'exprimer sur leurs découvertes, puis les questionne pour compléter leurs rendus d'observation.

- *Comment sont-ils ?*
- *De quelle couleur sont-ils ?*

On précise si besoin que ces petits insectes s'appellent des pucerons. Puis on note qu'ils ont tous 6 pattes et 2 antennes, sont de couleur vert tendre, gris ou noir, ont ou non des ailes.

On relève que les pucerons sont nombreux, surtout sur les parties jeunes des végétaux (nouvelles tiges vert clair, jeunes feuilles, boutons de fleurs...). Les parties attaquées sont parfois malades, fanées. Les enfants comprennent que les pucerons portent préjudice aux plantes parce qu'ils s'en nourrissent. L'enseignant·e précise que ces animaux sucent la sève des végétaux en enfonçant leur trompe dans les vaisseaux de la plante, ce qui conduit à l'affaiblir.

« Garder trace : le carnet d'explorateur », p. 73.

Enfin, chaque enfant dessine un ou plusieurs pucerons sur son carnet d'explorateur et conserve une trace écrite des échanges.

Les pucerons s'installent en général sur les parties jeunes des végétaux. Il en existe de plusieurs couleurs.

La fourmi, bergère du puceron

Il existe de nombreuses espèces de fourmis, aux couleurs et tailles variées. Si on en trouve de différentes sortes, cela peut être l'occasion d'attirer l'attention des enfants sur la biodiversité.

Lors d'une autre visite aux colonies de pucerons, on axe l'observation sur le manège des fourmis qui circulent le long du tronc ou des tiges et s'agitent près des pucerons :

Que font les fourmis ?

Les enfants se rassemblent par petits groupes pour observer plus en détail.

Les fourmis caressent les pucerons pour obtenir leur miellat.

Lors d'un temps d'échange, on explique que les fourmis se nourrissent des excréments liquides et visqueux des pucerons (le miellat), dont elles obtiennent des gouttes en les caressant de leurs antennes. En contrepartie, les fourmis défendent, nettoient et protègent les pucerons.

Si on dispose de deux arbustes voisins attaqués par des pucerons, on peut réaliser une petite expérience : on place sur l'un d'eux un collier de glu (commercialisé en jardinerie), qui forme une barrière difficile à franchir pour les fourmis. Les prédateurs des pucerons pourront alors plus facilement venir les manger et leur nombre décroîtra au bout de quelques jours ou semaines.

Une bande collante servant de piège à fourmis.

L'exemple de la relation entre la fourmi et le puceron fournit une occasion d'introduire la notion de « coopération » et d'amener les enfants à y réfléchir :

- *Connaissez-vous d'autres exemples de coopération dans la nature ?*
- *Et chez les humains ?*

« Les insectes pollinisateurs », p. 179, et « Des graines qui font voyager les plantes », p. 135.

On peut par exemple citer la pollinisation, les graines transportées par les oiseaux ou bien encore l'entraide chez les humains.

Enfin, les enfants prélèvent quelques fourmis pour les observer à l'aide de boîtes-loupes et les dessiner, puis on compare les dessins de pucerons et ceux de fourmis.

« Observer et représenter », p. 61.

On met en valeur leurs points communs et leurs différences : tous deux possèdent 6 pattes et 2 antennes, car ils font partie des insectes. Chez la fourmi, on distingue très nettement les trois parties du corps (tête, thorax et abdomen), alors qu'elles sont soudées chez les pucerons.

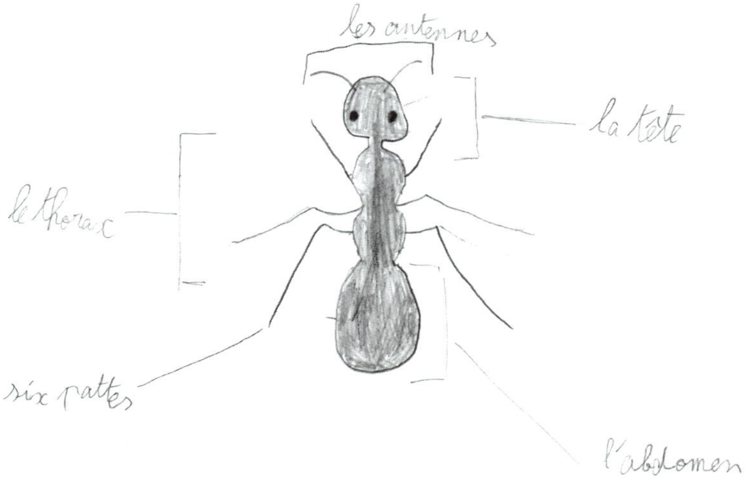

Dessin réalisé par un enfant de cycle 3

La coccinelle, bourreau du puceron

La mise en place d'un élevage de coccinelles, à partir d'animaux prélevés dans la nature ou de kits du commerce, permet d'observer facilement son cycle de vie.

Le cycle de vie de la coccinelle

Les enfants peuvent également remarquer la présence de coccinelles sur les colonies de pucerons, ou bien de larves noires avec des taches orangées, hirsutes, pleines de bosses et de poils : ce sont les larves des coccinelles, bien qu'elles leur ressemblent fort peu.

Coccinelle à 7 points (à gauche) et sa larve (à droite).

C'est l'occasion de questionner les élèves :

» *À votre avis, que font ces coccinelles ici ?*

Des observations permettent de constater qu'elles ont un rôle de prédateur vis-à-vis des pucerons. L'enseignant·e peut préciser que les coccinelles sont utilisées en agriculture dans le cadre d'une lutte biologique contre les pucerons.

« Observer et représenter », p. 61.

Puis les enfants capturent des coccinelles pour les observer à l'aide de boîtes-loupes et les dessiner.

Lors d'un regroupement, on compare ensuite avec les dessins de pucerons et de fourmis, afin de faire apparaître les points communs qui caractérisent les insectes.

On note aussi les spécificités de la coccinelle, en particulier la présence de 2 paires d'ailes, dont une est durcie (élytres), ce qui caractérise les coléoptères.

Il est assez facile, même en cycle 2, d'identifier les principales espèces de coccinelles.

On compte le nombre de points noirs dessinés par les enfants, on vérifie si cela correspond à la réalité et on se demande si toutes les coccinelles en possèdent la même quantité.

La consultation d'un document d'identification permet de faire apparaître la diversité de cette famille, dont les espèces se différencient en général par leur couleur et leur nombre de points.

LES COCCINELLES LES PLUS COURANTES

Coccinelle à 7 points

Coccinelle à 2 points

Coccinelle à 22 points (ou coccinelle jaune)

Coccinelle à virgule

« Ressources utiles », p. 197.

Des lectures documentaires, par exemple une lecture offerte d'extraits de *La Hulotte* contribueront à enrichir les connaissances sur le mode de vie de cet animal.

On pourra par exemple découvrir pourquoi, juste après la métamorphose, la coccinelle est pâle et dépourvue de points, comment elle hiberne, quel et ce jus orange qu'elle fait parfois jaillir pour se défendre...

PASSONS À L'ACTION !

Accueillir des coccinelles, mais pas toutes seules !

L'enseignant·e commence par interroger les enfants :

» *Souhaitez-vous accueillir plus de coccinelles, de fourmis et de pucerons dans la cour de l'école ?*

Il y a fort à parier que les coccinelles seront plébiscitées, à l'inverse des deux autres insectes, qui seront rejetés.

On questionne alors les enfants sur ce dont les coccinelles ont besoin pour vivre dans de bonnes conditions : il leur faut des ressources pour se nourrir, des lieux pour se reproduire, se réfugier, passer l'hiver... L'utilité des pucerons pour nourrir les coccinelles et des fourmis qui les protègent apparaît alors... nouvelle preuve de l'interdépendance des espèces. Aucune d'elle n'est utile ou nuisible, chacune a sa place.

À noter que chaque espèce de puceron attaque généralement une plante ou une culture spécifique, bien qu'il existe des espèces généralistes qui envahissent plusieurs types de végétaux en même temps. Il est donc intéressant de laisser se développer des colonies de pucerons sur des plantes sauvages afin de maintenir une population de coccinelles prête à attaquer les pucerons des plantes potagères.

Un gîte à coccinelles.

On réfléchit ensuite à des solutions d'aménagements pour abriter les coccinelles (en particulier durant leur hivernage), par exemple : un paillage de feuilles mortes, des fagots, ou encore des gîtes dédiés.

14 Les oiseaux à la mangeoire

« Messieurs les petits oiseaux,
On vide ici les assiettes ;
Venez donc manger les miettes,
Les chats n'auront que les os.

Messieurs les oiseaux sont priés
De vider les écuelles,
Et Mesdames les souris
Voudront bien rester chez elles.

C'est le temps des grandes eaux,
Le pain est dans la mangeoire,
Venez donc manger et boire,
Messieurs les petits oiseaux. »

Victor Hugo, « Messieurs les petits oiseaux »,
dans *L'Art d'être grand-père*, 1877.

Une mangeoire pour mieux observer

La mise en place d'une mangeoire pour les oiseaux dans la cour de l'école est une action relativement simple, à la fois éducative, puisqu'on engage les enfants dans une action d'aide aux animaux en hiver, mais surtout pédagogique, puisqu'elle permet des observations faciles, sources d'émerveillement. On pourra ainsi voir des oiseaux qui se montrent beaucoup plus discrets le reste de l'année, souvent des oiseaux colorés comme le pinson ou le chardonneret, dont on ne soupçonne pas la présence sous nos latitudes.

L'identification des espèces est relativement aisée et les ressources nombreuses.

Nourrir les oiseaux : pourquoi, comment ?

Dans l'absolu, les oiseaux de nos régions sont adaptés aux conditions climatiques qui y règnent. L'hiver est cependant une période critique, car le froid augmente sensiblement leurs besoins énergétiques tandis que les sources de nourriture sont plus rares. Certaines espèces, les insectivores en particulier, migrent vers le sud (comme les hirondelles et les martinets, voir p. 211). D'autres, plus sédentaires, demeurent en France (ou arrivent des pays plus nordiques) et se mettent en quête de graines, baies et petits fruits. C'est le cas des mésanges, des pinsons ou des merles.

Les ressources alimentaires hivernales sont plus rares qu'autrefois, du fait de l'artificialisation croissante des milieux (urbanisation, destruction des haies ou de la végétation spontanée, etc.). Le nourrissage peut donc venir en compensation de ces dégradations causées par l'homme. Il convient cependant de prendre des précautions, tant sur les conditions de mise en œuvre que sur les aliments proposés (voir p. 207). Ainsi, l'installation d'une mangeoire est un engagement sur toute la durée de la mauvaise saison.

Ce n'est cependant pas une solution totalement optimale, car elle crée une dépendance des oiseaux vis-à-vis de l'homme. La meilleure aide qu'on puisse apporter aux oiseaux est de conserver les haies, les friches, les végétaux montés en graine, et de planter des arbustes locaux comme l'aubépine, ou du lierre (voir p. 129), en bref de protéger et récréer des milieux naturels.

INTÉRÊT PÉDAGOGIQUE

La mise en place d'une mangeoire est une action concrète en faveur de la biodiversité, qui aurait pu trouver sa place dans la partie « Passer à l'action » (voir p. 241). Nous avons choisi d'insister ici sur son intérêt en tant que dispositif pédagogique. Cette activité est simple à mettre en place et captive les enfants.

- **Elle favorise l'observation et la connaissance des oiseaux, dont les plus courants pourront être identifiés.**
- **Elle est l'occasion de s'interroger sur leurs préférences alimentaires.**

Préparer l'activité

La mise en place d'une mangeoire est un des moyens les plus simples d'amener les oiseaux au plus près des enfants. Cette activité peut s'articuler avec celle sur les animaux en hiver et pourra être poursuivie au printemps par l'observation d'espèces revenues de migration, comme les hirondelles et les martinets.

POUR QUI ?

Il s'agit d'une activité très adaptée aux enfants de cycle 2.
Au cycle 3, on pourra effectuer des observations plus fines, étudier les variations des populations au fil du temps et les comportements des oiseaux.

QUAND ?

Sept	Oct	Nov	Déc	Janv	Fév	Mars	Avril	Mai	Juin
		●	●	●	●	●			

Les mangeoires seront mises en place lors des premiers jours de gel (novembre), puis le nourrissage sera arrêté progressivement au mois de mars quand le temps se radoucit. Il n'est pas conseillé de nourrir les oiseaux au printemps et en été, car beaucoup d'entre eux deviennent insectivores à cette saison, et cela risquerait de créer une relation de dépendance pour les jeunes oiseaux de l'année, qui doivent apprendre à se nourrir par eux-mêmes.

OÙ ?

Cette activité est possible partout, même si on observera moins d'espèces en milieu urbain qu'en milieu rural.

MATÉRIEL

- Une (ou des) mangeoire(s), achetée(s) dans le commerce ou construite(s) en classe (voir « Ressources utiles », ci-dessous)
- Des graines de tournesol bio pour tout l'hiver (10 kg minimum, vendues par exemple par la LPO) et d'autres aliments (voir p. 207)
- Éventuellement, des jumelles et/ou une longue-vue
- Les carnets d'explorateur des enfants (voir p. 73)

RESSOURCES UTILES

Des plans de mangeoires à construire, en ligne sur mangeoires.nichoirs.net.
https://media.mdi-editions.com/vb14a

Un poster des oiseaux de jardin, Vigie-Nature, programme du Muséum national et de la LPO.
https://media.mdi-editions.com/vb14b

BirdLab, une application avec un protocole et des jeux pour apprendre à connaître les oiseaux des mangeoires, Muséum national d'histoire naturelle.
https://media.mdi-editions.com/vb14c

L'oiseau sur la branche, Anne Crausaz, éditions MeMo, 2014.

Oiseaux.net, le site de référence pour l'identification des oiseaux.
https://media.mdi-editions.com/vb14d

Des fiches d'identification des oiseaux des jardins, réalisées par le Muséum national d'histoire naturelle et la LPO, en ligne sur oiseauxdesjardins.fr.
https://media.mdi-editions.com/vb14e

Réaliser l'activité

La mise en place des mangeoires

Lors d'un projet sur les animaux en hiver (voir p. 219), on peut soulever l'intérêt des mangeoires pour aider les oiseaux lorsqu'il fait froid.

On commence par questionner les enfants sur ce qu'ils connaissent déjà concernant le nourrissage des oiseaux : les modèles de mangeoires, la nourriture proposée, les précautions à prendre, etc.

Quelles mangeoires choisir ?

Selon le niveau des enfants, on peut leur proposer de faire des recherches documentaires sur les différents types de mangeoires ou leur montrer des images de modèles variés, puis les questionner :

- *Quelles sont les différences entre ces mangeoires ?*
- *Lesquelles vous semblent les plus pratiques pour les oiseaux ?*
- *Dans quelle matière sont-elles construites ?*

Des modèles de mangeoires faciles à construire sont proposés dans les « Ressources utiles », p. 205.

Il est souvent nécessaire de clarifier la différence entre mangeoires et nichoirs : les premières sont destinées à nourrir les oiseaux en hiver, les seconds servent à la nidification au printemps.

QUELQUES EXEMPLES DE MANGEOIRES

Idéalement, les mangeoires doivent comporter un rebord afin d'éviter que les graines ne tombent, un fond troué pour éviter la stagnation de l'eau, un toit pour protéger la nourriture des intempéries (pluie, neige), et un dispositif permettant aux oiseaux de se poser ou de s'agripper. On évitera au maximum l'usage de matières plastiques (bouteilles d'eau, filets autour des boules de graisse, etc.) qui finiront par se dégrader en petits morceaux, occasionnant une source de pollution.

Enfin, il est conseillé de répartir plusieurs petites mangeoires plutôt que de concentrer un grand nombre d'oiseaux sur une seule afin d'éviter la propagation de maladies.

Quel est le meilleur emplacement ?

L'enseignant·e commence par questionner les enfants :

➤ *À votre avis, quel serait l'endroit idéal pour installer les mangeoires à l'école ?*

Pour que les enfants puissent regarder facilement les oiseaux, les mangeoires doivent être visibles depuis un poste d'observation (la classe ou autre). Il faut également que les oiseaux y soient en sécurité : il faut donc éloigner les mangeoires des fenêtres (risque de collision contre les vitres), et les rendre peu accessibles aux chats. L'idéal est de les installer dans un endroit dégagé.

S'il n'y a pas d'arbre, on pourra installer un piquet ou un trépied de support pour fixer la mangeoire.

La présence de perchoirs (piquets, arbres…) à proximité sera favorable, car les oiseaux aiment s'y poser avant et après le passage à la mangeoire.

Quelle nourriture pour les oiseaux ?

Voici un beau sujet d'expérimentation, envisageable dès le cycle 2 : on installe plusieurs mangeoires avec des aliments différents dans chacune d'entre elles afin de comparer les préférences alimentaires des espèces. Attention cependant à ne pas perdre de vue l'objectif d'aider les oiseaux et de ne pas leur nuire en leur proposant de la nourriture totalement inappropriée. Pour la même raison, on choisira des aliments bio.

Les **graines de tournesol noires** (non grillées, non salées) sont ce qu'il y a de plus adapté et répond le mieux aux besoins des oiseaux en hiver.

On peut également proposer :

➤ d'autres **graines**, comme des **cacahuètes** (non grillées et non salées) et du **maïs concassé** ;

➤ un pain de **graisse végétale** simple (ou bien mélangé avec des graines, des fruits rouges ou des insectes) ;

➤ des **amandes**, **noix**, **noisettes** (non grillées et non salées) ;

➤ des **fruits décomposés** (pomme, poire flétrie, raisin) ;

➤ des **fruits sauvages** (aubépine, sorbier, alisier…).

Les produits du commerce ne sont pas toujours adaptés : vérifiez qu'ils ne contiennent pas de graisse animale, qu'il n'y ait pas de filets en plastique, et évitez les mélanges de graines très bon marché composés de pois, de lentilles et de riz.

Les pommes et les poires flétries attirent les merles et les grives, tandis que les gros fruits secs comme les noix et les noisettes sont favorables aux gros oiseaux, tels que les geais ou les pies.

« Installer des points d'eau », p. 277.

Enfin, il faudra compléter la mangeoire par un point d'eau à proximité.

L'observation des oiseaux

Il faut parfois du temps avant que les oiseaux des alentours repèrent la mangeoire. Ils seront aussi moins nombreux si la météo est clémente, mais arriveront en nombre dès qu'il fera froid.

On installe un poste permanent dans la classe ou l'école, avec des jumelles ou une longue-vue à disposition (plus facile d'usage que les jumelles), des outils d'identification (affiche, livre) et un support (cahier, tableau, etc.) pour noter les observations (date, heure, espèce, nombre...).

Les enfants fréquentent ce poste par petits groupes selon un calendrier défini à l'avance ou en accès libre selon des règles préétablies (pas plus de trois enfants, par exemple).

Observation à l'aide de jumelles, école de Genay (Rhône).

On propose aux enfants d'essayer d'identifier les oiseaux qui viennent se nourrir, à partir de documents d'identification simples (voir page suivante).

En cycle 3, l'observation peut être affinée sur la base de différents questionnements :

➤ *Combien d'oiseaux visitent la mangeoire chaque jour ? Combien d'espèces différentes observez-vous ? Y a-t-il des moments de la journée où il y en a plus (et à l'inverse moins) ?*

Le nombre d'oiseaux peut être très variable selon les heures de la journée, au fil des jours et des semaines.

Voici une belle opportunité pour construire un histogramme en mathématiques !

➤ *Tous les oiseaux passent-ils autant de temps à la mangeoire ?*

On peut chronométrer sur une durée de 5 minutes le temps passé à la mangeoire par chaque oiseau (depuis les mésanges qui font des visites éclair jusqu'aux verdiers ou chardonnerets qui prennent leur temps !). On peut aussi dénombrer les passages de chaque espèce à la mangeoire en 5 minutes.

➤ *Quels sont les comportements des différents oiseaux ?*

Certaines espèces chassent les autres (ex : les verdiers), d'autres acceptent mieux le partage (ex : les tourterelles).

Les classes équipées de tablettes pourront participer au programme de sciences participatives BirdLab (Muséum national d'histoire naturelle), visant à observer le comportement des oiseaux à la mangeoire en temps réel.

LES ESPÈCES LES PLUS FRÉQUENTES SUR LES MANGEOIRES

Voici les espèces que l'on observe le plus couramment sur les mangeoires (il peut toutefois y avoir des spécificités locales). Les mésanges charbonnières et bleues sont de loin les plus assidues, tandis que les sittelles sont plus rares. Des documents d'identification plus complets sont proposés dans les « Ressources utiles » (voir p. 205).

Mésange charbonnière

Mésange bleue

Rouge-gorge familier

Moineau domestique

Verdier d'Europe

Chardonneret élégant

Pinson des arbres

Tourterelle turque

Sittelle torchepot

LES MOTS DES ENFANTS

« En hiver avec l'école on a décidé de faire une mangeoire. Dedans, il y avait souvent des mésanges nonettes, mésanges charbonnières, mésanges bleues, rouges-gorges, sittelles et pinsons des arbres. Mais les oiseaux ont leurs habitudes, par exemple les mésanges et les rouges-gorges mangent en bas et en haut. Les pinsons mangent souvent en haut. Les moineaux s'installent sous les tuiles de Monsieur Hallu, on les voyait beaucoup dans les arbres mais ils ne venaient jamais manger dans la mangeoire. On a remarqué des coquilles de graines dans les arbres et on pense que c'est parce qu'ils emmènent leurs graines dans les arbres pour les y coincer et casser la coquille avec leur bec pour manger ce qu'il y a à l'intérieur. »

Texte d'une élève de CE2 publié dans le journal de l'école élémentaire de Boulc (Drôme).

« Garder trace : le carnet d'explorateur », p. 73.

Une fois que les enfants auront observé des espèces d'oiseaux à proximité, ils les repèreront plus facilement à distance et dans des conditions plus difficiles (dans le couvert végétal, par exemple).

En parallèle, les enfants sont invités à dessiner sur leur carnet d'explorateur, raconter leurs observations (description des oiseaux, de leurs comportements, etc.), exprimer leurs émotions devant ces observations, poser les questions que les observations suscitent, ce qui pourra donner lieu à des recherches documentaires pour affiner les connaissances.

Il est aussi intéressant d'aller observer les oiseaux identifiés à la mangeoire en milieu naturel, par exemple dans des friches ou des haies comportant des arbustes garnis de baies, des plantes montées en graine, du lierre, etc.

PASSONS À L'ACTION !

Offrir le gîte et le couvert

Il s'agit ici de conduire les enfants à percevoir l'importance de proposer aux oiseaux des sources de nourriture « naturelle » produite par des écosystèmes diversifiés.

L'enseignant·e amène les enfants à prendre du recul par rapport aux actions de nourrissage :

- *De quoi se nourrissent les oiseaux l'hiver si l'homme n'intervient pas ?*
- *Si j'étais un oiseau, une mésange (ou autre)..., de quoi aurais-je besoin pour passer l'hiver dans un jardin ou une cour d'école ?*

Il est ainsi assez facile de pointer les carences de ces espaces en graines et en fruits.

- *Comment faire pour que les oiseaux disposent de plus de nourriture naturelle en hiver ?*

Bien entendu, une des premières réponses est d'envisager des semis (tournesol, par exemple) et des plantations d'arbustes à baies ou de préserver le lierre.

Photographies d'oiseaux mangeant des baies et des graines

En lien avec le thème de la pelouse en liberté (voir p. 255), on aide les enfants à prendre conscience de la nécessité de laisser les plantes sèches pendant l'hiver, car elles sont souvent porteuses de graines.

Des photos d'oiseaux consommant des baies et graines sauvages peuvent corroborer ce propos.

Ce chardonneret élégant se nourrit de graines de cardère et ce merle de baies de lierre.

15 Hirondelles et martinets

« On m'a dit qu'une hirondelle
Ne faisait pas le printemps
Et moi je dis que c'est elle
Sinon, qui le ferait donc ?

Je l'ai vue avec son aile
Qui taillait dans le ciel blanc
Un grand morceau de dentelle
Où venait jouer le vent.

Ce n'était qu'une hirondelle
Un oiseau noir et blanc
Et pourtant je n'ai vu qu'elle
Et j'ai le cœur tout content.

On dit que les demoiselles
Font la pluie et le beau temps
Moi je dis qu'une hirondelle
Fait l'avril et le printemps. »

Pernette Chaponnière, « L'hirondelle », dans *Petites poésies des quatre saisons*, 1948.

Des oiseaux proches des humains

Ces oiseaux, qui nichent essentiellement dans le bâti, sont très liés à l'homme. En milieu urbain, les martinets peuplent de leurs cris aigus les jours d'été. Les hirondelles de fenêtre se rencontrent aussi fréquemment en ville, tandis que l'hirondelle rustique est plus liée au monde rural.

Où que soit située l'école, il est fort probable que l'un ou l'autre de ces oiseaux vive dans ses parages. Levons donc les yeux, ouvrons nos oreilles et allons à la rencontre de ces animaux remarquables.

C'est en effet dans le ciel qu'on a le plus de chance d'observer le martinet noir. Il passe la majorité de son temps en vol : il y dort, s'y accouple et s'y nourrit, ne se posant que lors de la nidification.

Les hirondelles, quant à elles, utilisent l'espace aérien surtout pour chasser des insectes. On pourra plus facilement observer l'hirondelle de fenêtre au bord de son nid sous les avant-toits des maisons ou des immeubles et l'hirondelle rustique posée sur des fils électriques.

Des voyageurs hors-pair

Les hirondelles constituent le symbole de la migration des oiseaux. Leur arrivée printanière et leur présence estivale sont remarquées et inscrites dans la tradition populaire (comme dit l'adage, « une hirondelle ne fait pas le printemps »...). On observe encore (même si c'est aujourd'hui plus rare) leurs regroupements préalables à leur départ automnal. Ce petit animal est capable de parcourir 10 000 km pour rejoindre le sud de l'Afrique, franchissant la Méditerranée et le Sahara.

Le martinet effectue le même voyage, mais avec plus de discrétion, et son séjour dans nos contrées est plus court : il arrive en avril et repart dès juillet, alors que les premières hirondelles arrivent en mars et peuvent être présentes jusqu'en septembre.

Le phénomène de migration, dont les trajets ont été mis à jour grâce au baguage des oiseaux, est une adaptation à la pénurie des ressources alimentaires dans l'hémisphère nord durant la saison hivernale. Les hirondelles et les martinets se nourrissent en effet d'insectes volants, rares chez nous à la saison froide, alors qu'ils sont abondants en Afrique.

Des oiseaux à protéger

Les populations d'hirondelles et de martinets sont en déclin à cause de l'intensification de l'agriculture, qui entraîne une diminution de la quantité d'insectes dont elles se nourrissent, et de l'artificialisation des sols, limitant le nombre de flaques et de mares qui leur fournissent de la boue pour construire leur nid. De plus, les conditions d'hivernage en Afrique deviennent aussi moins favorables, à cause du réchauffement climatique qui multiplie les épisodes de sécheresse. Enfin, les façades des bâtiments modernes sont aussi souvent moins propices à l'installation des nids, d'où l'intérêt d'installer des nichoirs.

INTÉRÊT PÉDAGOGIQUE

Les hirondelles et les martinets sont des oiseaux migrateurs souvent connus des élèves et fréquents dans les zones habitées (villages, villes). Cette activité est l'occasion d'apprendre à distinguer ces espèces, souvent confondues.

➤ Elle permet d'approfondir la connaissance du mode de reproduction des oiseaux, ainsi que l'adaptation de leur rythme d'activités aux variations saisonnières du milieu (migrations).

➤ Elle conduit à travailler sur le sentiment d'empathie, à travers l'imagination des aventures de ces oiseaux lors de leurs voyages.

Préparer l'activité

Cette activité nécessite d'identifier au préalable la présence d'hirondelles ou de martinets à proximité de l'école. Il s'agit d'une thématique en lien avec celle des animaux en hiver, la migration étant une stratégie pour résister à la saison froide.

POUR QUI ?

Ce sujet est accessible aux plus jeunes enfants. Au cycle 3, il est possible d'approfondir la connaissance des espèces, en particulier de leur migration.

QUAND ?

Sept	Oct	Nov	Déc	Janv	Fév	Mars	Avril	Mai	Juin
○						○	●	●	●

Dès mars pour les hirondelles rustiques, pas avant avril pour les hirondelles de fenêtre et les martinets. Ces derniers repartent en Afrique dès juillet, alors qu'on peut encore observer les deux espèces d'hirondelles en septembre.

OÙ ?

Près d'un bâtiment accueillant des nids à proximité de l'école. Ceux des hirondelles de fenêtre sont visibles sous les avant-toits et les fréquents va-et-vient des oiseaux sont dans tous les cas un bon indice de leur nidification.

MATÉRIEL

- Des jumelles et/ou une longue-vue
- Des documentaires (voir « Ressources utiles », ci-dessous)
- Les carnets d'explorateur des enfants (voir p. 73)

RESSOURCES UTILES

Les martinets se cachent pour dormir, Franco Sacchetti, La Salamandre, 2021. À partir de 8 ans, documentaire entre BD et roman graphique.

« Sauvons les hirondelles », *La minute nature de la Salamandre*, n° 13 (2 min 58). https://media.mdi-editions.com/vb15a

« Martinet au septième ciel », *La minute nature de la Salamandre*, n° 48 (5 min 15). https://media.mdi-editions.com/vb15b

« Webcam dans un nid de martinet noir, 24/7 ! », salamandre.org. https://media.mdi-editions.com/vb15c

Le grand voyage d'une hirondelle : journal d'un oiseau migrateur, Pavel Kvartalnov et Olga Ptashnik, Rue du Monde, 2020. Pour le cycle 2.

La Hulotte : « Le retour des hirondelles » (n° 58), « La construction des nids d'hirondelle » (n° 60), « L'hirondelle en pénitence » (n° 62), « Les ennemis de l'hirondelle » (n° 64), « Le grand bourreau gris des hirondelles » (n° 67), « Le départ des hirondelles et leur grande migration » (n° 70), « Le martinet noir : l'arbalétrier » (n° 78) et « Les cent jours du martinet » (n° 79).

PDF **« Fabriquer un nid "fait maison" pour les hirondelles »**, fiche technique de Picardie Nature. https://media.mdi-editions.com/vb15d

Réaliser l'activité

À la découverte des hirondelles et des martinets

On pourra prévoir, pour compléter les observations, des photographies à montrer aux enfants, en particulier pour les martinets, plus difficiles à observer car toujours en vol.

L'enseignant·e saisit la moindre opportunité pour focaliser l'attention des élèves sur ces oiseaux : des hirondelles posées sur un fil, un vol rapide de martinets, leur cri strident dans la ville…

➤ *Connaissez-vous ces oiseaux ? Que savez-vous d'eux ?*

Puis on invite les enfants à partager ce qu'ils savent ou croient savoir : les espèces, leurs modes de vie, etc. Des noms seront sans doute énoncés : hirondelle, peut-être martinet…

C'est l'occasion de questionner les enfants :

➤ *Qu'est-ce qui permet de reconnaître ces oiseaux ? Leur forme ? Leurs couleurs ? Leur manière de voler ? Leurs cris, leurs chants ? …*

Puis on propose de les observer (en particulier les hirondelles), éventuellement à l'aide de jumelles ou d'une longue-vue.

Observation à l'aide de jumelles, école de Genay (Rhône).

Lors d'un temps d'échange, on compare les observations des uns et des autres afin de se mettre d'accord. Si nécessaire, on peut mener une seconde observation.

« Ressources utiles », p. 213.

Pour vérifier, on propose de consulter des documents d'identification. Il est également utile de visionner des documentaires et d'écouter des enregistrements de chants.

« Garder trace : le carnet d'explorateur », p. 73.

Enfin, les enfants dessinent l'oiseau observé et/ou le décrivent dans leur carnet d'explorateur.

HIRONDELLES OU MARTINETS ?

HIRONDELLE DE FENÊTRE

VUE DE DESSUS

- Noir bleuté, à l'exception du croupion blanc

VUE DE DESSOUS

- Ventre et gorge blancs
- Queue peu échancrée sans filet

NID

- À l'extérieur des bâtiments, plaqué contre le plafond
- Petite ouverture

CHANT

HIRONDELLE RUSTIQUE

VUE DE DESSUS

- Entièrement noir bleuté

VUE DE DESSOUS

- Queue avec deux longs filets
- Front et gorge rouge brique
- Ventre blanc

NID

- À l'intérieur des bâtiments
- En coupe largement ouverte vers le haut

CHANT

MARTINET NOIR

DESCRIPTION

- Oiseau de plus grande taille
- Longues ailes étroites en forme d'arc
- Entièrement sombre

CHANT

NID

- Construction de plumes et de matières végétales
- Dans les fissures, sous les toits, rarement visible

On peut aussi s'intéresser de plus près au vol de ces oiseaux :

- *Comment se déplacent-ils ? Est-ce qu'ils filent ? Est-ce qu'ils planent ?*
- *Voudriez-vous voler comme eux ? Pourquoi ?*
- *Pourquoi volent-ils ainsi ?*
- *Où vont-ils ? D'où viennent-ils ?*

Cette thématique est l'occasion de mener un atelier d'empathie (voir p. 91) à partir de la question : « Que peut ressentir un martinet/une hirondelle quand il/elle vole ? »

On pourra observer que les martinets ont un vol très rapide, en partie plané, alors que les hirondelles battent plus leurs ailes et virevoltent à moindre allure.

LES MOTS DES ENFANTS

« J'ai la queue avec deux pointes. J'ai un bec noir. Qui suis-je ?»

Réponse : l'hirondelle.

Devinette et dessin d'un enfant de CE1 de l'école d'Erstroff (Moselle).

Observons les nids au moment de la reproduction

Les hirondelles de fenêtre

Leurs nids sont bien visibles, même sans matériel optique, ce qui favorise leur observation en classe entière ou par petits groupes.

On peut aussi faire découvrir aux enfants la technique de fabrication ou de rénovation de nids anciens (voir « Ressources utiles », p. 213).

Cela peut donner lieu à différents questionnements, par exemple :

- *Comment sait-on qu'un nid d'hirondelles est occupé ?*
- *Combien de temps les hirondelles couvent-elles ?*
- *Comment sont leurs œufs ?*
- *Qui nourrit les bébés ?*
- *Au bout de combien de temps les bébés s'envolent-ils du nid ?*

On peut aussi dénombrer les nids occupés et les nids abandonnés, ou tout simplement s'émerveiller de l'intense activité des hirondelles, de leurs va-et-vient incessants.

Pour vérifier que le nid est occupé, on peut noter la présence des oiseaux, des taches de fientes blanches…

Début mai, la femelle pond 3 à 5 œufs blancs que les deux parents couvent pendant 2 semaines. Les poussins restent ensuite au nid pendant 3 semaines, mais les parents veillent à leur progéniture jusqu'à ce que les jeunes soient autonomes.

Un suivi hebdomadaire permet d'observer l'évolution de la nidification, avec l'espoir de voir apparaître la tête des oisillons plus gros dépassant du nid avant l'envol.

Les martinets

Leurs nids sont cachés sous les toits et il n'est guère possible de les voir. En revanche, on peut suivre en direct l'évolution d'une nichée grâce à des webcams placées dans un nid par des ornithologues. Cet outil permet d'entrer dans l'intimité de la vie de l'oiseau et constitue une bonne façon de le connaître.

Webcam dans un nid de martinet noir

La Salamandre
https://media.mdi-editions.com/vb15c

Un martinet dans son nid, visible grâce à une webcam.

Chaque femelle martinet pond 2 à 3 œufs blancs et allongés, que les deux parents couvent pendant 3 semaines. Le séjour des jeunes au nid est long, presque 6 semaines. Dès leur envol, ils doivent se débrouiller pour apprendre à chasser, car leurs parents ne s'en occupent plus, et ils entament même parfois la migration vers le sud lors de leurs premiers vols.

Mieux connaître la migration

Où vont les hirondelles et les martinets en hiver ?

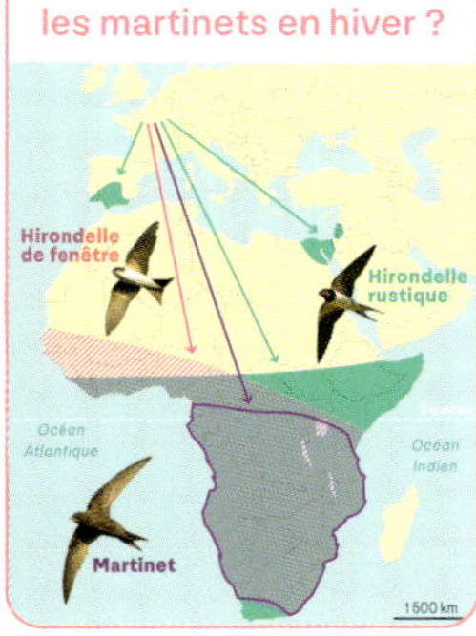

« Ressources utiles », p. 213.

Si la question de la migration n'est pas évoquée spontanément par les enfants, l'enseignant·e amène le sujet :

- *Peut-on voir ces oiseaux toute l'année ?*
- *Que font-ils pendant l'hiver ?*

Les hirondelles et les martinets sont chez nous au printemps et en été. Puis ils partent pour passer l'hiver en Afrique.

On propose ensuite aux élèves de se mettre à la place d'un de ces oiseaux et de raconter son voyage. Les plus jeunes font une narration orale en petits groupes que l'enseignant·e note sur une affiche. Les plus grands produisent des textes individuels par écrit. Certains sont ensuite lus à la classe.

L'enseignant·e liste les idées émises dans les récits et suggère ensuite de vérifier si elles correspondent à la réalité. À cette fin, on pourra mettre à disposition des enfants des livres documentaires, proposer en lecture offerte le numéro 70 de *La Hulotte*, montrer la carte ci-contre pour identifier leurs différents lieux de villégiature.

PASSONS À L'ACTION !

Mieux accueillir les hirondelles

On se questionne collectivement sur les difficultés rencontrées par les hirondelles de fenêtre pour assurer leur survie en France. L'enseignant·e complète les connaissances des enfants.

- De nombreux nids sont détruits : parfois à cause des salissures entraînées par leurs fientes, et souvent lors de la réfection des façades des maisons.
- Les hirondelles ne trouvent plus assez de boue pour construire leur nid.
- Comme il y a de moins en moins d'insectes, elles ont du mal à se nourrir.

Puis on réfléchit à des pistes d'actions pour faciliter la vie de ces oiseaux, par exemple :

- sensibiliser les propriétaires de maisons en leur suggérant d'installer des planches sous les nids pour éviter les salissures par les fientes ;
- fabriquer des nichoirs spécifiques, de préférence en terre (voir « Ressources utiles », p. 213), ce qui permet de mieux comprendre les techniques de construction utilisées par l'hirondelle, et les mettre en place sous des avancées de toit dans la cour de l'école ou à proximité ;
- installer un bac à boue dans la cour pour que les hirondelles puissent y prélever facilement la matière nécessaire à la construction de leur nid ;
- ne plus utiliser de pesticides qui détruisent les insectes (et donc manger bio). Ce lien indirect est accessible aux enfants de cycle 3.

Une hirondelle de fenêtre nichant dans un nid confectionné par des humains.

16 Les animaux en hiver

« Des papillons qui acceptent de passer l'hiver à l'état adulte, ça ne court pas les rues : dans nos régions, il n'y en a guère plus d'une douzaine d'espèces. [...] Au mois d'octobre, [le citron] se suspend en plein air, quelque part au milieu d'un massif de ronces, dans le feuillage piquant d'un houx, dans du lierre ou à l'intérieur d'une grosse touffe d'herbe en forêt [...]. Ayez une pensée pour lui lors de la prochaine vague de froid... Et rendormez-vous tranquille car, grâce à son antigel, Sorbet-Citron peut supporter des températures effroyables, descendant jusqu'à moins vingt, et même dit-on moins trente degrés. »

« Le papillon citron », © Pierre Déom, *La Hulotte*, n° 96.

Quand il fait froid... la vie continue !

En hiver, que font les animaux ? Comment vivent-ils et se nourrissent-ils ? Ces questions suscitent beaucoup de curiosité de la part des enfants et peuvent faire l'objet de multiples observations. Les animaux sont certes moins nombreux, mais il existe des indices de leur présence (empreintes, chants ou cris...). Certains, comme les oiseaux, sont même plus faciles à observer. Et en cherchant un peu... on pourra dénicher insectes et araignées endormis.

Différentes stratégies pour survivre à l'hiver

Certains animaux migrent

Une partie des oiseaux (hirondelles et martinets, par exemple) et quelques papillons (vulcain, belle-dame...) passent l'hiver dans des pays plus chauds, où la nourriture est abondante (voir p. 217).

D'autres hibernent ou vivent au ralenti

Les hérissons, poissons, grenouilles, lézards, insectes ou escargots se terrent dans des abris (à l'intérieur de cavités, sous le sol, des écorces, des pierres...). La température de leur corps s'abaisse, ils se nourrissent peu ou pas et consomment leurs réserves de graisse en attendant le printemps.

Quelques-uns restent actifs

Beaucoup d'oiseaux, des mammifères (le lapin, le renard... et l'homme !) renforcent leur protection contre le froid (plumage plus dense, fourrure plus épaisse, couche de graisse...) et adaptent leur régime alimentaire (les mésanges sont plus insectivores en été, plus granivores en hiver).

Et d'autres changent de forme

De nombreux insectes, araignées, mille-pattes... passent l'hiver à l'état de larves ou d'œufs qui se nymphoseront ou écloront au printemps.

INTÉRÊT PÉDAGOGIQUE

Cette activité est l'occasion de faire prendre conscience aux enfants que, malgré les grands froids et la raréfaction de la nourriture, la vie ne s'arrête jamais.

- **Elle permet de découvrir les différentes stratégies des animaux pour s'adapter aux conditions climatiques.**
- **Elle offre une opportunité pour apprendre à identifier quelques empreintes.**
- **Elle aide à développer le sentiment d'empathie, en se mettant à la place des animaux l'hiver.**

Préparer l'activité

Les activités nature ont souvent lieu à la belle saison. Il y a pourtant beaucoup de choses à observer en hiver. Alors, osons les sorties à cette période en prenant quelques précautions pour assurer le confort des enfants. Cette activité pourra être mise en lien avec celle sur les hirondelles et les martinets, et servir de base à l'installation de mangeoires et d'abris à insectes.

POUR QUI ?

Ce sujet est particulièrement adapté au cycle 2, car il contribue à renforcer la structuration du temps, importante à cet âge, mais il peut aussi être traité au cycle 3.

QUAND ?

Sept	Oct	Nov	Déc	Janv	Fév	Mars	Avril	Mai	Juin
		●	●	●	●	●			

En hiver, bien sûr, quand il fait froid, en vérifiant le bon équipement des enfants, en diminuant si besoin la durée de la sortie, en prévoyant une boisson chaude… On profitera d'une petite couche de neige tombée la veille pour chercher des empreintes.

OÙ ?

Dans un site naturel, à l'intérieur ou à proximité de l'école. Plus l'environnement sera naturel (campagne, forêt…), plus les observations seront variées. Mais un parc urbain offrira lui aussi de nombreuses possibilités : plumes, empreintes d'oiseaux ou de chats dans la neige…

MATÉRIEL

- Des boîtes-loupes
- Les carnets d'explorateur des enfants (voir p. 73)
- Des crayons

RESSOURCES UTILES

« Que font les papillons en hiver ? », *La minute nature de la Salamandre*, n° 77 (2 min 35, début du sujet à 1 min 18). https://media.mdi-editions.com/vb16a

« Comment hibernent les animaux de la forêt ? », extrait de *C'est pas sorcier* (46 sec). https://media.mdi-editions.com/vb16b

Sommeil d'hiver, Sean Taylor et Alex Morss, Grenouille éditions, 2020. Album jeunesse, dès 7 ans.

Les traces des animaux grandeur nature, John Townsend, Grenouille éditions, 2021. Documentaire jeunesse, dès 7 ans.

Réaliser l'activité

Observons notre coin nature en hiver

« Être à l'affût », p. 37.

Lors d'un temps individuel comme l'affût, on suggère aux enfants de relever les particularités du lieu qu'ils connaissent en période hivernale :

- *Comment sont les couleurs, la lumière en hiver ?*
- *Quels sons entend-on ? Y a-t-il quelques chants d'oiseaux ?*

En hiver, on entend surtout le rouge-gorge, puis dès que les journées s'allongent (en février, voire en janvier), les merles commencent à chanter.

Classe dehors en hiver, école Massenet, Allones (Sarthe).

- *Peut-on observer des animaux ? Y a-t-il des indices de leur présence ?*

Les enfants pourront dénicher des empreintes, des plumes, un reste de nid, des toiles d'araignées abandonnées…

- *Comment sont les arbres ? Les plantes ?*

La plupart des arbres et des arbustes sont dénués de feuilles, il n'y a pas de fleurs.

À la recherche d'animaux

L'objectif de cette activité est de découvrir un lieu connu et étudié par grand froid... Il est possible qu'il y ait peu d'observations, mais l'idée est de partir de ce constat pour se demander où sont les animaux présents le reste de l'année.

Les enfants devront bien remettre dans leur position initiale les éléments déplacés.

Un jour de froid vif, on propose aux enfants de former des groupes de 2 à 4 afin de chercher le plus grand nombre possible d'animaux, de les prélever dans des boîtes-loupes si c'est possible, de noter leur nom.

Recherche de petites bêtes et d'indices, sortie nature organisée par le CPIE Aisne-Thiérache, janvier 2023.

Le premier bilan qui s'ensuit fait apparaître la rareté des animaux.

- *Où sont-ils ? partis ? cachés ?*
- *Où sont-ils cachés ? sous les feuilles, les pierres, les écorces, dans des trous, dans la terre... ?*

Il est alors intéressant de lancer une nouvelle recherche plus fouillée. Les enfants pourront trouver des escargots operculés, des insectes ou des araignées inertes...

On peut éventuellement rapporter quelques animaux pour les placer dans un vivarium de la classe, ce qui permettra de constater qu'ils se remettent en activité à la chaleur.

Des petites bêtes endormies sous une écorce : araignée, escargot, cloporte.

À la recherche d'empreintes

Une petite couche de neige (2 à 10 cm) tombée la veille sur le sol représente un livre ouvert sur la vie sauvage de la nuit précédente. Une zone de boue offre les mêmes opportunités. C'est l'occasion d'attirer l'attention des enfants :

- *À votre avis, quel animal est passé par là ?*

« Ressources utiles », p. 236.

Les enfants peuvent émettre des hypothèses, que l'on confirmera ensuite à l'aide de fiches d'identification.

➤ *Ces empreintes sont-elles celles des coussinets de pattes de chiens, de renards ou de félins ? de lapins ou de lièvres ? S'agit-il de traces de doigts d'oiseaux ? ou peut-être de sabots, de chevreuil ou de sanglier ?*

On peut aussi observer la trajectoire des empreintes :

➤ *D'où venait cet animal et où allait-il ? Marchait-il tranquillement ou était-il en train de courir ? Que faisait-il ici ?*

Observation d'empreintes dans la boue, sortie nature organisée par le CPIE Aisne-Thiérache, janvier 2023.

QUELQUES EMPREINTES D'ANIMAUX

EMPREINTES DE PELOTES OU DE COUSSINETS

Chien
(4 doigts avec des griffes, empreintes en zig-zag)

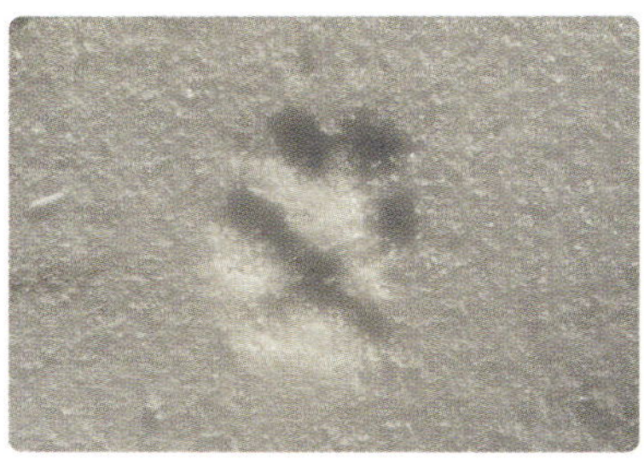

Renard
(4 doigts avec des griffes, empreintes alignées)

Chat
(4 doigts mais pas de griffes)

EMPREINTES DE DOIGTS

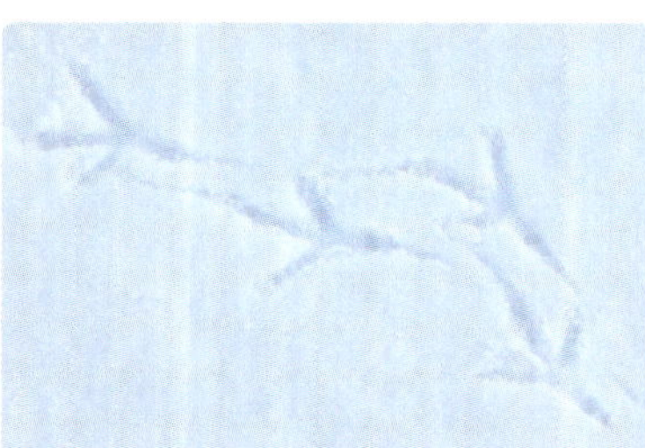

Oiseau

EMPREINTES DE MAINS

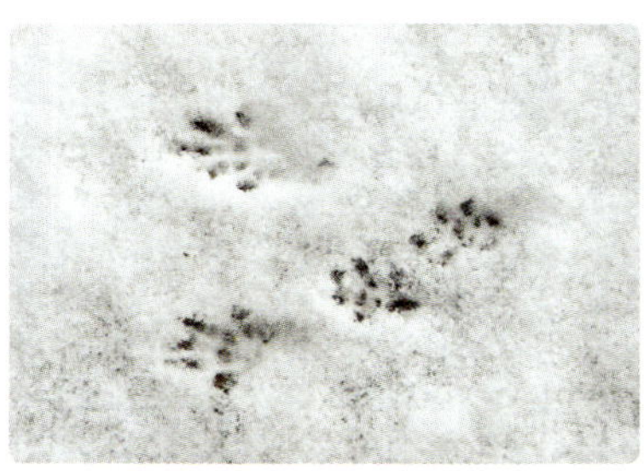

Écureuil

EMPREINTES DE SABOTS

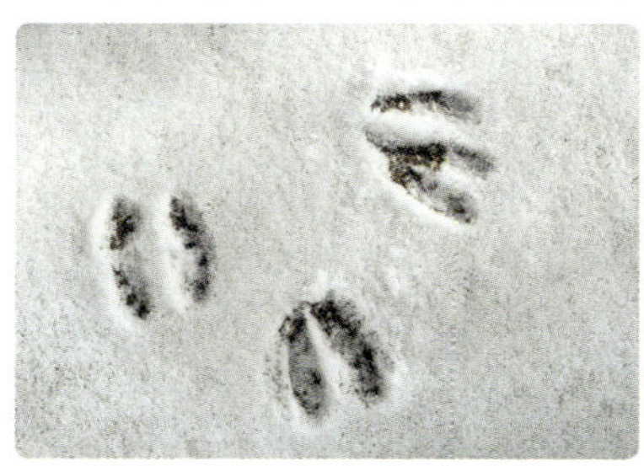

Chevreuil

L'atelier d'empathie : se mettre à la place des animaux l'hiver

« Développer son empathie », p. 91.

L'enseignant·e incite les enfants à changer de regard :

➤ *Si j'étais un animal (un crapaud, une mésange, un ver de terre…), que ferais-je pour passer l'hiver ?*

Cette consigne peut être déclinée de différentes manières : très générale (un animal) ou ciblée sur une espèce. Dans ce cas, on peut laisser chaque enfant choisir librement la sienne, ou en proposer plusieurs, réparties de manière aléatoire (piocher une étiquette avec le nom de l'animal, par exemple).

La production est individuelle, à l'écrit, dictée à l'adulte et/ou sous forme de dessin selon l'âge des enfants.

Les stratégies des animaux pour s'adapter à l'hiver

Lors d'un temps de partage, on fait apparaître les besoins communs à l'ensemble des animaux, humains inclus, pour survivre à l'hiver : se protéger du froid et s'alimenter.

➤ *Quelles sont les différentes façons de se protéger du froid ?*

➤ *Comment font les animaux pour trouver leur nourriture en hiver ?*

Exemples de stratégies de survie de quelques animaux en hiver

Les animaux peuvent fuir vers des lieux plus cléments (migration), vivre au ralenti (hibernation), changer de forme (passer l'hiver à l'état d'œufs ou de larves pour certains insectes).

Certains affrontent l'hiver sans changer ni de lieu, ni de forme. Pour résister au froid, ils se dotent d'une protection plus épaisse (plumage, fourrure…) et/ou cherchent des abris (tas de feuilles, pierre, cavité…). Ils adaptent parfois leur alimentation aux ressources disponibles ou font des réserves (comme l'écureuil).

À partir d'observations plus ciblées et de recherches documentaires sur une espèce ou un groupe (exemples : papillons, oiseaux, etc.), on construit un tableau pour catégoriser les animaux selon leurs stratégies de survie à l'hiver. Ce tableau pourra être complété au fil des découvertes, tout au long de l'année.

EXEMPLE DE TABLEAU À COMPLÉTER

ANIMAUX QUI MIGRENT	ANIMAUX QUI HIBERNENT OU VIVENT AU RALENTI	ANIMAUX QUI RESTENT ACTIFS	ANIMAUX QUI CHANGENT DE FORME

PASSONS À L'ACTION !

— Mieux accueillir les animaux en hiver à l'école —

On peut prévoir d'installer des dispositifs comme des mangeoires pour les oiseaux, des refuges pour les insectes...

Cette activité est aussi l'occasion de réfléchir à une renaturation de l'enceinte de l'école : arrêter de tondre la pelouse, enrichir la cour en éléments naturels, planter des arbres et arbustes, installer des points d'eau, composter... Plus celle-ci sera naturelle et diversifiée, plus elle offrira de possibilités de caches et de refuges pour l'ensemble des animaux quand les conditions météorologiques seront difficiles, ainsi que des ressources alimentaires (par exemple, les baies de lierre pour les oiseaux en fin d'hiver, voir p. 129).

Les tiges sèches des végétaux, ici du fenouil, constituent des abris pour les insectes.

Cette mésange bleue se nourrit des graines de bardane laissées en place pendant l'hiver.

17 Chouette, il pleut !

« Les perles d'eau glissent sur mon imperméable. Je suis encore à la lisière du bois quand un rouge-gorge vient se poser face à moi [...] avec son plumage détrempé, il est bien moins élégant qu'à l'accoutumée. J'entre dans la forêt en regardant où je mets les pieds car le sentier est une véritable autoroute à escargots [...]. Je n'entends rien d'autre que le bruit des gouttes frappant l'humus et la végétation, pas même un chant d'oiseau. Et puis, il flotte dans l'air cette odeur caractéristique de forêt humide... »

Jean-Philippe Paul, « Enfin la pluie ! », *La Salamandre* n° 271, 21 août 2022.

De merveilleuses sorties par temps de pluie

La pluie est souvent vécue comme un obstacle aux sorties. Pourtant, la nature se donne alors à voir autrement, avec des ambiances, des lumières, des effets particuliers. C'est aussi l'occasion d'observer des êtres vivants peu visibles par temps sec et de connecter les enfants aux éléments naturels, les amener à composer avec les conditions météorologiques.

Un adage stipule qu'il n'y a pas de mauvais temps, mais seulement de mauvais vêtements. Moyennant quelques précautions pour assurer leur confort, les enfants se réjouissent pour la plupart de sortir sous la pluie, de sentir les gouttes sur leurs joues, d'humer les odeurs qui exhalent de la terre humide, de marcher dans les flaques, de titiller les vers de terre ou les escargots, etc.

Les multiples parcours de l'eau

L'eau de pluie qui arrive au sol a diverses destinées :

- elle ruisselle vers les points les plus bas et rejoint un cours d'eau ;
- elle s'infiltre jusqu'à la nappe d'eau souterraine ;
- elle est absorbée par les plantes (ou bue par des animaux) ;
- elle s'évapore et rejoint les nuages…

Plus le sol est imperméable et moins il y a de végétation, et plus la part de ruissellement est importante, au risque de créer des inondations.

C'est une des motivations principales des mesures de désimperméabilisation et de végétalisation de l'espace urbain qui concernent, entre autres, les cours d'école.

QUE DEVIENT L'EAU LORSQU'IL PLEUT ?

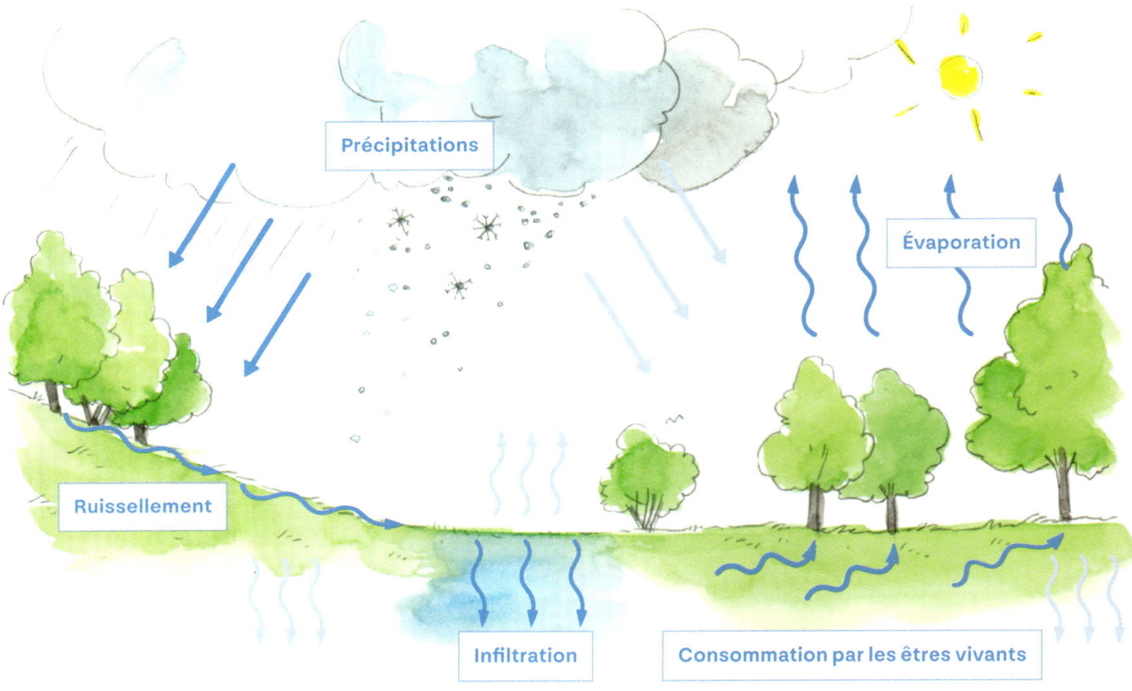

INTÉRÊT PÉDAGOGIQUE

La thématique sur laquelle s'appuie cette activité est l'occasion de développer la perception de la nature dans des conditions particulières.

- Elle permet de mieux appréhender les cycles de l'eau.
- Elle constitue une opportunité pour observer des espèces animales peu visibles par temps sec ainsi que leurs comportements par temps de pluie.

Préparer l'activité

La réussite des sorties par temps de pluie repose en grande partie sur les conditions matérielles (voir ci-dessous), mais cela en vaut vraiment la peine. Cette activité pourra être prolongée en approfondissant la découverte des escargots et des limaces ou des vers de terre.

POUR QUI ?

Cette activité est à la portée des enfants de cycle 2, mais a aussi un grand intérêt au cycle 3.

QUAND ?

Sept Oct Nov Déc Janv Fév Mars Avril Mai Juin

L'idéal est de saisir les opportunités des jours de pluie faible avec des températures douces au printemps ou à l'automne. Il ne s'agit évidemment pas de rendre à leurs parents des enfants trempés par de fortes pluies et transis de froid.

Lors des premières expériences, la sortie pourra être de courte durée (1 h à 1 h 30).

OÙ ?

Dans un site naturel, à l'intérieur ou à proximité de l'école.

MATÉRIEL

- Une tenue de pluie adaptée (veste et si possible surpantalon imperméable, capuche ou chapeau de pluie, bottes ou chaussures imperméables)
- Une tenue pour se changer au retour à l'école
- Des pinces et des boîtes-loupes
- Les carnets d'explorateur des enfants (voir p. 73) et des crayons
- Éventuellement, une bâche à tendre pour se mettre à l'abri de la pluie et des carrés de plastique pour s'asseoir

RESSOURCES UTILES

Quand vient la pluie, documentaire animalier de Nicolas Cailleret et Stéphanie Augras, La Salamandre, août 2022 (27 min).
https://media.mdi-editions.com/vb17a

« Les amphibiens », *Miniguide de la Salamandre*, n° 83.

« Escargots et limaces », *Miniguide de la Salamandre*, n° 66.

Voilà la pluie, Mathieu Pierloot et Maria Dek, éditions Motus, 2021. Album pour le cycle 2.

Réaliser l'activité

Observons notre coin nature lorsqu'il pleut

« Être à l'affût », p. 37.

L'objectif de ce questionnement est de favoriser l'écoute des ressentis des uns et des autres, il n'y a pas de bonne ou de mauvaise réponse.

Lors d'un temps individuel comme l'affût, on suggère aux enfants de relever les changements provoqués par la pluie dans le lieu qu'ils connaissent (bruits, couleurs, lumière...) :

- *Entendez-vous les sons de la pluie ? Les gouttes font-elles le même bruit selon l'endroit sur lequel elles tombent (herbe, parapluie, béton, toit de métal) ?*
- *Comment sont les couleurs lorsque c'est mouillé ?*
- *Quels effets produisent les gouttes d'eau sur les différents supports (feuilles vertes ou mortes, toiles d'araignée...) ?*
- *Est-ce que les odeurs de la nature sont différentes ?*

Par temps de pluie, il est possible de tendre une bâche au-dessus du coin de regroupement des enfants.

Regroupement après un temps d'affût, classe de CM1-CM2, Die (Drôme).

Où va l'eau de pluie ?

On pourra aussi constater la différence de perméabilité des sols : l'eau s'infiltre facilement dans des zones herbeuses ou dans des sols nus peu tassés, et stagne ou ruisselle sur le béton, le bitume ou la terre compactée.

« Garder trace : le carnet d'explorateur », p. 73.

L'enseignant·e questionne les enfants sur les cycles naturels de l'eau :

- *D'où vient l'eau de pluie ?*
- *Où va-t-elle lorsqu'elle arrive au sol ?*
- *Où se forment les flaques d'eau ? Pourquoi ?*

C'est une occasion d'amener les élèves à entrer dans la complexité des cycles (et non du cycle) de l'eau : une goutte d'eau arrivant au sol peut en effet ruisseler à la surface, s'infiltrer dans la terre, s'évaporer, être absorbée par une plante ou un animal, ou encore stagner.

Au retour en classe, on propose aux enfants d'écrire, à partir de leurs observations, l'histoire d'une goutte d'eau dans leur carnet d'explorateur. La lecture croisée de quelques productions mettra en évidence la diversité des parcours possibles.

À la recherche des animaux par temps de pluie

Les escargots font en général partie des premiers animaux dénichés par les enfants.

Sur un lieu connu des enfants, l'enseignant·e propose de partir par groupes de deux observer les animaux lorsqu'il pleut. Les élèves sont munis de pinces et de boîtes-loupes afin de ramener les petites bêtes rencontrées en se limitant à un exemplaire de chaque espèce.

On laisse les enfants explorer l'environnement, puis lors d'un regroupement, on cherche à discerner les différences par rapport au temps sec :

- *Quels sont les animaux qui sortent et se montrent ?*
- *Semblent-ils perturbés par la pluie ?*

« Les vers de terre », p. 157, et « Les escargots et autres limaces », p. 165.

Les enfants auront pu dénicher des escargots, des limaces, des vers de terre… peut-être même des amphibiens, comme les grenouilles et les crapauds, voire une salamandre.

- *Quels sont ceux que nous voyons d'habitude, mais qui se cachent aujourd'hui ?*

Les enfants peuvent mentionner certains insectes, des araignées, des oiseaux…

QUELQUES ANIMAUX QUI SORTENT LORSQU'IL PLEUT

Ver de terre

Escargot

Limace

Grenouille rieuse

Crapaud commun

Et avec un peu de chance… une salamandre !

On lance ensuite un temps de débat pour réfléchir aux différents comportements des animaux :

- *Pourquoi certains aiment-ils la pluie ?*

Ils ont besoin d'eau et leur peau n'est pas protégée du soleil par des poils ou des plumes, ils préfèrent donc sortir par temps couvert : limaces, escargots, vers de terre, amphibiens…

- *Pourquoi d'autres s'en moquent ?*

Ils sont protégés par des plumes ou des poils…

- *Comment d'autres se protègent ?*

Ils se mettent à l'abri des feuilles… ou dans des cavités.

PASSONS À L'ACTION !

Favoriser la présence d'animaux aimant l'eau à l'école

On peut comparer la cour de l'école par temps de pluie avec le coin nature au sein duquel s'est déroulée l'activité :

- *Y a-t-il les mêmes animaux ?*
- *Comment s'écoule l'eau ?*

Si l'enceinte de l'école est artificialisée, il y a peu de chances que les élèves trouvent des amphibiens et des vers de terre, mais on pourra sans doute dénicher quelques escargots. En général, l'eau stagne par endroits, et est évacuée dans les égouts.

Pour accueillir les amphibiens, on pourra envisager de mettre en place un point d'eau, comme une mare (voir « Installer des points d'eau », p. 277).

Si c'est possible, désimperméabiliser le sol de la cour, ou du moins une partie, permettra à l'eau de mieux s'infiltrer, et aux vers de terre de s'installer.

Une mare pourra par exemple accueillir des grenouilles rieuses.

18 Les animaux de la nuit

« Le ciel d'étain au ciel de cuivre
Succède. La nuit fait un pas.
Les choses de l'ombre vont vivre. »

Victor Hugo, « Nuit », dans *Toute la lyre*, 1888-1897.

La nuit est beaucoup moins calme qu'il n'y paraît

Nous ne soupçonnons guère ce qu'il se passe dans notre environnement immédiat pendant la nuit. De nombreux animaux vont et viennent, vivent leur vie à l'envers de nous. Nous les croisons rarement, et pourtant ils sont tout près de nous, et ce même en milieu urbain :

- parmi les **oiseaux**, ce sont surtout certains rapaces qui sont nocturnes (chouettes, hiboux), mais de nombreux oiseaux diurnes effectuent leurs migrations de nuit (le merle, par exemple) ;
- de nombreux **mammifères** sont également nocturnes : les petits rongeurs (souris, campagnol, etc.), les ongulés (chevreuil), les carnivores (renard, blaireau, fouine), les insectivores (hérisson) et bien sûr les chauve-souris ;

➤ des **amphibiens** comme le crapaud commun ou la salamandre sortent essentiellement la nuit ;

➤ divers **insectes** se mettent en activité à la fin du jour, en particulier les papillons de nuit, certaines araignées, des mille-pattes, etc.

À l'école désertée par les humains dès la fin de l'après-midi, les chances de croiser les habitants nocturnes sont bien faibles, même si beaucoup d'espèces sont susceptibles de passer par là... Nous avons donc choisi de centrer cette activité sur les mammifères terrestres sortant la nuit et qui laissent derrière eux des traces.

Pour repérer d'autres groupes, il est nécessaire de recourir à des dispositifs d'enregistrement audio (chouettes, chauves-souris), photo ou vidéo (caméras nocturnes).

Les adaptations des animaux aux mœurs nocturnes

Si beaucoup d'animaux ont des activités nocturnes, c'est parce que cela leur confère une plus grande sécurité. Pour certains, l'obscurité permet d'échapper plus facilement aux prédateurs (qui, du coup, se sont eux aussi adaptés et ont souvent également adopté des mœurs nocturnes).

Pour bon nombre d'espèces, comme les chouettes et les hiboux, les mœurs nocturnes sont naturelles, mais ce n'est pas le cas pour d'autres, des mammifères notamment (cerfs, sangliers, par exemple), qui ont changé leur rythme de vie pour échapper aux dérangements liés aux activités humaines (chasse, circulation motorisée ou pédestre, etc.)

La chauve-souris sort au crépuscule.

Le petit paon-de-nuit est un papillon nocturne.

De nombreux animaux ont développé des capacités sensorielles facilitant leurs mœurs nocturnes : des yeux adaptés à l'obscurité, une ouïe très fine, un odorat développé, des poils tactiles... les chauve-souris sont même dotées d'un véritable sonar leur permettant de s'orienter, et les oiseaux migrateurs d'une boussole sensible au champ magnétique terrestre. Tous ces animaux peuvent ainsi détecter les obstacles, s'orienter, localiser et capturer des proies, identifier des prédateurs... dans l'obscurité.

Un animal nocturne symbolique : le hérisson

Le hérisson vit en lisière de bois, de haies, de buissons ou de jardins, mais aussi de plus en plus en ville. On le voit rarement (sauf quand il a été percuté par une voiture) parce qu'il ne sort qu'à la tombée du jour. La nuit, il parcourt de grandes distances pour chasser des insectes, des larves, des vers de terre, des limaces et des escargots. Il hiberne d'octobre à février-mars dans un nid qu'il construit avec de l'herbe, des feuilles et des brindilles dans un endroit abrité.

Symbole de la protection de la nature en France, cet animal insectivore paie un lourd tribut aux activités humaines (empoisonnement par les pesticides et granulés anti-limaces, disparition de son milieu de vie du fait de l'urbanisation, écrasement sur les routes...).

L'éclairage nocturne, une pollution

Les éclairages artificiels excessifs ont des effets néfastes sur les rythmes biologiques des animaux (et des humains). La pollution lumineuse impacte la migration nocturne des oiseaux et les cycles de reproduction, la mortalité estivale des insectes est beaucoup plus forte autour des points lumineux, etc.

C'est pourquoi de nombreuses communes prennent des mesures pour adapter l'éclairage artificiel nocturne : moindre intensité lumineuse, lumière orientée vers le bas, extinction au milieu de la nuit, mise en place de trames noires, c'est-à-dire de couloirs non éclairés...

INTÉRÊT PÉDAGOGIQUE

Cette activité a pour objectif de faire prendre conscience aux enfants de la présence dans notre environnement proche d'animaux qu'on ne voit pas, en particulier de mammifères.

- **Elle permet de découvrir des techniques de « piégeage » des traces de ces animaux.**
- **Elle conduit à essayer d'identifier des empreintes.**
- **Elle offre une opportunité pour développer le sentiment d'empathie, en se mettant à la place du hérisson.**
- **Elle encourage les projets d'action visant à favoriser l'accueil des hérissons dans l'enceinte scolaire.**

Préparer l'activité

Les enfants n'étant pas présents à l'école la nuit, cette activité repose sur des repérages d'animaux par voie indirecte, en particulier la recherche d'empreintes. Elle peut être mise en lien avec l'activité sur les animaux en hiver, dans laquelle ce mode d'exploration est également mené.

POUR QUI ?

Cette activité peut être proposée aux enfants dès le cycle 2. L'identification des empreintes est plutôt à réserver au cycle 3.

QUAND ?

Sept	Oct	Nov	Déc	Janv	Fév	Mars	Avril	Mai	Juin
●	○						●	●	●

La belle saison est à privilégier, car l'activité des animaux y est plus intense.

OÙ ?

Le piégeage d'empreintes sera réalisé en premier lieu dans la cour de l'école. On pourra ensuite mettre en œuvre ce dispositif dans un espace naturel de proximité, afin d'effectuer des comparaisons.

MATÉRIEL

- De l'argile ou de la terre suffisamment argileuse pour être facilement lissée
- Une planche ou un plateau
- Éventuellement une caméra nocturne
- Des documentaires sur les hérissons (voir ci-dessous)

RESSOURCES UTILES

« Vies à vies », épisodes 3 et 4, en ligne sur YouTube. Des vidéos d'un même lieu le jour et la nuit.
https://media.mdi-editions.com/vb18a

« Clé simplifiée de détermination des empreintes », en ligne sur animateur-nature.org.
https://media.mdi-editions.com/vb18b

« Kit de fabrication de l'empreintoscope », en ligne sur eveil-et-nature.com.
Un outil ludique pour apprendre à identifier les empreintes.
https://media.mdi-editions.com/vb18c

Une nuit, Marie Lescroart et Emmanuelle Houssais, éditions du Ricochet, 2018.
Pour le cycle 2.

« Le hérisson », *La Hulotte*, n° 77.

Protocole de l'inventaire « Mission hérisson », Muséum national d'histoire naturelle, missionherisson.org.
https://media.mdi-editions.com/vb18d

« Fabriquer un abri à hérissons », Sikana.
https://media.mdi-editions.com/vb18e

Réaliser l'activité

Quels animaux visitent notre cour d'école la nuit ?

« Questionner ses représentations », p. 55.

Lors d'un recueil de représentations sur la faune de l'école (ou d'un espace de proximité), les enfants peuvent évoquer des animaux comme le hérisson ou le renard. C'est l'occasion de les questionner :

Pourquoi ne les voit-on jamais ? Sont-ils absents ? viennent-ils quand nous ne sommes pas à l'école ? la nuit ?

L'enseignant·e lance alors le défi à la classe de trouver des moyens pour savoir si ces animaux fréquentent l'école.

On peut aussi lancer un débat philosophique (voir p. 85), à partir du mot inducteur « nocturne ». Sans que les questions leur soient directement posées, les échanges permettront d'explorer les questions suivantes : qu'est-ce que ce mot signifie pour les enfants ? qu'évoque-t-il pour eux ? qu'en est-il de la nature nocturne ? Cela fera peut-être émerger des pistes concernant l'adaptation à la vie de nuit, aux avantages de ce mode de vie, etc.

Les enfants peuvent proposer de rechercher des traces et des indices, d'installer une webcam…

Le campagnol est un petit rongeur nocturne qui se nourrit de plantes et de graines.

Cherchons des indices de présence

On approfondit ensuite les propositions des enfants relatives à la recherche de traces.

Dans un premier temps, on se questionne :

Quelles sortes d'indices pourrions-nous chercher ?

Les animaux peuvent laisser derrière eux des empreintes, des restes de repas (noisettes grignotées, par exemple), des crottes…

Les enfants forment plusieurs groupes et partent en investigation… mais leur récolte risque d'être maigre.

L'enseignant·e suggère alors de créer des pièges à empreintes :

Quel système pourrions-nous utiliser pour relever ces empreintes ?

On installera de préférence le piège à empreintes en fin de journée, lorsqu'il ne fait pas trop chaud, pour que l'argile n'ait pas le temps de sécher et on évitera les jours de pluie, car l'eau effacerait les empreintes.

L'idéal est de placer sur un support une couche d'argile de quelques millimètres (ou de terre argileuse) afin de conserver la trace des pattes des animaux qui passeraient dessus. Pour optimiser les chances de réussite, il est préférable d'en fabriquer plusieurs.

Lissage de l'argile du piège à empreintes.

Une fois les pièges réalisés, on réfléchit à leur emplacement :

➤ *À quels endroits les animaux ont-ils le plus de chances de passer ?*

Disposer un appât à côté du piège à empreintes, comme des croquettes pour chats, attirera les animaux.

On teste différents lieux qui paraissent propices dans l'enceinte de l'école : près d'une communication avec l'extérieur, d'un trou sous une barrière, devant des barreaux assez larges pour laisser passer un animal... au pied d'une haie (que les animaux aiment longer), etc.

Ces pièges peuvent également être installés aux alentours de l'école pour compléter l'investigation et fournir des éléments de comparaison : on trouvera plus d'empreintes dans des lieux ouverts qu'à l'école, souvent dotée de barrières difficilement franchissables par les animaux.

Le piège à empreintes de La Salamandre

https://media.mdi-editions.com/vb18f

Le piège à empreintes aura plus de chances d'être fréquenté s'il est placé près d'une ouverture.

Les dispositifs sont testés plusieurs nuits de suite : on les relève chaque jour pour lire les traces laissées, puis on lisse l'argile si nécessaire.

« Le repérage de traces dans la neige ou dans la boue », p. 223-224.

Les enfants photographient les empreintes, les décrivent et essaient ensuite d'en déduire quels animaux les ont créées :

- *Quelle taille font-elles ? S'agit-il de petites pattes de campagnol ou de souris, ou de pattes plus grosses ?*
- *Quelle est leur forme ? Ressemblent-elles à une main ? Voit-on des traces de pelotes (petits coussins sous les pattes) ? Y a-t-il des marques de griffes ?*
- *Comment les pattes sont-elles disposées les unes par rapport aux autres ? Sont-elles alignées ? en forme de Y ? en trapèze ?*

On laisse les enfants émettre des hypothèses avant de leur fournir des documents d'identification.

Pour vérifier les hypothèses émises, on se réfère ensuite à des documents d'identification.

« Ressources utiles », p. 236.

EMPREINTES D'ANIMAUX POUVANT FRÉQUENTER UNE COUR D'ÉCOLE

Chat

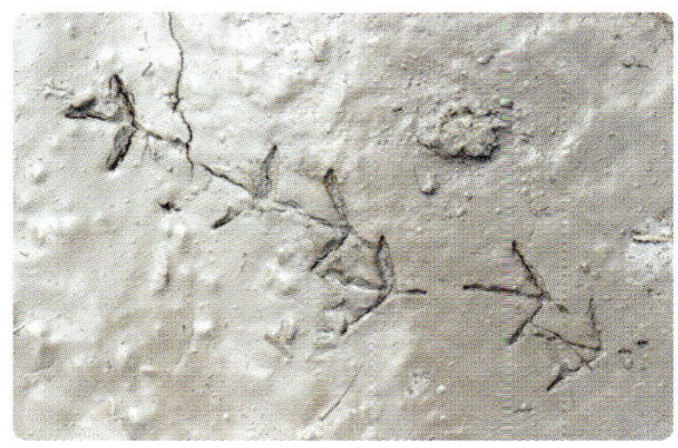

Oiseau

Hérisson

Petit mammifère (rongeur, musaraigne)

On peut compléter cette approche par la mise en place d'une caméra nocturne, qui peut être empruntée à un particulier ou à une association d'éducation à l'environnement, et être installée aux mêmes endroits que les pièges à empreintes. On acquiert ainsi des images des animaux qu'on suspecte d'être présents la nuit.

Enfin, l'enseignant·e peut réaliser des enregistrements audio de nuit (en utilisant un programmateur), afin de détecter la présence de rapaces nocturnes (chouette hulotte ou chevêche, en particulier en fin d'hiver) ou les cris aigus des chauves-souris (en été).

Zoom sur le hérisson

Le protocole « Mission hérisson »

Muséum national d'histoire naturelle
https://media.mdi-editions.com/vb18d

Le piège à empreintes peut permettre de prendre conscience de la présence de hérissons dans l'enceinte de l'école ou à proximité.

On peut aussi mettre en place un dispositif spécifique pour cette espèce, comme celui proposé par le Muséum national d'histoire naturelle : il s'agit d'un tunnel, à l'intérieur duquel on place une planchette comportant un appât au centre, entouré de bandes encrées et de feuilles blanches qui permettent de garder la trace des empreintes.

Le tunnel à hérisson du Muséum national d'histoire naturelle et le dispositif installé à l'intérieur.

Dans le prolongement de ces investigations, et surtout si la présence du hérisson n'est pas détectée dans l'école, l'enseignant·e amène les enfants à réfléchir à ce qu'il faudrait faire pour mieux l'accueillir, en se posant la question :

➤ *Si j'étais un hérisson, de quoi aurais-je besoin pour vivre ?*

Les enfants émettent des hypothèses sur son alimentation, son habitat, sa mobilité… puis effectuent des recherches documentaires pour les valider (ou non).

PASSONS À L'ACTION !

Aménager la cour pour favoriser la présence du hérisson

Différentes actions peuvent être menées :

- créer des passages dans la partie basse des clôtures pour qu'il puisse circuler ;
- diversifier la végétation pour lui fournir des abris et favoriser le développement des petites bêtes dont il se nourrit (zone herbeuse non tondue, potager, buissons, haies, arbustes, arbres…) ;
- installer un compost où il trouvera vers de terre et limaces au printemps et en été (voir p. 285) ;
- aménager un gîte à hérisson pour qu'il puisse y dormir pendant la journée, hiberner ou élever ses jeunes (cela peut être un tas de bois, de branches, de foin et/ou de feuilles mortes, ou bien un abri à construire).

Fabriquer un abri à hérissons

Sikana
https://media.mdi-editions.com/vb18e

Passer à l'action

Activités pour passer à l'action

Ces sept activités présentent différentes pistes pour intégrer la nature en milieu scolaire et mieux y accueillir tous les êtres vivants. D'autres idées sont proposées à la fin de chaque activité de la partie « Observer et apprendre » (voir p. 103).

1 Contribuer à un projet de renaturation

« Malgré la très grande mobilisation de tous les acteurs, les premières cours Oasis pilote de Paris ne parvenaient pas à être réellement en rupture avec les cours d'école traditionnelles [...]. [En Belgique], nous avons tous été frappés par une chose, [...] il y avait de la végétation mais aussi des dénivelés, des obstacles. Nous avons constaté que dans ces cours, les enfants pouvaient courir... mais aussi grimper, sauter, se balancer, marcher en équilibre, on a découvert des recoins, des cachettes où les enfants peuvent se retrouver et se sentir à l'abri des regards des adultes. »

Le Conseil en Architecture, Urbanisme et Environnement de Paris, « Voyage d'étude en Belgique », texte extrait d'une vidéo en ligne sur www.caue75.fr/voyages-d-etudes/2-voyage-d-etude-oasis-en-belgique.

Des cours d'école en évolution

Végétalisation, renaturation, cours Oasis... De nombreux projets de transformation des cours d'école voient le jour depuis quelques années. Il s'agit d'un renversement de tendance après plusieurs décennies d'artificialisation et d'uniformisation.

Les initiatives proviennent souvent des collectivités et s'inscrivent dans des projets plus vastes d'aménagements des espaces urbains. Un des points de départ est l'adaptation au changement climatique, avec un besoin d'ombrage qui devient crucial durant les mois d'été. Ces végétalisations permettent également d'augmenter la perméabilité des sols et donc l'infiltration de l'eau de pluie, ainsi que l'alimentation des nappes souterraines, tout en limitant le ruissellement et donc le risque d'inondation. Cela passe souvent par une débitumisation, au moins partielle.

Mais la renaturation des cours d'école répond aussi à d'autres enjeux : elle favorise le bien-être des enfants, offre une plus grande diversité d'espaces (ludiques, de nature, d'apprentissages), contribue à apaiser le climat des récréations. Elle permet à chacun de trouver sa place (sans domination excessive d'une activité, comme par exemple le foot).

Si ces transformations s'accompagnent toujours d'une végétalisation, il ne s'agit pas toujours de véritables renaturations inspirées du caractère foisonnant de la nature, de sa diversité, de sa complexité, permettant de constituer des îlots de biodiversité en lien avec les autres espaces de proximité. C'est pourquoi nous proposons ici des pistes visant à favoriser l'accueil d'un plus grand nombre d'êtres vivants, grâce à un enrichissement en éléments naturels (bois, éléments minéraux…) ou en matière organique (compost, par exemple), une diversification des sols et du couvert végétal, l'apport de points d'eau, la mise en place de gîtes pour divers animaux.

Le chantier des écoles maternelle et élémentaire Maryse Hilsz

CAUE de Paris https://media.mdi-editions.com/vc01a

École élémentaire Maryse Hilsz, XXe arrondissement de Paris, dont la transformation a été réalisée en partenariat avec les élèves, dans le cadre des cours Oasis de Paris (CAUE).

Et si l'école s'intégrait dans un corridor écologique ?

La renaturation des espaces de l'enceinte scolaire ne prend réellement tout son sens que si elle s'inscrit dans la continuité des espaces voisins. C'est pourquoi nous proposons de s'inspirer d'un lieu plus ou moins naturel de proximité : forêt, prairie, friche, parc… Les espèces qui s'y développent sont adaptées au contexte local, et certaines pourront coloniser les milieux naturels mis en place à l'école.

De plus, reproduire dans l'enceinte de l'école des milieux présents dans l'environnement naturel de proximité, c'est contribuer à développer des corridors écologiques, c'est-à-dire des espaces en lien entre eux, offrant aux espèces des conditions favorables à leur déplacement et à l'accomplissement de leur cycle de vie.

Ces corridors peuvent être linéaires, c'est en particulier le cas des haies, mais aussi discontinus, il s'agit alors d'une ponctuation d'espaces-relais ou d'îlots-refuges, comme des mares, des bosquets, des prairies, etc.

Le sol, un élément essentiel

Le sol a des fonctions écologiques fondamentales : il constitue un véritable écosystème sous-terrain qui nourrit les écosystèmes de surface, joue un rôle important dans le cycle de l'eau, d'interface entre la pluie et les nappes souterraines. Les sols urbains secs, tassés, recouverts de béton ou de bitume n'assurent plus ces fonctions essentielles.

C'est pourquoi les projets de renaturation s'accompagnent souvent d'une débitumisation partielle, afin de restaurer des zones de sols fertiles et vivants et de diversifier les substrats (herbe, matériaux meubles naturels, tels que copeaux de bois, sable, gravillons roulés, etc.).

La place des enfants dans les projets de renaturation

Ces projets, en particulier lorsqu'il est question de débitumer le sol, dépassent bien souvent le cadre de la classe et supposent un processus impliquant de nombreux acteurs, notamment l'ensemble des classes de l'école, tous les membres de l'équipe éducative, les élus et les services techniques de la commune, les parents, etc. Le conseil d'école, qui rassemble la plupart d'entre eux, est un espace adapté aux échanges autour de ce sujet.

De plus, être accompagné par des intervenants extérieurs est souvent nécessaire, en particulier par des paysagistes (dont les CAUE) et des éducateurs à l'environnement.

Cette activité vise à proposer quelques pistes et outils utilisables en classe :

- pour associer les enfants à une réflexion sur un projet de renaturation porté par les collectivités et être force de proposition ;
- pour initier une réflexion, qui n'entraînera pas forcément une reconfiguration complète de la cour à court terme, mais permettra d'envisager assez vite de petites réalisations concrètes (comme l'installation de gîtes, d'un coin de pelouse en libre évolution...), à inscrire comme premiers pas d'un projet plus global pluri-annuel dont les contours auront été en partie pensés par les enfants.

INTÉRÊT PÉDAGOGIQUE

Cette activité peut faire l'objet d'un projet d'école.

- Elle permet aux enfants de prendre conscience de leur environnement immédiat et de la perception qu'ils en ont.
- Elle amène à comparer la richesse naturelle de la cour avec celle d'un parc ou d'une forêt de proximité, et à questionner l'accueil d'espèces proches.
- Elle ouvre à la découverte d'autres façons d'aménager les cours d'école.
- Elle conduit à des propositions d'aménagements à réaliser.

Préparer l'activité

Cette activité a pour objectif d'associer les enfants à la réflexion concernant un projet de renaturation de la cour d'école en cours ou à venir. Dans le cadre de la classe, cela peut aboutir à de petites réalisations, mais pour des projets plus ambitieux, l'implication de l'ensemble des enfants et des adultes de l'établissement sera nécessaire.

POUR QUI ?

Qu'ils soient en cycle 2 ou 3, tous les élèves de l'école élémentaire sont susceptibles d'émettre des propositions, qui seront croisées avec le regard d'autres élèves d'âges différents et d'adultes.

QUAND ?

Les observations de la faune et de la flore seront conduites de préférence au printemps, éventuellement à l'automne. Le reste du projet peut être mené toute l'année, quelle que soit la saison.

OÙ ?

Dans la cour de l'école et dans des lieux de proximité naturels riches en végétation spontanée et locale (parc, jardin, friche, prairie, forêt, etc.). En classe pour le photolangage.

MATÉRIEL

Pour analyser la cour de l'école
- Un cahier de brouillon par enfant
- Des gommettes (3 par enfant)
- La « fiche diagnostic de la cour »
- Un plan de l'école (facultatif)
- Du matériel d'exploration (loupes...)
- Les carnets d'explorateur des enfants (voir p. 73)
- Un large panel de photographies de cours d'école renaturées

Pour s'inspirer d'autres milieux
- Des tablettes numériques pour prendre des photographies

Pour définir le projet
- Des feuilles et des crayons
- Des gommettes (3 par enfant)

RESSOURCES UTILES

« **Les cours d'école Oasis** », projets de renaturation des cours d'école de la ville de Paris, réalisés par le CAUE, caue75.fr. https://media.mdi-editions.com/vc01b

« **Guide de renaturation des espaces éducatifs** », Réseau drômois d'éducation à l'environnement, 2023. https://media.mdi-editions.com/vc01c

« **Bâtir l'école élémentaire** », fiche espace sur les cours de récréation, guide du ministère de l'Éducation nationale et de la Jeunesse, 2022. https://media.mdi-editions.com/vc01d

À l'école de la biodiversité, classeur pédagogique pour les écoles élémentaires et maternelles, FCPN, région Grand Est, 2020.

« ***Ose le vert, recrée ta cour*** », une campagne de renaturation des espaces scolaires en Belgique. https://media.mdi-editions.com/vc01e

« **Les "coins nature" de l'académie de Poitiers** », vidéos de l' académie de Poitiers, 2015. https://media.mdi-editions.com/vc01f

Réaliser l'activité

Analyser la cour de l'école

Liste d'adjectifs pour qualifier une cour d'école

« Questionner ses représentations », p. 55.

Pour les CP, l'écriture dans le cahier est réalisée avec l'aide de l'adulte ou en tutorat.

Comment je perçois ma cour ?

L'enseignant·e commence par questionner les enfants sur leur perception de la cour de l'école. On écrit sur une grande affiche un ensemble d'adjectifs, par exemple : *agréable, désagréable, triste, joyeuse, ensoleillée, ombragée, grande, petite, dangereuse, rassurante*... puis on les lit à haute voix (surtout pour les plus jeunes) :

- *Comment trouvez-vous la cour ? Pouvez-vous écrire sur votre cahier de brouillon les trois mots qui expriment le mieux vos impressions ?*

On laisse aux enfants le temps nécessaire, puis lorsqu'ils ont tous fini, on leur demande d'aller poser trois gommettes à côté des mots recopiés sur l'affiche.

L'enseignant·e propose à ceux qui le souhaitent d'expliquer leurs choix, puis on commente les résultats de ce sondage :

- *Quels sont les mots que vous avez le plus choisis ?*
- *Pourquoi la cour vous donne-t-elle ces impressions ?*

Une même cour d'école pourra être perçue très différemment selon les enfants.

Que trouve-t-on dans ma cour ?

On propose aux enfants de lister les éléments qui composent la cour actuelle avec l'aide de la fiche diagnostic (voir page suivante) : le sol, l'eau, les arbres isolés, les bosquets et les haies, les plantes cultivées, les animaux, les clôtures et les jeux.

Toutes les informations recueillies pourront être reportées sur un plan de l'école.

En cycle 3, les enfants forment de petits groupes et complètent le document en parcourant la cour, tandis qu'en cycle 2, une partie du questionnaire peut être complétée collectivement.

LA FICHE DIAGNOSTIC DE LA COUR

Le sol

Peu	Moyennement	Beaucoup	Énormément
■□□□	■■□□	■■■□	■■■■

Bitume, béton	Sable	Revêtement plastique	Pelouse	Prairie	Surface cultivée (jardin...)	Autre (préciser)
□□□□	□□□□	□□□□	□□□□	□□□□	□□□□	....

L'eau

Quels sont les points d'eau existants (récupérateurs d'eau, mare...) ? ....

Après la pluie, des flaques se forment-elles ? Dans quels endroits ? ....

Les arbres isolés

Combien y a-t-il d'arbres ? ....

Combien y a-t-il de sortes d'arbres différents ? ....

Quel est le nom des espèces les plus abondantes ? ....

Les bosquets et les haies

Y a-t-il des bosquets et des haies ? □ pas du tout □ un peu □ beaucoup

Combien y a-t-il de sortes d'arbustes différents ? ....

Quel est le nom des espèces les plus abondantes ? ....

Les plantes cultivées

Y a-t-il un jardin en pleine terre ? Est-il petit ou grand ? ....

Des jardinières et des bacs ? □ oui □ non

Combien ? ....

Quelles plantes sont cultivées ? (légumes, fleurs, fruits, aromatiques...) ....

....

Les animaux

Quels sont les animaux déjà observés dans la cour ? (insectes, oiseaux, lézards, etc.)

Y a-t-il des endroits où les animaux peuvent s'abriter ou se nourrir ?

□ plantes sur les murs □ zones d'herbes hautes □ orties □ ronces

□ bois mort □ tas de pierres □ compost □ hôtel à insectes

□ nichoirs pour les oiseaux □ autres : ....

Les clôtures

Par quoi les espaces sont-ils fermés ? (barrières, murs, haies, etc.) ....

Les clôtures autour de l'école sont-elles franchissables par des animaux ?

□ oui □ non

Lesquels ne peuvent pas passer ? ....

Les jeux

Quels sont les jeux présents ? (bac à sable, toboggan, portique, marelle, etc.) ....

Si le questionnaire a été complété par les enfants (au cycle 3), chaque groupe présente ensuite ses réponses aux autres : cela permet de confronter les observations, de les valider collectivement, de compléter des informations (par exemple, pour le nom des arbres ou arbustes).

Pour compléter les réponses à la fiche diagnostic, on peut réaliser des inventaires de quelques groupes d'animaux, comme les escargots, les papillons, les vers de terre, les oiseaux.

Puis l'enseignant·e questionne les enfants :

- *La place de la nature dans notre cour vous semble-t-elle suffisante ?*

On commente les points forts, et donc les éléments à conserver (arbres, haies, etc.), mais aussi les manques (par exemple, peu de surface d'herbe, peu d'arbres, etc.).

Il est également intéressant d'engager une réflexion sur les avantages et inconvénients des différents revêtements du sol :

- *Sont-ils perméables ou imperméables ?*
- *Conservent-ils la chaleur en été ?*
- *Sont-ils amortissants ? Se fait-on mal quand on tombe ?*
- *Sont-ils accueillants pour les êtres vivants ?*

On peut ainsi commencer à se mettre en perspective d'évolution.

S'inspirer d'autres milieux naturels

Explorons notre quartier

L'enseignant·e commence par initier un échange concernant la présence de la nature à proximité de l'école :

➤ *Connaissez-vous ou avez-vous observé des endroits naturels près de l'école ?*

Les enfants peuvent mentionner un parc, un jardin, une forêt...

Si le lieu et l'âge des enfants le permettent, cette exploration peut se faire par petits groupes, en autonomie.

On prévoit ensuite une sortie, qui a pour objectif à la fois d'explorer ces lieux pour mieux les connaître, mais aussi peut-être de remarquer sur le trajet la présence d'autres éléments naturels auxquels les enfants n'auraient pas pensé : haies, arbres isolés, plantes sauvages poussant sur le bord des trottoirs...

Les élèves prennent des photos et notent ce qu'ils observent.

L'enseignant·e pointe avec eux les points communs et les différences avec ce qui a été vu dans l'école : par exemple, on peut remarquer des milieux non représentés dans l'enceinte scolaire comme les haies variées ou des prairies fleuries, une plus grande diversité d'arbres, etc.

Lors de la sortie, les enfants réalisent des photographies.

Observons un milieu de proximité riche en biodiversité

L'enseignant·e choisit un milieu diversifié (forêt, haie, friche...) à observer de manière détaillée et dont la classe pourra s'inspirer pour proposer des aménagements dans l'école afin d'en enrichir la diversité biologique.

On commence par un temps d'expression des émotions et des ressentis, en questionnant les enfants :

➤ *Comment vous sentez-vous en ce lieu ? Comment le trouvez-vous ?*

On peut laisser les enfants répondre librement ou leur demander de n'utiliser qu'un seul mot en guise de réponse.

« Sentir, toucher, voir… », p. 43, et « Écouter », p. 49.

Puis on les invite à prêter attention à ce qu'ils perçoivent à travers tous leurs sens (vision globale, écoute des sons, odeurs…).

« Les escargots et autres limaces », p. 165, « Des chenilles aux papillons », p. 187, « Les vers de terre », p. 157.

Enfin, on procède à des inventaires de la faune, en s'inspirant d'activités de la partie « Observer et apprendre », par exemple :

- les escargots ;
- les papillons ;
- les vers de terre ;
- les oiseaux, etc.

Certains de ces inventaires pourront être menés sur une demi-journée, d'autres nécessiteront plus de temps. Ainsi, pour les escargots, il faudra prévoir un mois et demi entre la mise en place du dispositif et le relevé.

Les enfants notent ce qu'ils observent, classe de CM2, Genay (Rhône).

Au retour à l'école, chaque élève écrit un court texte (en dictée à l'adulte pour les CP) :

➤ *Quelle est la chose qui vous a le plus marqués ?*

Cela peut être une odeur, une ambiance sonore, une fleur, un arbre, un animal…

Les enfants qui le souhaitent lisent leurs textes à la classe. Si les volontaires sont trop nombreux, on tire au sort.

À la découverte de cours d'école différentes

« Le photolangage », p. 58.

On conduit un photolangage à partir d'un large panel de photographies de cours d'établissements scolaires très diverses, en France et à l'étranger.

DIFFÉRENTES COURS D'ÉCOLES

D'autres images sont proposées dans le fichier en téléchargement.

École élémentaire Rol-Tanguy, Blois (Loir-et-Cher).

École élémentaire de Saint-Énimie (Lozère).

École élémentaire Maryse Hilsz, XXe arrondissement de Paris.

École maternelle Jean Dolent, XIVe arrondissement de Paris.

Cette présentation peut donner lieu à une production individuelle écrite d'une phrase ou d'un petit texte.

Un temps suffisamment long est laissé pour regarder l'ensemble des images. Puis chaque enfant en choisit une, qu'il présente au groupe en expliquant son choix.

On expose ensuite sur le tableau les photos sélectionnées par les enfants, et on mène une réflexion de groupe :

- *Remarquez-vous des points communs entre certaines de ces cours de récréation ?*
- *Voyez-vous quelque chose qui vous fait rêver, que vous aimeriez avoir dans votre école ?*

On peut aussi s'appuyer sur d'anciennes photos de la cour ou des témoignages de personnes âgées de la commune : les espaces extérieurs des écoles sont en effet nombreux à avoir subi une forte artificialisation au cours des dernières décennies.

Les réponses peuvent être très variables, selon les images proposées et le vécu de la classe. Il y a fort à parier que les enfants seront attirés par les jeux en bois, les cabanes, etc.

On peut enfin regrouper les images selon les critères identifiés, procéder à un vote pour élire les cours d'écoles ou les installations les plus plébiscitées...

Définir un projet de cour plus naturelle

Comment accueillir plus d'êtres vivants à l'école ?

La comparaison entre les observations menées au sein de la cour et celles effectuées dans un milieu naturel de proximité fait facilement apparaître les manques de l'enceinte scolaire. On peut alors se questionner avec les enfants sur ce qui permettrait d'amener de nouvelles formes de vie dans l'école :

- *Quels sont les animaux que nous avons observés à proximité de l'école et qui ne sont pas présents dans la cour ?*
- *Lesquels pourrions-nous accueillir ?*
- *De quoi auraient-ils besoin pour y vivre ?*

On peut développer ce questionnement en l'abordant sous un angle philosophique (voir p. 85), avec un débat de type : « Pourquoi y a-t-il des êtres vivants qu'on souhaite accueillir et d'autres pas ? », « Pourquoi y a-t-il des êtres vivants qu'on aime et d'autres pas ? ».

Les enfants peuvent mentionner des oiseaux, des papillons, des coccinelles… L'enseignant·e attire également leur attention sur d'autres animaux qui peuvent être présents mais qu'on n'a pas vus, ou auxquels les enfants n'ont pas pensé, comme les hérissons, les vers de terre, les escargots…
Tous ces animaux ont besoin de se nourrir, se reproduire, nicher, se reposer, dormir, se cacher, se réfugier, passer l'hiver… il leur faut donc de l'eau, des aliments adaptés, des abris et de l'espace.

L'enseignant·e inscrit ces mots clés au tableau.

Puis la classe se divise en petits groupes, auxquels on attribue un animal sauvage et on pose la question suivante :

- *Si j'étais un … , pourrais-je vivre dans la cour de l'école ?*

Les enfants listent alors les éléments favorables ou défavorables à l'installation de leur espèce.

On n'attend pas de précision scientifique dans les réponses, qui supposerait une bonne connaissance de la biologie de l'espèce.

Lors d'une mise en commun, on énumère les points forts de la cour et ses faiblesses concernant l'accueil de la biodiversité (par exemple : si j'étais un ver de terre, je ne pourrais vivre que dans une toute petite partie de la cour, le sol étant par ailleurs goudronné ; si j'étais un papillon, je n'aurais pas beaucoup de fleurs à butiner ; si j'étais un oiseau, je ne sais pas où je construirais mon nid…).

Du rêve aux propositions

L'enseignant·e propose d'imaginer une cour naturelle :

- *Comment pourrait être notre cour d'école si elle était accueillante pour les autres êtres vivants ?*

Les enfants dessinent et/ou décrivent leurs idées (à l'oral ou à l'écrit).

Puis, lors d'une mise en commun, chacun fait une proposition à tour de rôle, en l'expliquant et en l'argumentant. Les enfants ayant une proposition semblable à celle qui est présentée sont invités à lever le doigt et éventuellement à compléter. On liste ainsi l'ensemble des idées, et on les écrit au tableau.

Enfin, on procède à un vote : les enfants disposent chacun de trois gommettes, qu'ils collent à côté des propositions pour lesquelles ils ont une préférence.

LES MOTS DES ENFANTS

« On ne veut plus de goudron ! On veut du sable, du gazon, des potagers, des arbres, des plantes. On veut une fontaine pour avoir de l'eau, une cabane pour avoir des moments calmes et une pergola pour avoir de l'ombre. On veut faire classe dehors ! »

Paroles et photomontage des élèves de CE1-CE2 de l'école Saint Gabriel (Avignon), dans le cadre d'un projet de renaturation, publié dans « Les cours d'école, comment les renaturer ? », AURAV, octobre 2021.

Partageons nos propositions

Pour cette étape, les tâches peuvent être réparties entre différents groupes.

Les enfants de la classe ne sont pas décisionnaires et doivent soumettre leurs idées à la direction de l'école et aux élus. Par ailleurs, la cour étant un espace partagé, il est important de présenter les projets aux autres classes et à l'ensemble des adultes de l'école.

Cela suppose d'argumenter, d'expliquer oralement le projet, d'écrire des courriers… et cela peut conduire à amender, modifier et/ou préciser les propositions.

Cependant, cette phase sera réduite pour les projets de faible ampleur, comme la mise en place de gîtes pour les animaux ou d'une prairie fleurie.

Elle sera en revanche plus conséquente si on s'oriente vers des projets plus ambitieux avec reconfiguration de l'espace, modification des revêtements, installation d'espaces de jeux (troncs d'arbres, par exemple), etc.

Dans ce cas, les avis de spécialistes (éducateur à l'environnement, naturaliste, paysagiste, etc.) peuvent également s'avérer nécessaires. De plus, une présentation en conseil d'école est opportune et l'avis de l'équipe d'inspection peut être requise.

QUELQUES ACTIONS À MENER

Voici des exemples d'aménagements développés dans cet ouvrage. Certaines réalisations concrètes seront rapidement réalisées à la suite de cette activité. D'autres, plus conséquentes, seront différées dans le temps.

Laisser faire

- Une pelouse en libre évolution (voir p. 255)
- Des feuilles mortes (voir p. 264)
- Des plantes sauvages spontanées (voir p. 148)
- De vieux arbres (voir p. 112)
- Des tiges sèches en hiver (voir p. 210)

Planter

- Des arbres (voir p. 120)
- Des haies (voir p. 128 et 275)
- Du lierre (voir p. 132)
- Des aromatiques (voir p. 273)
- Des plantes grimpantes (voir p. 134)
- Des orties (voir p. 273)

Semer

- Des graines locales, par exemple des glands (voir p. 142)
- Un parterre fleuri (voir p. 273)

Enrichir la cour en éléments naturels

- Des troncs en décomposition (voir p. 264)
- Un tas de bois (voir p. 264)
- Un muret de pierres (voir p. 274)
- Un compost (voir p. 285)

Installer des points d'eau

- Un bar à eau pour les animaux (voir p. 280)
- Une mare (voir p. 280)

Construire des gîtes pour les animaux

- Des nichoirs pour les oiseaux (voir p. 218 et 296)
- Des hôtels à insectes (voir p. 297)
- Des gîtes pour les papillons (voir p. 194)
- Des abris pour les coccinelles (voir p. 202)
- Des gîtes pour les hérissons (voir p. 240)

* * *

Libérer le sol

Ces actions sont essentielles pour restaurer des sols vivants et fertiles, mais souvent lourdes car elles nécessitent l'implication de nombreux acteurs. Elles sont à élaborer sur la base du diagnostic de la cour et d'un questionnement sur les avantages et inconvénients des différents revêtements possibles (voir p. 248).

- Désimperméabiliser
- Débitumer
- Mettre en place des sols meubles et naturels
- Diversifier les revêtements

2 Libérer la pelouse

« D'un côté du terrain, il est prévu de mettre un potager et un pré fleuri. [...] Pour ce pré, les institutrices avaient en tête quelque chose de... grand ! Où les enfants pourraient courir, sauter, s'accroupir, se coucher, se cacher. Au vu des espèces en place, l'avis de la coach était assez clair : pas besoin de se fatiguer, il suffit de laisser pousser et le tour est joué. Tout le monde est gagnant : les enfants (et leurs enseignantes) ne doivent pas étréper [labourer], le budget n'est pas entamé pour un semis supplémentaire et le travail de tonte des ouvriers est diminué ! »

Récit d'expérience de l'école communale de la Motte (Wallonie), « Ose le vert, récrée ta cour », édition 1, 2016-2017, Sophie Votquenne, en ligne sur oselevert.be.

De la pelouse à la prairie naturelle

De nombreuses cours d'école sont pourvues de zones de pelouse tondues assez ras et fréquemment par les services techniques des communes. L'intérêt écologique de ces espaces est faible, ceux-ci ne permettent pas une grande biodiversité et les fleurs ne peuvent pas s'y épanouir.

Dès lors qu'on espace ou arrête les tontes, on observe une augmentation du nombre d'espèces végétales grâce à la germination et au développement de graines présentes dans le sol, parfois depuis très longtemps. Les plantes peuvent développer leur cycle complet avec floraison et montée en graine. Cela crée tout un tas de micro-habitats très favorables à de nombreux animaux : criquets, sauterelles, papillons, escargots, et même oiseaux...

Pédagogiquement, il est en outre intéressant de mener un projet d'aménagement basé sur le laisser-faire, en sortant de la posture de contrôle de l'homme sur la nature et en montrant comment elle se développe sans intervention humaine.

Panneau de sensibilisation devant une zone de prairie naturelle.

Comment faire ?

Concrètement, il y a donc peu à faire pour obtenir une prairie naturelle s'il existe déjà des zones de pelouse, de culture ou de terre. Si l'ensemble de la cour est couvert d'un revêtement minéral, on pourra au préalable l'enlever sur une partie de la surface, par exemple juste sur un petit carré en demandant l'autorisation de la mairie. Si cette opération s'avère trop complexe, on pourra en dernier recours semer dans des bacs.

Pour vous sentir à l'aise avec ce projet, vous pouvez partir à la découverte de prairies fleuries mises en place à proximité de votre domicile (il y en a de plus en plus), rencontrer des associations qui maîtrisent le sujet (par exemple au sein de jardins partagés), voire expérimenter chez vous si vous en avez la possibilité.

L'emplacement de la prairie

Choisissez une zone bien ensoleillée et protégée du piétinement des enfants, qui écraseraient les plantes et dérangeraient les insectes. Pour qu'ils puissent observer cette prairie naturelle, il faut prévoir un espace permettant de circuler autour, voire éventuellement des chemins à l'intérieur, où l'herbe sera tondue.

Laisser faire ou semer ?

Dans un environnement préservé, le semis de graines de prairie n'est généralement pas nécessaire : le sol renferme un stock de graines en dormance qui se manifesteront dès que les conditions leur deviendront favorables. Il est parfois préconisé de retourner la terre avec une pelle-bêche jusqu'à ce qu'elle soit à nu pour permettre aux graines contenues dans le sol de réapparaître. En ville, la terre est souvent moins riche en graines et il est donc souvent préférable de semer.

Quels végétaux vont apparaître ?

En laissant pousser votre pelouse, vous verrez rapidement fleurir les pâquerettes, les renoncules, les pissenlits, les trèfles, les hampes florales des plantains, etc. Ces premières espèces basses seront ensuite supplantées par les graminées et d'autres plantes plus hautes.

QUELQUES ESPÈCES OBSERVABLES APRÈS L'ARRÊT DE LA TONTE

D'autres espèces, comme celles observées dans « Les plantes sauvages de la rue » (voir p. 143) peuvent également apparaître.

Pissenlit commun

Plantain lancéolé

Pâturin annuel

Pâquerette vivace

Trèfle des prés

Renoncule (ou bouton d'or)

La fauche

Aussi paradoxal que cela puisse paraître, plus le sol est pauvre en éléments nutritifs, plus la diversité végétale sera grande : les terres « riches » favorisent le développement de quelques plantes envahissantes au détriment d'autres espèces. Traditionnellement, les prairies étaient fauchées une fois l'an et le foin était emporté, ce qui appauvrissait lentement le sol. C'est donc cette pratique qu'il faut reproduire pour obtenir une prairie naturelle diversifiée. Une fauche annuelle suffit, mi-juillet pour favoriser les plantes à floraison printanière, ou mi-septembre pour favoriser celles d'été.

Comme les herbes hautes servent de refuge à de nombreux insectes (qui s'y abritent pendant l'hiver ou y pondent leurs œufs à la fin de l'été), l'idéal est de toujours conserver une surface non fauchée. Veillez toutefois à varier son emplacement d'une année sur l'autre, au risque de voir des arbustes apparaître !

INTÉRÊT PÉDAGOGIQUE

Cette activité a pour objectif d'intégrer une prairie naturelle dans l'enceinte scolaire.

- Elle fournit une occasion de créer un coin nature, propice à divers apprentissages, tout en favorisant le bien-être.
- Elle permet aux enfants d'observer et de développer un regard bienveillant sur ce qu'on appelle communément les « mauvaises herbes ».
- Elle aide à prendre conscience de sa capacité à agir pour favoriser la biodiversité dans le cadre d'un engagement collectif.

Préparer l'activité

Ce projet est à envisager après diverses observations de la flore et de la faune dans la cour et aux alentours de l'école. Il peut être mené de manière indépendante, ou s'inscrire dans une démarche de renaturation plus globale, à partir d'un état des lieux et de l'inventaire des êtres vivants de l'école.

POUR QUI ?

La démarche de création d'une prairie naturelle à proprement parler est plus adaptée à partir du CE2. Mais les élèves plus jeunes pourront participer à la première phase de questionnement et aux observations lorsque la prairie sera mise en place.

QUAND ?

La préparation de cet aménagement doit être anticipée en hiver, de manière à ce qu'aucune tonte ne soit effectuée à partir du début du printemps. Les observations pourront démarrer à partir du mois d'avril.

OÙ ?

Sur une zone de pelouse, de culture, de terre ou, à défaut, dans des bacs.

MATÉRIEL

- Des photographies d'une pelouse et d'une prairie naturelle
- Des photocopies format A3 du plan de l'école (une par groupe de 3-4 élèves)
- Des piquets et des ficelles pour délimiter la zone de pelouse à libérer
- Des loupes ou des boîtes-loupes pour observer

RESSOURCES UTILES

PDF « **Prairie naturelle** », dans *Accueillir et gérer la biodiversité au lycée* (fiche terrain 1), guide édité par la région académique Hauts-de-France, les académies d'Amiens et de Lille, 2019. https://media.mdi.editions.com/vc02a

PDF « **La prairie fleurie** », fiches jardin naturel, Natagora. https://media.mdi.editions.com/vc02b

Mettre en place l'activité

Pourquoi libérer la pelouse ?

Les photos d'une pelouse et d'une prairie naturelle

En classe, l'enseignant·e projette sur le tableau numérique deux photos côte à côte, l'une d'une pelouse tondue, l'autre d'une prairie naturelle.

Ce travail préalable a pour objectif de montrer l'intérêt de faire cohabiter les deux types de milieux dans la cour de l'école.

Puis on questionne les enfants :

➤ *Que voyez-vous ? Quelle est la différence entre ces deux zones d'herbe ?*

➤ *Quels sont les avantages et les inconvénients de ces deux pratiques pour les humains ? Et pour les autres êtres vivants ?*

On note les réponses au tableau en les organisant (voir ci-dessous des exemples de réponses attendues).

AVANTAGES ET INCONVÉNIENTS DE DEUX MODES DE GESTION DE LA PELOUSE

	Avantages	Inconvénients
Pelouse tondue	• Plus agréable pour les activités humaines (déplacements, jeux, etc.). • Les hommes trouvent souvent cela « propre ».	• Nécessité de tondre souvent. • Peu d'espèces végétales, peu de fleurs, peu d'animaux.
Prairie naturelle	• Plus d'espèces végétales et animales. • Plus de fleurs, de papillons.	• Plus difficilement pénétrable par les humains. • Il peut y avoir des plantes qui piquent (chardons).

On s'interroge enfin sur la présence de ces deux types de milieux dans l'école :

➤ *Y a-t-il des zones de pelouse tondues ou de prairie dans la cour ?*

S'il y en a, on propose d'aller les voir de plus près.

Quelle partie de la pelouse peut-on libérer ?

L'enseignant·e guide le débat en rappelant que la prairie naturelle ne doit pas gêner ni être piétinée. Des espaces au pied d'arbres ou un peu à l'écart seront privilégiés.

S'il n'existe aucune zone de pelouse au sein de l'école, on cherchera s'il y a des endroits avec de la terre (même piétinée), ou on pourra faire une demande auprès de la mairie afin de débitumer une petite partie de la cour. En attendant, on pourra créer des « prairies en bacs ».

Si cela n'a pas été fait au préalable, l'enseignant·e propose aux élèves de sortir dans la cour, de former des groupes de 3 ou 4, puis fournit à chacun un plan de l'école et leur demande de localiser les différents espaces enherbés :

➤ *Identifiez les zones recouvertes d'herbe, puis coloriez leur emplacement sur le plan.*

Ensuite, une mise en commun est menée dans un espace de la cour pour vérifier les productions.

On fera sans doute le constat de l'existence de pelouses, mais de l'absence de zones de prairie. On réfléchit alors aux modifications possibles :

➤ *Y aurait-il des zones où on pourrait laisser pousser l'herbe ? Hachurez leur emplacement au crayon de papier sur votre plan.*

La classe se rassemble à nouveau pour débattre des différentes suggestions. S'il n'y a pas consensus sur les choix, l'enseignant·e peut organiser un vote.

Zone laissée en libre évolution, école de Montvendre (Drôme).

Comment faire ?

L'enseignant·e questionne les élèves sur la façon de procéder, et accompagne leur réflexion :

➤ *Comment pourrait-on obtenir une prairie naturelle ?*

On peut éventuellement effectuer un semis, mais peut-être qu'il en viendrait spontanément si on arrêtait la tonte.

➤ *Qui tond ?*

Cela peut être l'employé municipal, une société privée…

Comment faire pour qu'il/elle ne tonde plus ou très rarement les zones qu'on souhaite voir évoluer librement ?

On peut prévoir de rencontrer la personne qui tond pour lui expliquer le projet, écrire à la mairie, mais aussi en parler aux différents acteurs de l'école (autres classes, équipe enseignante…), présenter ce projet en conseil d'école.

Comment protéger la prairie naturelle ?

On peut délimiter les zones concernées avec des piquets et des ficelles, y placer des panneaux d'information.

TÉMOIGNAGE

Un sentier pédagogique à l'école

À l'école Saint-Cricq d'Oloron (Haut-Béarn), l'équipe pédagogique et l'association « Curieux de nature en Haut-Béarn » ont créé une zone de pelouse non fauchée, à l'exception d'un sentier permettant d'y circuler. Ce dernier a été aménagé par les élèves, qui l'ont délimité à l'aide de piquets et de ficelle.

Au fil des saisons, ce sentier pédagogique sert de site d'observation : les fleurs au printemps, les insectes et araignées à la fin du printemps, les graines et les fleurs sèches en automne et en hiver

Projet mis en œuvre par l'association « Curieux de nature en Haut-Béarn ».

ET MAINTENANT, OBSERVONS !

Plantes, insectes, affûts...

La prairie naturelle créée permettra par la suite des immersions et des observations régulières. Si l'espace est petit, cela pourra se faire par rotation de groupes.

- Immersions et affûts : noter les couleurs, les odeurs, les éléments surprenants, les bruits (grillons, bourdonnements...), prendre des photos, dessiner... (voir « Être à l'affût » et « Sentir, toucher, voir... », p. 37 et 43).
- Observation des plantes : dénombrer les fleurs et les différents végétaux (voir « Les plantes sauvages de la rue », p. 143).
- Observation des insectes : les photographier et/ou en capturer dans des boîtes-loupes (voir « Les insectes pollinisateurs », p. 179).

On pourra également chercher à nommer les plantes et les insectes observés, en les identifiant à l'aide de documents ou en leur attribuant un nom inventé par les enfants (voir « Nommer le vivant », p. 67).

Pour toutes ces observations, on peut comparer la prairie naturelle avec une pelouse tondue à proximité. Il est également intéressant de noter l'évolution de cet espace sur les deux ou trois années suivant l'arrêt des tontes régulières à l'aide de photos, de résultats d'inventaires des plantes et/ou des insectes, etc.

La zone « herbes folles » du coin nature de l'école d'Erstroff (Moselle).

3 Enrichir la cour en éléments naturels

« Cette cour aujourd'hui "ensauvagée" fait le bonheur des enfants qui y jouent posément... Dans cet espace, [ils] sont stimulés par la qualité, la diversité des aménagements et des éléments naturels qui s'y trouvent. Ils se créent des projets et recherchent des façons de les réaliser par eux-mêmes (fabrication de cabanes, de parcours, "poteries" avec la terre argileuse...). Leurs facultés d'observation, de concentration et d'analyse sont très sollicitées au même titre que la motricité, l'habileté, l'ingéniosité et la créativité. Les enfants montrent aussi une empathie envers la nature. »

Florence Le Bret, directrice de l'école de Cliousclat (Drôme), « Une cour végétalisée pour les écoliers de Cliousclat », document rédigé pour présenter la cour nature de l'école lors d'une réunion sur des projets éducatifs nature, avec le concours de la communauté de communes du Val-de-Drôme, 2021.

Une cour riche en matériaux naturels est bénéfique pour tous

N'est-il pas venu le moment de remettre un peu de diversité dans les éléments naturels des cours d'école qui en sont souvent dépourvues ? Autoriser les branches d'arbres ? Laisser au sol les feuilles mortes ? Apporter des pierres ? Redonner sa place au bac à sable ?

Une cour riche en matériaux est bénéfique pour tous les êtres vivants : elle est plus accueillante pour les animaux, elle offre plus de possibilités de jeux aux enfants, qui nouent par le biais de l'expérience vécue un lien intime avec les éléments naturels.

Cessons de vouloir faire propre, lisse, uniforme... en repensant les contraintes sanitaires et de sécurité.

Des matériaux variés pour favoriser la biodiversité

L'enrichissement de la cour en éléments naturels est bénéfique pour les autres êtres vivants qui recherchent des abris, des refuges et aussi des sources de nourriture.

Le bois mort

Un arbre mort continue à abriter et nourrir toute une variété de champignons et d'insectes, les oiseaux peuvent nicher dans ses cavités... Si un arbre vient à mourir, on peut le laisser en place, quitte à ne conserver que le tronc pour éviter le risque de chute de branches mortes. En outre, un simple tronc en décomposition ou un tas de bois laissé dans un coin de l'école constitue un milieu recherché par de nombreuses espèces animales.

Les feuilles mortes

Plutôt que de souffler, ramasser, exporter les feuilles mortes à l'automne, on peut tout simplement les enlever sur les zones de passage et les laisser en place dans d'autres secteurs. En effet, elles nourrissent divers décomposeurs (escargots, vers de terre, cloportes, etc.) et enrichissent le sol.

Les cailloux

Cela peut paraître étrange, mais de simples tas de pierres non cimentées entre elles sont autant de petits abris à animaux : micro-mammifères, lézards, batraciens, araignées... Libre à vous d'en faire une pyramide, un muret de pierres sèches, une spirale d'aromatiques (voir p. 274) ou plus simplement un tas sans réelle structure. Les papillons aiment se réchauffer au soleil sur les pierres, certains arthropodes, insectes ou autres apprécient de s'y engouffrer pour se protéger, hiverner, ou... chasser d'autres insectes.

Des matériaux naturels pour jouer

La mise à disposition de rondins de bois déplaçables permet aux enfants de reconfigurer l'espace à l'infini. En outre, de petits éléments destinés au jeu peuvent être aussi proposés dans un coin de la cour : bâtonnets, cailloux, pommes de pin, coquilles d'escargots vides, etc.

L'intérêt écologique de ces matériaux est moindre, du fait de leur mobilité qui constitue un obstacle à une fonction de refuge pour la faune, mais leur rôle éducatif est important.

De même, les feuilles mortes laissées en place dans certains secteurs de la cour constituent une source de jeux inépuisable pendant plusieurs semaines pour les enfants qui sautent dedans, se les lancent, les éparpillent ou les rassemblent... elles ne seront ramassées qu'en toute fin d'automne quand elles commencent à se décomposer.

Espace dédié aux rondins de bois, école maternelle des Ors à Romans-sur-Isère (Drôme).

Dans le cadre de projets plus ambitieux menés avec l'ensemble de la communauté éducative, il est possible d'installer des éléments de plus grande taille, comme des troncs couchés ou des rondins de bois pour constituer des jeux d'équilibre.

Une cour sans grands dangers

La question de la sécurité se pose dès qu'on apporte des éléments naturels dans la cour. Cependant, toute aire de jeux pour enfants comporte des risques qu'on essaie de minimiser. Notons que les accidents ne sont pas rares dans les cours vides de tout élément et le bitume n'est pas tendre avec les petits genoux qui viennent le frôler de trop près. À l'inverse, plus la cour est riche en possibilités de découvertes et de jeux, plus le climat y est serein, limitant le risque d'accident.

Chemin sensoriel, école maternelle des Ors à Romans-sur-Isère (Drôme).

Concernant les aménagements, il convient cependant d'éviter qu'ils ne comportent des pointes, des arêtes saillantes, des bavures ou des surfaces rugueuses, susceptibles d'occasionner des blessures ou des strangulations.

Enfin, la sécurité est avant tout une question de règles à poser dans l'usage des éléments apportés, des règles simples sur la base du respect de soi (ne pas se faire mal) et des autres (ne pas faire de mal aux autres) : un bâton ne doit donc pas se transformer en épée !

Tipi en saule vivant, école élémentaire de la Providence, XIIIe arrondissement de Paris.

INTÉRÊT PÉDAGOGIQUE

Cette activité vise à élaborer des projets simples pour diversifier les biotopes (milieux de vie) de la cour et augmenter la biodiversité.

- Elle permet de prendre conscience du besoin de refuges pour de nombreux animaux.
- Elle offre la possibilité aux enfants de jouer avec des éléments naturels au quotidien.

Préparer l'activité

Ce projet peut être mené en tant que tel ou s'inscrire dans une démarche plus globale de renaturation, à partir d'un état des lieux et de l'inventaire des êtres vivants de l'école.

POUR QUI ?

Ces propositions sont réalisables avec tous les enfants de l'école élémentaire. On sollicitera l'aide d'adultes pour la collecte des plus gros éléments.

OÙ ?

Dans les espaces naturels fréquentés par les enfants pour s'inspirer. Dans la cour de l'école pour se mettre en action.

QUAND ?

En toute saison, sauf pour les feuilles mortes qui se ramassent à la pelle à l'automne.

MATÉRIEL

Des matériaux naturels à récolter dans la nature :

- branches ;
- cailloux ;
- feuilles mortes ;
- rondins ;
- bois mort ;
- pommes de pin ;
- coquilles d'escargot, etc.

RESSOURCES UTILES

PDF « **Les aménagements ludiques et sportifs : diversifier les usages pour le bien-être des enfants** », dans *Cahier de recommandations Oasis pour la transformation des cours d'écoles*, ville de Paris/CAUE de Paris, p. 87 et suivantes. https://media.mdi-editions.com/vc03a

Observatoire des cours Oasis, collection d'espaces récréatifs végétalisés, CAUE de Paris, observatoire-oasis.fr. Des exemples de réalisations pour s'inspirer. https://media.mdi-editions.com/vc03b

« **Les cours d'école lilloises se végétalisent** », reportage d'Élisa Despretz, Ecoposs. https://media.mdi-editions.com/vc03c

« **Ose le vert : 2 écoles, 2 aménagements** », RTL Info, 5 février 2020. https://media.mdi-editions.com/vc03d

Réaliser l'activité

Explorons les matériaux de notre coin nature

« Le jeu libre », p. 27.

Lors de sorties dans des milieux naturels de proximité, en forêt par exemple, les enfants investissent divers éléments naturels dans les moments de jeux libres ou de récréation : branches, pierres, rondins de bois, etc.

À la suite de l'un de ces temps, on amène les enfants à prendre conscience des matériaux qu'ils préfèrent :

- *Quels sont les éléments naturels avec lesquels vous aimez particulièrement jouer ? Que faites-vous avec ?*

Les enfants parleront peut-être des bâtons avec lesquels ils font des constructions, des cailloux qu'ils entassent, etc.

- *Est-ce que ces matériaux ont aussi un intérêt pour les animaux ?*

Ces matériaux peuvent leur servir d'abri, de nourriture...

Intégrons des jeux naturels à l'école

De retour dans la cour de l'école, on élabore collectivement des propositions :

- *Quels sont les éléments naturels que l'on pourrait apporter pour jouer dans la cour ?*
- *Dans quelles parties de la cour pourrait-on les installer ?*
- *Comment se procurer ces matériaux ?*

Certains projets sont facilement réalisables avec les enfants, par exemple :

- une « boîte à jouer » laissée à disposition dans la cour et dans laquelle on rassemble toutes sortes de petits éléments naturels apportés par les enfants ou récoltés collectivement (pommes de pin, glands, noix, coquilles d'escargots, petits cailloux...) ;
- un bac pour les feuilles mortes récoltées avec les enfants dans la cour ou à proximité.

Pour chaque zone de jeu, on édictera bien entendu des règles d'usage.

D'autres projets requièrent une aide plus importante des adultes (enseignants, parents d'élève, employés municipaux...) du fait du poids des éléments et/ou de la technicité requise, comme par exemple :

- un coin avec des rondins de bois mobiles ;
- une cabane de saule ou un tipi ;
- un chemin sensoriel à parcourir pieds nus ;
- des structures de jeux plus conséquentes fixées au sol (tronc d'arbre, parcours de rondins de différentes hauteurs...).

Créons des refuges pour les animaux à l'école

« Les animaux en hiver », p. 219, et « Les escargots et autres limaces », p. 165.

Faire un parallèle avec les humains et le refuge que constitue leur maison peut être éclairant.

On approfondit ensuite l'utilité des matériaux naturels pour les animaux :

➤ *Pourquoi les animaux cherchent-ils un refuge ?*

Ils essaient de se mettre à l'abri des intempéries (du froid, de la chaleur, de la sécheresse...) ou des prédateurs, de se reproduire en mettant leur progéniture en sécurité...

➤ *Où les animaux se cachent-ils dans la nature ?*

Les réponses seront variables en fonction des expériences vécues par les enfants au préalable : tas de branches pour les hérissons, feuilles mortes ou bois mort pour les petites bêtes de la litière, sous la terre pour les vers de terre, à l'intérieur de trous ou de cavités d'arbres, dans les haies, etc.

➤ *Notre cour offre-t-elle déjà des refuges pour les animaux ?*

➤ *Quels refuges pourrions-nous installer pour eux ?*

➤ *Les mêmes éléments peuvent-ils être utilisés pour jouer ou pour accueillir les animaux ?*

Cette dernière question vise à faire prendre conscience aux enfants que les animaux ont besoin de stabilité et de quiétude. Ils ne peuvent donc guère investir des éléments régulièrement déplacés par les enfants. D'autre part, il faudra prévoir des espaces de tranquillité dans des zones de la cour un peu à l'écart.

Les matériaux sont collectés par les élèves ou apportés dans la cour par les adultes.

Puis, par groupes, les enfants font des propositions de mise en place de refuges dans un ou des espace(s) un peu tranquille(s) de la cour (recoin, bordure...). La classe se met d'accord, puis chaque groupe est chargé d'une partie de la tâche d'installation.

ET MAINTENANT, OBSERVONS !

Des observations régulières seront ensuite menées dans ces espaces, avec un double objectif :

- découvrir la faune qui s'y est installée ;
- suivre l'évolution dans le temps de ces biotopes (décomposition des feuilles, par exemple).

Ce sera forcément plus facile avec les petites bêtes, qui ne manqueront pas de se développer, qu'avec les plus grosses comme le hérisson, qui est nocturne (voir p. 233).

Cour de récréation de l'école élémentaire Voltaire, Portes-lès-Valence (Drôme).

4 Planter, semer…

« Même si Liam ne connaissait rien au jardinage, il était sûr qu'il pouvait aider les fleurs sauvages. Il revint le lendemain, puis se mit aussitôt au travail. Il manqua de noyer les fleurs en voulant les arroser… Mais ses protégées attendirent patiemment qu'il soit devenu plus habile. Au fil des semaines, Liam se sentit devenir un vrai jardinier. Alors son îlot de plantes sauvages se sentit devenir un vrai jardin. »

Peter Brown, *Le jardin voyageur*, éditions Mijade, 2012.

Des végétaux locaux pour augmenter la biodiversité

Pour accueillir oiseaux, papillons et autres insectes dans l'enceinte de l'école, un morceau de pelouse, une haie de laurier ou de thuya, ou bien encore un marronnier aux racines enserrées dans du bitume ne suffiront pas. Il faut leur offrir le gîte et le couvert : des fleurs à butiner, des végétaux variés et de différentes tailles pour s'abriter, des fruits et des graines à déguster…

L'idéal est de privilégier les espèces locales, dont il est souvent possible de prélever gratuitement quelques graines ou rameaux à bouturer (de plus en plus de pépiniéristes en proposent également). Ces plantes seront mieux adaptées au terrain, au climat… Elles reprendront plus facilement et permettront de favoriser une continuité écologique avec l'extérieur de l'école.

Oser se lancer

La culture est un apprentissage de la patience et de l'incertitude... On sème et cela met parfois beaucoup de temps à germer, on plante et parfois « on se plante » parce que cela ne prend pas... Chaque espèce a ses spécificités : certaines sont plus faciles à reproduire par bouturage, d'autres par semis... De nombreuses graines ne germent qu'après une période de dormance, levée par une exposition au froid pendant une durée variable d'une espèce à l'autre. Cela suppose donc une bonne connaissance des cycles de développement de chacune des espèces. De plus, les cycles sont longs pour les espèces ligneuses : le gland que les enfants ont mis à germer ne sera qu'un tout jeune arbuste quand ils quitteront l'école. Mais il ne faut pas hésiter à expérimenter, car les essais sont toujours riches d'enseignements pour les enfants, ne serait-ce que pour appréhender la notion d'incertitude.

Nous vous proposons ici quelques exemples simples qu'il est possible de mener en autonomie (semis de fleurs, plantation d'aromatiques) ainsi que quelques projets plus ambitieux (plantation d'une haie ou d'arbres), à mener en partenariat avec une association spécialisée et/ou les services de la commune.

Quelques précautions

Les plantes toxiques

Elles sont évidemment à éviter ! Certaines provoquent des troubles intestinaux bénins si elles sont consommées en quantité, ce qui est rarement le cas (comme elles sont parfois amères, elles sont vite recrachées, ce qui limite le risque d'intoxication). Seul un petit nombre de plantes sont très dangereuses et à proscrire absolument, en particulier : le cytise, le houx, le laurier-rose, l'herbe de Saint-Christophe, l'hellébore, le muguet, l'if. En cas de doute, on pourra se référer à la liste du Centre antipoison (voir « Ressources utiles », p. 271).

Les plantes qui piquent

Parmi les plantes qui contribuent fortement à la biodiversité, certaines sont épineuses (aubépine, églantier...) ou urticantes (comme l'ortie). On les placera de préférence un peu à l'écart des zones les plus parcourues par les enfants, sur les bordures, dans des recoins, etc.

La protection de la zone de plantation

Pour une bonne reprise des plantes, celles-ci doivent être protégées du piétinement, au moins quand elles sont encore jeunes et fragiles. Cela peut supposer d'installer des barrières physiques (cordes basses tendues, petites barrières en bois...).

INTÉRÊT PÉDAGOGIQUE

Cette activité a pour objectif de mener un projet de plantation et/ou de semis.

- Elle aide à prendre conscience de sa capacité à agir pour diversifier la flore de l'enceinte de l'école.
- Elle offre l'occasion de faire le point sur les connaissances acquises concernant le cycle de la plante et sa multiplication.
- Elle permet de disposer d'un espace pour mener des observations de pollinisateurs.

Préparer l'activité

Avant de démarrer ce projet, il est très utile de procéder à un état des lieux de la végétation de l'école, partiel ou complet, et de s'appuyer sur des observations en milieu naturel permettant de prendre conscience du rôle fondamental des végétaux dans les écosystèmes (plantes à fleurs ou aromatiques pour les pollinisateurs, lierre et autres arbustes à baies pour les insectes ou pour nourrir les oiseaux en hiver, etc.).

POUR QUI ?

Ce sujet est très adapté au cycle 2, plutôt en CE1-CE2, en lien avec les compétences à construire en sciences, mais il est aussi possible de le traiter au cycle 3.

QUAND ?

- Pour les semis : au printemps ou à l'automne.
- Pour les boutures : à l'automne.
- Pour les plantations d'arbustes et d'arbres : en hiver.

OÙ ?

Dans l'enceinte de l'école, sur des parcelles dont le sol n'est pas artificialisé. Cela peut être en bordure de terrain, sur des plates-bandes existantes, au pied d'arbres ou de murs et éventuellement en bacs.

MATÉRIEL

- Des graines, des plants ou des rameaux à bouturer
- Des outils de jardinage (pelle, bêche, gants pour les plantes épineuses ou urticantes, griffe de jardin, râteau...)
- Des pots ou autres contenants pour la mise en bouture
- Des substrats (terreau, sable...)

RESSOURCES UTILES

PDF « **Les plantes pour les abeilles** », fiche conseil Natagora.
https://media.mdi-editions.com/vc04a

PDF « **La haie** », fiche conseil Natagora.
https://media.mdi-editions.com/vc04b

PDF « **Haie naturelle** » et « **Arbre fruitier et verger** », dans *Accueillir et gérer la biodiversité au lycée* (fiches terrain 2 et 3), guide édité par la région académique Hauts-de-France, les académies d'Amiens et de Lille, 2019.
https://media.mdi-editions.com/vc04c

Le jardin voyageur, Peter Brown, éditions Mijade, 2012. L'histoire d'un petit garçon qui décide de reverdir la ville, pour le cycle 2.

L'homme qui plantait des arbres, Jean Giono, Gallimard jeunesse, 2018. Un roman classique à redécouvrir, à partir de 8 ans.

Centre antipoison, pour vérifier le niveau de toxicité des plantes, centres-antipoison.net.
https://media.mdi-editions.com/vc04d

Réaliser l'activité

Des plantes à l'école : lesquelles, où, comment ?

On commence par échanger avec les enfants sur ce qu'ils savent et ce qu'ils ont déjà projeté :

- *Quels sont les végétaux que nous avons observés dans la cour ?*
- *Quels types de végétaux aimeriez-vous installer au sein de l'école ?*

Les enfants peuvent mentionner des arbres, des arbustes, des plantes herbacées (trèfle, coquelicot…).

Si vous achetez des plants ou des graines, privilégiez les espèces et variétés locales auprès de fournisseurs possédant par exemple le label « Végétal local ».

- *Qu'est-ce que ces plantes vont apporter aux animaux ou aux humains ?*

Par exemple, une haie permettra de délimiter un espace et de servir d'abri à de nombreuses espèces, un arbre de faire de l'ombre et d'offrir un lieu aux oiseaux pour construire leurs nids, les fleurs d'égayer l'école et d'attirer les papillons, etc.

- *Avons-nous des endroits où installer ces plantes dans l'enceinte de l'école ?*

L'idéal est de faire ces plantations dans des zones de sols non artificialisés, comme une bordure de terrain, une plate-bande existante, au pied d'arbres ou de murs, quitte à débitumer si nécessaire… À défaut, on peut également installer des bacs.

- *Comment faire pour avoir des plantes ?*

La classe liste collectivement les manières d'obtenir des plantes. Il existe différentes possibilités :

- semer des graines ;
- partir d'un fragment de plante et le bouturer, ou diviser des racines ;
- planter un jeune individu prélevé dans la nature ou cultivé.

« Des graines qui font voyager les plantes », p. 135.

On peut se procurer des graines ou des plants dans le commerce, mais la récolte dans les milieux naturels de proximité sera plus écologique et économique.

Il est interdit de prélever des plants d'espèces protégées et dans tous les cas, on agira avec parcimonie.

Récolte de graines lors d'une sortie nature sur les plantes sauvages comestibles, école La Courbe, Aytré (Charente-Maritime), septembre 2022.

Semer un parterre fleuri

« Les insectes pollinisateurs », p. 179, et « Des chenilles aux papillons », p. 187.

En lien avec les activités de découverte d'insectes pollinisateurs ou de papillons, le semis d'un parterre fleuri peut être envisagé à l'aide de graines achetées dans le commerce en s'inspirant des plantes présentes dans l'environnement de l'école, par exemple des trèfles, du sainfoin, des campanules, des centaurées, des marguerites, etc.

Voici les différentes étapes pour réussir ce semis :

1. Préparer le sol : le mettre à nu, puis l'ameublir avec une griffe de jardin. Ratisser ensuite pour niveler la terre.
2. Mélanger les graines avec du sable blanc et ensemencer à la volée (en lançant les graines pour les disperser de manière régulière). Le sable blanc permet de visualiser si les graines sont réparties uniformément.
3. Enfin, damer simplement la surface avec un râteau.

On peut aussi tenter le semis de graines récoltées en été (lorsqu'elles sont bien sèches) et stockées jusqu'au printemps suivant.

Semis d'une prairie fleurie, dans le cadre du projet « À l'école de la biodiversité », région Champagne-Ardenne.

Cultiver des plantes aromatiques

Les orties attirent aussi de nombreux insectes, comme les papillons, les coccinelles, les coléoptères... qui viendront y pondre et leurs larves se régaler des feuilles (voir p. 190). On peut prélever quelques racines (avec des gants !) dans un massif d'orties voisin et les repiquer dans un recoin de la cour.

Ces plantes possèdent bien des vertus et on peut réaliser un petit coin d'aromatiques dans toutes les écoles, sans grand aménagement. Outre leur intérêt pour les insectes pollinisateurs, elles offrent de belles opportunités de découvertes sensorielles et la plupart sont sobres en eau.

Il faut les installer au printemps dans un lieu chaud et ensoleillé.

On peut semer des aromatiques annuelles, comme la bourrache ou l'aneth, ou bien partir de plants du commerce pour le thym, le romarin, la sarriette, la sauge, qui resteront en place de nombreuses années.

Les plantes aromatiques peuvent être cultivées dans une spirale, constituée d'un muret de pierre qui offrira en outre un gîte à de nombreux animaux.

Bouturage de romarin.

On peut aussi bouturer ces dernières, de préférence en septembre (super pour la rentrée !). Il suffit de prélever de jeunes tiges de 10-15 cm de long et de les planter dans des pots remplis à 50/50 de sable et de terreau. Ces pots seront installés à l'ombre et arrosés régulièrement. Après deux mois environ, on installera les plants en pleine terre.

Mener un projet de végétalisation plus ambitieux

Si vous achetez des arbustes et des arbres, choisissez-les déjà assez grands pour favoriser la reprise.

Pour une renaturation de plus grande ampleur, les enfants peuvent être force de proposition, mais l'appui de partenaires est souvent nécessaire : services techniques des municipalités, paysagistes (en particulier ceux des CAUE), associations naturalistes... Ils pourront aider à définir les implantations, choisir les essences et accompagner les plantations afin de garantir la réussite des reprises.

Voici quelques exemples d'actions à mener au sein de l'école :

- planter un bosquet pour les oiseaux avec des arbustes à baies qui attireront les gourmands (sureau, cornouiller, etc.) et/ou épineux pour offrir un gîte sécurisant (aubépine, prunellier, etc.) ;
- planter une haie avec différents étages ;
- installer de grands arbres ;
- mettre en place des arbres fruitiers, voire même un mini-verger ;
- habiller les façades avec des plantes grimpantes... par exemple planter du lierre en récupérant quelques rameaux munis de racines et en les replantant.

« Planter des haies à l'école », p. 128, et « Semer des graines locales », p. 142.

« Planter du lierre à l'école », p. 134.

TÉMOIGNAGE

Une haie éducative plantée par les enfants

Les élèves des cinq classes de l'école primaire de Guillestre (Hautes-Alpes) ont planté une haie de 20 m de long près du parking de l'école, composée d'essences locales nécessitant pas ou peu d'entretien pour son développement : noisetier, sureau noir, viorne flexible, cornouiller sanguin, cerisier de Sainte-Lucie. Les espèces choisies sont des arbres et arbustes non épineux, dont certains ont des fruits comestibles, ayant toutes un intérêt pour la biodiversité (accueil d'auxiliaires, attrait pour les pollinisateurs, les oiseaux, échanges gazeux entre l'air et le sol, différents étagements de végétation, abris pour la faune sauvage, baies et fruits comestibles pour l'homme).

Les enfants ont été impliqués dans toute l'élaboration du projet, de la conception à la plantation, et ont travaillé en sciences sur les caractéristiques et l'identification des végétaux.

Projet mené par Gaëtan Martinon de « L'Écho des sources », en partenariat avec toute l'équipe enseignante, la mairie, les services du périscolaire et les services techniques de la commune, pendant l'année scolaire 2013-2014. (En haut à gauche : la haie en 2023.)

ET MAINTENANT, OBSERVONS !

De nombreuses possibilités

Des observations régulières pourront être menées pour suivre la germination, la croissance des plantes, leur floraison, et admirer la faune qui les fréquente, par exemple les insectes pollinisateurs (voir p. 179).

Observation des insectes fréquentant les fleurs.

Dessins de bourrache et de renoncule, réalisés par des élèves de CM2 de l'école d'Erstroff (Moselle).

5 Installer des points d'eau

« Des oiseaux vont et viennent autour d'une flaque d'eau. Tiens, c'est maintenant au tour d'un couple de bruants jaunes de se désaltérer. Il faut dire que cette journée d'été est particulièrement chaude. Presque toutes les ornières sont à sec [...]. Un merle noir finit par chasser les bruants pour boire à son tour. Déjà, des moineaux s'approchent pour prendre le relais. [...] Bravant la chaleur ambiante, Nathan se lève alors en direction du tuyau d'arrosage tandis que Camille saisit l'arrosoir. Et les voilà qui remplissent les flaques où le précieux liquide s'est complètement évaporé. Pour nous, comme pour les animaux, l'eau, c'est la vie ! »

« Fabriquez un abreuvoir pour les animaux du jardin », en ligne sur salamandre.com.

Des points d'eau dans la cour de l'école, pourquoi pas ?

Beaucoup d'enfants sont déconnectés du cycle de l'eau. Leur seul contact avec la pluie est celui des flaques restées dans la cour après une averse. Ils ne réalisent pas le ruissellement sur les toitures, l'infiltration dans les sols ou l'évaporation après une pluie. Rendre l'eau visible dans la cour de récréation, à travers l'installation d'une mare ou de simples abreuvoirs pour les oiseaux et autres petites bêtes, c'est donc leur faire prendre conscience de sa présence, les sensibiliser au cycle de l'eau, à la préservation de la ressource.

Montrer le rôle fondamental de l'eau pour la vie des différentes espèces, c'est aussi leur faire percevoir le besoin en eau de tous les êtres vivants.

La présence d'eau attire tout un cortège d'espèces, certaines venant seulement s'abreuver, d'autres étant adaptées au milieu aquatique. C'est donc un élément fondamental pour favoriser la biodiversité, et aussi un lieu d'émerveillement qui réserve de nombreuses surprises.

Peu de risques moyennant quelques précautions

La création de points d'eau suscite souvent beaucoup d'inquiétudes en matière sanitaire et de sécurité. Qu'en est-il réellement ?

La sécurité

La mare des élèves de CM2 de l'école Henri-Matisse, Vesoul (Haute-Saône).

Dans une mare, les risques de noyade seront minimes si on se limite à une profondeur maximale d'environ 80 cm au centre du bassin, et que celui-ci est doté de berges en pente douce. Cette configuration est sécuritaire pour des enfants d'âge élémentaire (dont la taille est supérieure à 1 m). Pour renforcer cette sécurité, il est conseillé de poser une clôture autour de la mare.

Les moustiques

D'un point de vue sanitaire, les craintes portent surtout sur la prolifération des moustiques et en particulier des moustiques tigres, dont les larves sont aquatiques. Ces dernières se développent essentiellement dans des récipients et réservoirs d'eau artificiels (vases, pots, fûts, bidons, rigoles, avaloirs pluviaux...).

Différentes stratégies permettent de limiter ce risque :

- l'eau des bars à eau doit être renouvelée tous les 3 ou 4 jours, afin que les larves n'aient pas le temps de se développer ;
- dans une mare qui a trouvé son équilibre, la présence de prédateurs (insectes, grenouilles...) limite considérablement tout risque de prolifération ;
- une solution parfois préconisée est l'introduction de poissons. Le souci est que la plupart consomment non seulement des larves de moustiques mais aussi de nombreux autres animaux comme les têtards. C'est donc une solution à envisager avec prudence et/ou temporairement.

INTÉRÊT PÉDAGOGIQUE

Cette activité a pour objectif de réaliser de petits aménagements aquatiques favorisant l'accueil de la nature sauvage dans l'enceinte de l'école.

- Elle aide à prendre conscience des besoins en eau de tous les êtres vivants.
- Elle est l'occasion de sensibiliser les enfants au cycle de l'eau.
- Elle constitue un dispositif pédagogique permettant de nombreuses observations et expériences.

Préparer l'activité

Ce projet peut être mené de manière indépendante, dans le prolongement d'une activité sur la nature par temps de pluie, ou s'inscrire dans une démarche de renaturation plus globale, à partir d'un état des lieux et d'un inventaire des êtres vivants de l'école.

POUR QUI ?

L'installation d'un bar à eau est très accessible, même pour les plus jeunes. L'élaboration du projet mare est plus adaptée au cycle 3, mais toutes les classes pourront ensuite participer aux observations.

QUAND ?

Le bar à eau sera mis en place quand il fait sec, souvent en juin, mais aussi en septembre.
La mare sera installée plutôt en fin d'hiver, sur la base d'un projet élaboré dès l'automne ou pendant l'hiver.

OÙ ?

Un bar à eau peut être installé dans toutes les cours, même les plus petites, et dans tous les contextes.

Une mare nécessite un peu plus de place, mais quelques mètres carrés suffisent, si possible dans un espace dédié de la cour.

MATÉRIEL

Pour le bar à eau
- Des assiettes à soupe, des soucoupes de pots et bacs à fleurs, des gamelles, couvercles de poubelles… ou tout récipient peu profond et à pente douce
- Quelques pierres ou planchettes

Pour la mare
- Des pelles (à main ou avec un manche) adaptées à la taille des enfants
- Éventuellement une pioche et/ou une bêche pour les adultes
- Un bassin en plastique préformé ou une bâche plastique de type EPDM
- Quelques pieds de plantes aquatiques d'espèces locales (voir p. 283)
- Pour l'observation : des loupes, des épuisettes et des bassines

RESSOURCES UTILES

« **Plan anti-canicule au jardin** », *La minute nature de la Salamandre*, n° 152 (5 min 24). Un exemple de point d'eau à installer et des images d'oiseaux venant s'y abreuver.
https://media.mdi-editions.com/vc05a

« **Mare pédagogique à Châteauneuf-de-Grasse** », France 3 Côte d'Azur, reportage de Véronique Varin et Laurent Verdi, diffusé le 21 juin 2014 (2 min 19).
https://media.mdi-editions.com/vc05b

Dytik, l'ogre de la mare, Catherine Fauroux et Patricia Legendre, L'école des loisirs, 2001. Album jeunesse, à partir de 8 ans.

« **Fiche d'identification des p'tites bêtes de la mare** », FCPN.
https://media.mdi-editions.com/vc05c

J'aménage ma mare naturelle, Gilles Leblais, Terre vivante, 2018. Une mine d'informations et de conseils.

Réaliser l'activité

Un bar à eau pour les animaux en été

Installer le bar à eau dans un endroit visible depuis une fenêtre de la classe favorisera les observations par la suite.

On peut s'appuyer sur un rappel d'observations effectuées en hiver ou au printemps d'animaux s'abreuvant dans les flaques d'eau pour se questionner sur leurs besoins en eau et leurs difficultés lors des journées chaudes d'été :

- *Comment font les animaux pour boire au sein de l'école en été ? Où trouvent-ils de l'eau ?*
- *Que pourrions-nous mettre en place à l'école pour qu'ils puissent s'abreuver ?*
- *Comment faire pour éviter la noyade de petits animaux ?*

Exemple de bar à eau.

En général, il y a peu de ressources en eau à proximité de l'école en été. On peut alors envisager d'installer des abreuvoirs modestes, comme une grande gamelle ou un couvercle de poubelle retourné. Pour éviter tout risque de noyade des animaux, l'abreuvoir ne doit pas être trop profond et doté d'une planchette ou d'une petite île faite de cailloux. On peut le poser sur un support ou l'enterrer dans le sol. Et pour éviter la prolifération de larves de moustiques, on changera l'eau tous les 3 ou 4 jours.

La mare, un milieu aquatique pérenne

Pour ce projet un peu plus ambitieux, il est utile de s'appuyer sur des intervenants extérieurs spécialisés (éducateurs à l'environnement en particulier). Une demande d'autorisation devra également être effectuée en mairie.

Pour démarrer ce projet, il est très intéressant, si l'opportunité se présente, d'aller observer la vie autour d'une mare ou d'un autre milieu humide… Cela fait immanquablement émerger le désir d'en créer une dans son environnement immédiat, chez les petits comme les grands.

Les enfants explorent l'univers de la mare.

La mare constitue en effet un écosystème très riche et très diversifié, accueillant une flore et une faune très variées, aquatique ou semi-aquatique, tout en jouant le rôle d'abreuvoir pour les animaux terrestres.

« Être à l'affût », p. 37.

On pourra par exemple démarrer par un affût, en portant l'attention des enfants sur tous leurs sens (odeurs, bruits, couleurs), puis observer les petites bêtes aquatiques, en prélever temporairement quelques unes dans des bassines pour mieux les voir, les dessiner et essayer de les identifier, mais aussi faire un inventaire des végétaux qui poussent à proximité de la mare et dans l'eau.

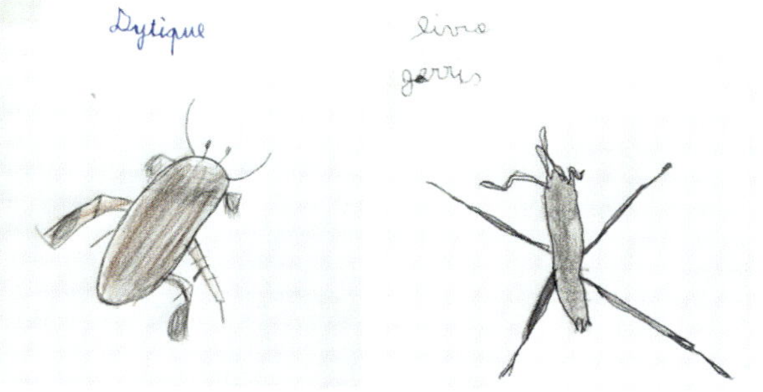

Dessins de dytique et de gerris, réalisés par des élèves de l'école d'Erstroff (Moselle).

QUELQUES ESPÈCES QUI COLONISENT RAPIDEMENT LES MARES

La notonecte est un curieux insecte chassant sous l'eau qui respire avec une bulle d'air argentée tapissant son ventre.

Le gerris n'est pas une araignée d'eau, mais une punaise carnivore.

Le gyrin est un petit insecte au corps noir, brillant, appelé aussi « tourniquet », parce qu'il tournoie à la surface de l'eau.

Rouges, bleues, grises, jaunes... les libellules et demoiselles aux ailes transparentes volent au-dessus de l'eau.

Les larves de libellules et demoiselles vivent sous l'eau.

La limnée, un escargot d'eau douce, se nourrit d'algues et d'autres végétaux.

Vous trouverez des images d'amphibiens dans « Chouette, il pleut ! », p. 227.

Si l'école est dotée d'un potager, la question de la ressource en eau s'y pose également.

En été, on prévoira éventuellement de passer plusieurs fois pour surveiller l'assèchement... ou on acceptera celui-ci. Les petits animaux peuvent se réfugier dans la vase et se redévelopper ensuite.

On amène les enfants à réfléchir aux caractéristiques d'une mare et aux contraintes à satisfaire pour qu'elle fonctionne :

Comment faire pour trouver de l'eau ?

Sans eau… pas de mare. Celle provenant de la pluie peut suffire, mais un stockage d'eau provenant des toits peut s'avérer nécessaire pour compléter et éviter un trop long assèchement en été. Les enfants proposeront aussi le recours à l'eau potable, ce qui peut faire l'objet d'une discussion sur ses avantages (disponibilité permanente) et ses inconvénients (eau traitée, chère, etc.).

Comment faire pour retenir cette eau ?

Cela suppose de creuser un trou dans un point bas du terrain et de le recouvrir d'un revêtement imperméable. Le matériau le plus naturel est l'argile, mais le plus efficace reste, hélas, le plastique sous la forme de bâche (de type EPDM). Une alternative plus simple est le recours à des bassins rigides vendus à des tarifs raisonnables dans le commerce.

Réalisation d'une mare dans le cadre d'une classe d'eau et d'un projet d'écolabel, école d'Effry (Aisne), mars 2021.

Quelle taille pourra faire notre mare ? Et quelle profondeur ? Quelle sera sa forme ?

Même une mare de faible étendue favorise la diversité biologique. Il est préférable que les berges soient en pentes douces, mais avec une profondeur suffisante au milieu (d'environ 80 cm). Des contours irréguliers augmenteront la biodiversité dans la mare, car les zones de bordure qui sont les plus riches biologiquement, seront ainsi plus longues.

Dans le cadre d'une organisation en ateliers, un groupe d'enfants encadré par des adultes pourra contribuer au creusement de la mare.

Où installer notre mare ?

Pour l'équilibre biologique de la mare, celle-ci doit être située dans un secteur ensoleillé, à l'écart des arbres, qui apporteraient beaucoup de feuilles mortes à l'automne, au risque d'accélérer son envasement.

On veillera à installer des espèces de plantes locales (et non exotiques), que l'on pourra trouver chez des pépiniéristes spécialisés ou auprès de propriétaires de mares voisines.

Les hypothèses des enfants seront validées et complétées par des recherches documentaires (voir « Ressources utiles », p. 279).

Quelles plantes installer ?

On peut s'inspirer des mares voisines et y observer les différents types de végétaux : les plantes à feuillage immergé qui oxygènent beaucoup l'eau (myriophylles, potamots), les plantes à feuillage flottant en pleine eau (nénuphars), les plantes de bord d'eau (roseaux, joncs).

QUELQUES PLANTES POUR LA MARE

Des plantes immergées : les myriophylles

Des plantes de surface : les nénuphars

Des plantes de bordure : les roseaux

TÉMOIGNAGE

Une mare pédagogique en dehors de l'école

Lorsqu'il n'y a pas suffisamment d'espace dans l'enceinte de l'école pour créer une mare, un projet peut être mené dans l'environnement proche, comme par exemple dans la ville de Pressins (Isère).

« Ce sont des bénévoles de la FRAPNA qui sont venus un samedi pour creuser et aménager la mare. Des enfants de l'école y ont aussi participé.

La mairie a fait planter des buissons et des espèces d'arbres adaptés aux zones humides. La mare a une profondeur d'un mètre en son centre. [...]

L'important était de la laisser se peupler seule sans aucune intervention humaine. Et surtout pas de poissons ! Très vite des grenouilles sont arrivées. Puis libellules, éphémères, diptères... Une très grande richesse.

Les élèves sont venus régulièrement avec leur maître et maîtresse pour observer, prélever. »

La mare pédagogique créée avec les élèves à Pressins (Isère).

ET MAINTENANT, OBSERVONS !

Le bar à eau

Il permet de mener à la belle saison (juin ou septembre) des observations d'animaux venant boire : c'est l'équivalent estival de la mangeoire hivernale (voir p. 203). On peut y contempler de nombreux oiseaux (mésanges, moineaux, pinsons, etc.), mais aussi des insectes, des lézards...

La mare

Elle fournit également de nombreuses possibilités d'exploitations pédagogiques avec des observations régulières, presque toute l'année. En effet, si la vie est au ralenti au creux de l'hiver, elle reprend dès février-mars.

Les pistes sont nombreuses :

- observation de la petit faune aquatique *in situ* (voir p. 281) et de sa variation au cours des saisons ;

- observation des animaux terrestres fréquentant la mare (grenouilles, libellules volant au-dessus de l'eau, insectes et autres animaux venant boire) ;
- suivi de l'évolution de la végétation ;
- avec un peu de chance, des œufs de grenouilles (en amas) ou de crapauds (en chapelets) feront leur apparition, et par la suite des têtards... (Attention, certaines espèces de grenouilles sont protégées et on n'a pas le droit de les capturer et de mettre leurs têtards en élevage.)

6 Composter pour accueillir les petites bêtes

« Soudain, un étrange ver blanc apparaît parmi les copeaux brunis par leur transformation en terreau. "*Une larve de hanneton* !" [...] Avec son gros derrière et sa petite tête, cette bestiole a des proportions contraires à celle d'une larve de hanneton à la tête proéminente. Et puis, elle se tortille au milieu de lambeaux de bois en décomposition... Pas de doute, c'est un autre coléoptère en devenir : la jolie cétoine dorée. [...] Ce splendide insecte autrefois très commun se raréfie. Il est pourtant facile de lui faire une place au jardin et de lui proposer un menu adapté à son régime larvaire. Comment ? En installant un compost. »

David Melbeck, « Faites votre propre compost au jardin », en ligne sur salamandre.org, 1er juin 2020.

La matière organique : une richesse !

De plus en plus d'écoles s'équipent de composteurs dans un objectif de réduction des déchets. Nous proposons ici de faire un pas de côté et de porter un autre regard sur la matière organique en décomposition. Loin d'être un déchet, celle-ci est avant tout un maillon du cycle de la matière au sein des écosystèmes et une source de richesse.

Cessons donc d'exporter feuilles mortes, tiges sèches ou herbe coupée, et importons au contraire de la matière : déchets du restaurant scolaire, bois mort... Tout cela peut prendre place dans un compost (mais aussi à même le sol, par exemple pour les feuilles mortes ou le bois mort, voir p. 263).

On reproduit ainsi le processus se déroulant dans la litière de la forêt (voir p. 149), source d'inspiration pour la classe. Voici une belle opportunité pour observer différents organismes décomposeurs, mais aussi les animaux qui y trouvent un refuge et leurs prédateurs (voir p. 289).

Comment composter ?

Le compostage permet de recycler les déchets organiques et d'obtenir, en quelques mois, un engrais de qualité, utilisable dans le jardin ou pour amender les espaces verts. S'il est bien mené, il ne provoque aucune nuisance.

En bac ou en tas ?

Le compostage peut être mené dans un composteur, ou tout simplement en tas.

Des bacs à compost sont souvent distribués par les syndicats des ordures ménagères. Évitons dans ce cas ceux en plastique, qui constituent des déchets « durables », contrairement au bois qui se décompose après quelques années.

Il est également assez facile d'en construire un à l'aide de planches ou de palettes et de fils de fer. Le bac peut être fermé de tous côtés ou bien seulement sur trois, afin de faciliter les observations et l'accès des bestioles en tout genre. Le couvercle est optionnel et limite la fréquentation par des animaux (oiseaux en particulier).

À l'école élémentaire Jeanne d'Arc (Paris, XIIIe arrondissement), le bac à compost est installé dans le coin potager.

Où installer le compost ?

On privilégiera un emplacement à l'ombre pour éviter que le compost ne sèche.

Il est également préférable que celui-ci soit à même le sol pour que les petits ouvriers souterrains y accèdent plus facilement.

Que peut-on composter ?

Toutes les matières organiques, quelles qu'elles soient, sont compostables : les fruits et légumes (oignon, pomme de terre et agrumes inclus), les végétaux du jardin (plantes sèches, tailles de haies, feuilles mortes...), etc. Certaines se dégraderont cependant plus lentement (coquilles de noix, notamment), ce qui n'est pas du tout gênant ; d'autres nécessitent un peu d'expérience pour ne pas provoquer de désagréments (produits animaux, restes de repas cuits, pain...). Dans le cadre scolaire, on évitera donc ces derniers, car ils peuvent parfois attirer des rats, et on privilégiera les déchets issus de végétaux non cuisinés (épluchures, herbes, tiges sèches, etc.). Par ailleurs, les tontes de pelouse tendent à former des amas malodorants, on les ajoutera donc avec parcimonie.

Quelques astuces

Un brassage régulier est préconisé afin d'aérer les couches inférieures, par exemple en utilisant un Brasscompost, un outil en forme de tire-bouchon. Cela évite le risque de mauvaises odeurs qui pourraient provenir des fermentations.

Il est également fortement conseillé de mélanger les déchets de cuisine, très humides, à des déchets plus secs (brindilles, feuilles mortes, broyat de branches...), qui vont permettre de structurer le tas afin qu'il reste oxygéné, et d'obtenir un compost de qualité.

INTÉRÊT PÉDAGOGIQUE

Cette activité vise à enrichir les espaces extérieurs en matière organique.

- Elle fournit une occasion de travailler sur le cycle de la matière (croissance des végétaux, transformation et décomposition de la matière, etc.) et d'étudier la biodiversité du sol (classification des petites bêtes, rôle, etc.).
- Elle permet de développer la capacité d'accueil de l'école pour les animaux.

Préparer l'activité

Il est préférable de mener en amont de ce projet des observations de la litière en forêt et de vers de terre. Une fois le compost mis en place, il attirera petites bêtes, oiseaux, mais également animaux nocturnes comme le hérisson, qui constitueront autant d'occasions pour réaliser d'autres activités.

POUR QUI ?

Cette activité est réalisable avec tous les enfants de l'école élémentaire.

QUAND ?

La meilleure période pour démarrer un compost est le printemps, car l'activité des micro-organismes est alors importante. Il sera ensuite alimenté toute l'année.

Les observations seront menées de préférence au printemps ou en automne.

OÙ ?

Dans l'enceinte de l'école pour la mise en place du compost et en forêt pour l'observation de la litière.

MATÉRIEL

- Un bac à compost du commerce ou des matériaux pour le construire (planches en bois, palettes...)
- Du matériel d'observation (loupes, boîtes-loupes...)

RESSOURCES UTILES

PDF **« Conseils et exemples pour fabriquer son propre composteur »**, Sygom (Syndicat des ordures ménagères du Nord et de l'Est du département de l'Eure). Pour l'enseignant·e, document contenant de nombreuses idées.
https://media.mdi-editions.com/vc06a

Je réussis mon compost et lombricompost, Ludovic Martin, Pascal Martin et Éric Prédine, Terre vivante, 2011. Informations à destination de l'enseignant·e.

« **Que deviennent les déchets organiques ?** » et « **Comment aider les plantes à pousser ?** », dans *Réduire les déchets, nourrir la terre* (séances 3 et 7), association Passerelles/Hatier, 2011. Deux séances pour approfondir le sujet.

Charlotte, reine du compost, Simona Cechova, Hélium, 2022. Livre jeunesse, pour le cycle 2.

« **Les oiseaux surprises** », *La minute nature de la Salamandre*, n° 19 (3 min 12). Une vidéo avec des oiseaux visitant un tas de compost.
https://media.mdi-editions.com/vc06b

« **La nuit des animaux** », *La minute nature de la Salamandre*, n° 20 (3 min 04). Une vidéo d'animaux nocturnes visitant un tas de compost (à partir de 1 min 10).
https://media.mdi-editions.com/vc06c

Réaliser l'activité

De la forêt au compost

« La litière en forêt », p. 149.

On peut s'appuyer sur des observations de petites bêtes vivant dans la litière en forêt, qui fascinent souvent les enfants, pour démarrer ce projet :

➤ *Comment reproduire ce milieu de vie dans l'enceinte de l'école ?*

Les enfants peuvent proposer de laisser en place les feuilles ou les branches mortes, les tiges sèches, l'herbe tondue, mais aussi de composter les déchets alimentaires de la cantine et du jardin de l'école…

« Enrichir la cour en éléments naturels », p. 263.

On s'interroge ensuite sur la manière d'organiser cela au sein de l'école en définissant différents espaces : bac à compost, mais aussi zone de bois mort, tas de feuilles dans un coin…

LES PETITES BÊTES DU COMPOST

On retrouvera dans le compost certaines des petites bêtes de la litière : vers, limaces, escargots, cloportes, mille-pattes… On pourra en outre y voir certaines larves de coléoptères, sortes de gros vers blancs, qui se transformeront en de magnifiques insectes, comme les cétoines ou les scarabées rhinocéros.

Les **vers de terre** se nourrissent des déchets végétaux et contribuent à aérer et brasser le compost.

Les **limaces** et les **escargots** se nourrissent de matière végétale fraîche ou en cours de décomposition.

Certains coléoptères, comme la **cétoine**, pondent dans le compost mûr : leurs larves sont de gros vers blanc grisâtre.

Les **pince-oreilles** sont des prédateurs d'autres insectes et ils peuvent compléter leur menu avec de la matière végétale. Les femelles pondent parfois leurs œufs dans le compost.

Les **cloportes** sont des crustacés (comme les crevettes), ils décomposent le bois.

Il existe de nombreuses espèces de **mille-pattes**, certains décomposent la matière organique, d'autres sont prédateurs d'insectes, de limaces, de vers…

Installons un composteur

L'installation d'un compost est un projet d'école, qu'il faudra présenter aux autres classes et en conseil d'école.

On commence par mener une réflexion sur la façon d'alimenter ce compost :

- *Quelles matières peut-on composter ?*
- *Où et comment en trouver ?*

Toutes les matières organiques, en particulier celles provenant de végétaux, peuvent être compostées. On peut par exemple récupérer des épluchures de cuisine (à l'école si les repas sont réalisés sur place), mais aussi des restes de plantes du coin jardin (herbes, tiges sèches...), les feuilles mortes des arbres de l'école, demander aux personnes entretenant les espaces verts de laisser les tailles d'arbustes broyées sur place...

Puis on s'interroge sur le choix du composteur, en montrant des photographies de différents modèles aux enfants :

- *Avons-nous besoin d'un composteur, ou pouvons-nous faire un simple tas ?*
- *Quel modèle de composteur allons-nous choisir ? Quels sont les avantages et les inconvénients des différents modèles ?*

Photographies de composteurs

Différentes sortes de composteurs.

Il est tout à fait possible de se passer de composteur et de composter en tas, mais celui-ci est souvent jugé peu esthétique, et le compost sera mieux accepté de tous s'il semble « propre » (voir p. 286).

Si on opte pour un composteur, on privilégiera ceux en bois, fournis par les syndicats des ordures ménagères, à construire ou à acheter dans le commerce.

Enfin, on réfléchit à l'emplacement de la zone compost :

- *À quel endroit pouvons-nous installer notre compost ?*

Avant de démarrer le compost, il est utile de préparer à proximité un tas de matières sèches (brindilles, feuilles mortes, broyat…), qui seront ajoutées pour absorber l'humidité des déchets de cuisine.

On choisit une implantation dans un recoin de la cour, si possible dans un secteur ombragé pour limiter le dessèchement.

Une fois le lieu choisi, et le composteur installé, on démarre le tas en y mettant dans un premier temps de petites quantités, que l'on pourra augmenter progressivement. On veille à associer les déchets de cuisine aux végétaux de jardin, et on remue le tas si des odeurs désagréables apparaissent.

On organise également l'approvisionnement du compost en lien avec le restaurant scolaire. Cela peut prendre par exemple la forme de responsabilités tournantes conférées aux enfants.

On peut expérimenter l'effet du compost sur la croissance des plantes en s'inspirant des protocoles scientifiques proposés par l'association Passerelles (voir « Ressources utiles », p. 288).

Environ 6 mois plus tard, on obtiendra du compost mûr, qui pourra être utilisé pour nourrir les plantes.

Les matières humides, comme les végétaux tendres, seront mélangés à des matières plus sèches.

Les élèves remplissent le fond du compost avec des branches et des feuilles mortes, école d'Erstroff (Moselle).

ET MAINTENANT, OBSERVONS !

Effectuer des affûts

Rester immobile et silencieux à proximité du compost peut permettre d'observer différents oiseaux (rouges-gorges, merles, etc.)

Chercher les petites bêtes

De la même manière que pour l'étude des habitants de la litière en forêt, on peut prélever des échantillons de compost et les étaler dans des barquettes ou des boîtes-loupes pour observer la vie qui y grouille (voir p. 289).

Observation des petites bêtes lors d'une animation sur le compostage.

Pister les animaux nocturnes

La nuit, d'autres êtres vivants visitent souvent les tas de compost :

- **les petits mammifères** (souris, campagnols, musaraignes, mulots) apprécient la chaleur du compost et la nourriture qu'ils y trouvent. Ils réduisent les déchets organiques les plus durs en les rongeant et aèrent au passage le compost de leurs mouvements en y creusant des galeries ;
- **le hérisson** peut aussi venir y trouver un refuge ;
- **les crapauds** y chassent des insectes, des vers, des escargots, etc.

Pour repérer leur présence, on peut installer une caméra nocturne ou encore mettre en place des pièges à empreintes (voir p. 237).

7 Construire des gîtes pour la faune

« Quelques parents sont venus prêter main-forte aux petits écoliers pour cette nouvelle journée de l'opération consacrée à la fabrication de nichoirs. [...] Perceuses et visseuses en main, les parents ont achevé le travail des enfants qui avaient tout préparé, tout mesuré et marqué [...]. L'air de rien, au passage, on apprenait quelques lois de biodiversité, on avait fait un peu de géométrie et de calcul, un peu de travaux manuels et on s'essayait au travail d'équipe. »

École de La Prade, Saint-Jean-du Bruel (Aveyron), article en ligne sur midilibre.fr, 3 mai 2019.

Des dispositifs compensatoires...

Quand on envisage la renaturation d'un espace, la mise en place de nichoirs ou d'hôtels à insectes fait généralement partie des premières propositions. Quelles en sont les vertus et les limites ?

Dans leurs biotopes, les animaux trouvent des abris naturels. Cela leur est plus difficile dans des milieux transformés par l'homme, souvent simplifiés et rajeunis, dépourvus de vieux arbres creux et de buissons touffus, qui leur servent de refuges. La création de gîtes est alors une mesure compensatoire qui n'a cependant de sens que si elle s'inclut dans un projet plus global de renaturation avec un déploiement de milieux naturels nécessaires aux besoins vitaux des animaux.

Pour ne pas alimenter la représentation d'une nature dépendante de l'humain, il est en effet important d'attirer l'attention des enfants sur les refuges naturels des animaux, comme les cavités dans lesquelles nichent divers oiseaux. Par ailleurs, les gîtes ont peu de chance d'être investis si on ne propose pas aussi le couvert aux animaux, c'est-à-dire des milieux naturels diversifiés et donc riches en ressources nutritives.

... offrant des observations magiques

La nidification des oiseaux est un processus fascinant et secret... On voit les allers et venues des adultes construisant leur nid, se relayant pendant la couvaison et nourrissant inlassablement les petits affamés... dont on aperçoit les becs jaunes largement ouverts à la nourriture quémandée. Pendant des semaines, le mystère est grand : combien sont-ils ? à quoi ressemblent-ils ? Et lorsque les oisillons maladroits et peu farouches surgissent de leur nichoir au milieu de la cour de récréation, ils font aux enfants un cadeau dont ils se souviendront longtemps.

À chaque espèce son gîte !

Selon les animaux, les gîtes constituent des lieux de reproduction ou des abris de protection, hivernaux ou estivaux.

Des nichoirs pour les oiseaux

Selon leur forme et leur taille, ceux-ci attireront des espèces différentes. Les nichoirs à trou rond pour les mésanges constituent une valeur sûre pour une cour d'école. D'autres sont plus spécifiques à certaines espèces, comme les hirondelles (voir p. 211).

Des gîtes pour les insectes

De nombreux modèles d'hôtels à insectes visent l'accueil, été comme hiver, de plusieurs espèces. Ils se présentent sous la forme d'un meuble en bois avec différentes loges remplies de matériaux divers (bûches percées, foin, etc.). On peut aussi faire le choix de l'habitat individuel privilégiant l'accueil d'un seul groupe : coccinelles (voir p. 202), papillons (voir p. 194), guêpes ou abeilles solitaires, perce-oreilles...

Des gîtes pour certains mammifères

Ceux-ci peuvent offrir un refuge pour l'hibernation des hérissons (voir p. 240), un lieu de repos en été pour les chauves-souris, etc.

INTÉRÊT PÉDAGOGIQUE

Cette activité a pour objectif de développer la capacité d'accueil de l'école pour les animaux par la mise en place de nichoirs à mésanges et de gîtes à insectes.

- Elle engage les enfants dans une action concrète en faveur de la biodiversité.
- Elle permet d'affiner les connaissances sur les habitats spécifiques à chaque espèce.
- Elle fournit de nombreuses occasions pour observer oiseaux et insectes.

Préparer l'activité

Cette activité peut être menée suite à un état des lieux de la cour de l'école et l'observation de milieux environnants plus riches, comme des parcs ou des forêts, mais aussi s'inscrire dans le prolongement de séances sur les oiseaux, ou sur divers insectes, comme les pollinisateurs, les papillons, les coccinelles...

POUR QUI ?

Cette activité est adaptée à tous les niveaux de l'école élémentaire.

QUAND ?

La période varie selon les abris.
Les nichoirs pour les oiseaux doivent être installés pendant l'hiver afin d'être investis dès le début du printemps.
Les hôtels à insectes sont à mettre en place avant l'hiver.

OÙ ?

Dans la cour de l'école ou à proximité, dans des espaces pas trop artificialisés ou proches de zones plus naturelles, de manière à ce que les animaux puissent se nourrir.

MATÉRIEL

Pour l'hôtel à insectes

- Des photographies d'hôtels à insectes
- Une cagette solide par groupe de 2 ou 3 enfants
- Des contenants pour créer des compartiments dans la cagette
- Divers matériaux naturels à placer dans les niches (voir p. 298)
- Des loupes pour l'observation

Pour le nichoir

- Des planches de bois
- Des vis, des tournevis manuels ou électriques
- Le plan d'un nichoir (voir « Ressources utiles », ci-dessous)*

* On peut aussi acheter un nichoir dans le commerce, par exemple sur le site de la LPO.

RESSOURCES UTILES

« **Tous les nichoirs et leurs plans** », en ligne sur nichoirs.net, site de référence pour l'ornithologue et l'ornithophile.
https://media.mdi-editions.com/vc07a

« **Réaliser votre hôtel à insectes 100 % récup** », tutoriel en ligne sur grisfluo.fr.
https://media.mdi-editions.com/vc07b

« **Kit vidéo pour oiseaux** », une caméra à installer dans les nichoirs, en vente sur ornithomedia.com.
https://media.mdi-editions.com/vc07c

Ma petite mésange, Gerda Muller et Sophie Chérer, L'école des loisirs, 2020. Album jeunesse, pour le cycle 2.

L'hôtel à insectes, Libby Walden, éditions Tigre & cie, 2021. Album jeunesse, pour le cycle 2.

« **D'un nid vide au premier vol d'oiseaux** », caméra cachée dans un nichoir de mésanges bleues, Londres, Royaume-Uni, printemps 2021.
https://media.mdi-editions.com/vc07d

Réaliser l'activité

À la découverte des gîtes pour animaux

Pour être dans une démarche d'empathie (voir p. 91), on peut aussi s'appuyer sur une formulation de type : « Si j'étais une mésange, un insecte… de quoi aurais-je besoin pour vivre dans la cour de l'école ? ».

Collectivement, on se questionne sur la manière de rendre l'école plus accueillante pour les insectes ou les oiseaux :

- *De quoi auraient-ils besoin pour vivre dans notre école ?*

Une des réponses attendues est la mise en place de gîtes à insectes ou de nichoirs.

On mène ensuite une recherche sur les modèles à privilégier pour accueillir au mieux l'espèce visée.

« À chaque espèce son gîte ! », p. 294.

Nous développons ci-après les exemples du nichoir à mésanges et de l'hôtel à insectes, les plus simples et intéressants à mettre en œuvre dans le cadre scolaire, mais de nombreux autres gîtes peuvent être installés. Ceux-ci pourront être construits en classe avec les enfants (éventuellement avec l'aide de certains parents, en particulier pour la découpe des nichoirs), puis installés en suivant les conseils d'implantation et d'orientation propres à chaque modèle.

Le nichoir à mésanges

Ce projet offre une occasion de mener un débat philosophique sur cette thématique, à partir du mot inducteur « nid » (voir p. 85).

Il s'agit d'une boîte munie d'un trou arrondi. Selon son diamètre, le nichoir favorisera différentes espèces :

- 32 mm : pour les mésanges charbonnières, mais aussi les moineaux ;
- 28 mm : seules les petites mésanges, dont la bleue, pourront y pénétrer.

Le plus simple est l'achat de kits découpés et prépercés que les enfants assembleront. On peut aussi demander à des parents bricoleurs d'assurer ces étapes préalables. Mieux vaut prévoir le montage d'un nichoir par groupe de 2 ou 3 enfants.

Une mésange charbonnière dans un nichoir décoré par les enfants, réalisé dans le cadre du projet « À l'école de la biodiversité », région Champagne-Ardenne.

On installe ensuite les nichoirs dans des endroits abrités des intempéries, orientés si possible à l'est, au sud-est, voire au nord-est. On veille à bien les attacher à un support solide et stable. Pour avoir le plus de chances de réussite, on les place en automne ou au début de l'hiver, les premières nichées démarrant dès mars.

L'hôtel à insectes

L'enseignant·e montre à la classe des photographies de divers hôtels à insectes, puis engage une discussion :

- *À votre avis, à quoi servent ces constructions ?*
- *Quel est leur point commun ?*
- *Quels sont les matériaux utilisés ?*

EXEMPLES D'HÔTELS À INSECTES

Tous ces hôtels à insectes sont constitués de cases, remplies de divers matériaux naturels, ce qui permet de satisfaire les besoins de différentes espèces.

Les matériaux utilisés peuvent être très variés : fagots de branches creuses ou pleines (sureau, bambou, renouée du Japon, etc.), paille, pommes de pin, morceaux de bois forés de trous, briques de toutes formes avec des pores ou des creux, tuiles cassées, écorces d'arbres, feuilles mortes, coquilles d'escargots, sable, terre…

On fixe en général un grillage par-dessus pour que les éléments ne tombent pas.

MATÉRIAUX POUR HÔTELS À INSECTES

Voici une liste (non exhaustive) de matériaux qu'il est possible d'utiliser dans les hôtels à insectes. Chaque groupe d'insectes a ses préférences.

- **Paille et copeaux de bois :** chrysopes
- **Briques, tuiles et bambous :** osmies
- **Pot rempli de foin :** perce-oreilles
- **Copeaux de bois et brindilles :** carabes
- **Bûches percées :** osmies et abeilles sauvages
- **Tiges à moelle :** abeilles solitaires, osmies et larves
- **Pommes de pin, feuilles mortes et brindilles :** coccinelles
- **Boîte fermée comportant des fentes, remplie de paille et de fleurs :** papillons

On prévoit un hôtel à insectes par groupe de 2-3 enfants.

Un hôtel à insectes dans une cagette, réalisé avec des matériaux de récupération.

On trouve des kits tout faits, des modèles élaborés et très esthétiques, mais chers. C'est pourquoi nous proposons de réaliser des hôtels avec du matériel de récupération : des cagettes (qui peuvent être remplacées par d'autres caisses ou des tiroirs en bois), dans lesquelles les enfants créeront des compartiments à l'aide de pots de fleurs, barquettes, boîtes de camembert, etc. On peut ainsi prévoir la création de plusieurs petits hôtels, pris en charge par différents groupes.

La mise en place du grillage, qui assure le maintien en place des éléments, est délicate avec les élèves, qui risqueraient de se blesser. Il vaut mieux qu'elle soit assurée par un adulte.

Les enfants choisissent l'organisation de la boîte et les matériaux à expérimenter, et donc à placer dans les différentes loges. Les gîtes seront installés dans plusieurs parties de la cour et dans des espaces à proximité. La partie « entrée » de l'hôtel devra être orientée au sud ou au sud-est, afin que les insectes bénéficient de la chaleur des rayons matinaux du soleil. On placera également les hôtels dos aux vents dominants et légèrement en hauteur afin qu'ils soient à l'abri de l'humidité du sol.

QUELQUES HÔTES POUVANT VISITER L'HÔTEL

On pourra également voir des papillons (voir « Les insectes pollinisateurs », p. 184) ou d'autres insectes observés à l'automne sur le lierre (voir p. 134).

Coccinelles

Abeilles sauvages (dont osmie)

Chrysopes

Perce-oreilles

Mouches (dont syrphes)

Carabes

TÉMOIGNAGE

Un hôtel à insectes collectif

« En classe, nous avons observé plusieurs photos d'hôtels à insectes, puis nous avons dessiné celui que nous voulions faire. Le jour suivant, on avait apporté beaucoup de cartons de toutes tailles à l'école, notre mission était de fabriquer notre hôtel à insectes tous ensemble, en utilisant des cartons et du gros scotch. C'était un travail collectif et on a réussi à en faire un très grand.
Ensuite, les GS-CP-CE ont dessiné notre hôtel sur une feuille blanche, comme en géométrie avec règle, équerre et crayon de papier, il fallait bien observer la taille, la forme et le nombre de cases.
Les CM1 ont fait un croquis de notre hôtel en notant ses mesures. Les CM2 ont dû trouver quelle échelle utiliser pour que le plan de l'hôtel entre sur une feuille A4. Il fallait que le plan soit correct car nous allions le donner au papa de Julia et Livio pour qu'il nous le construise en vrai avec du bois de récupération qu'il a chez lui.
Quand il nous a amené l'hôtel fini, nous l'avons rempli avec ce que nous avons trouvé autour de l'école et en forêt. Il est maintenant installé derrière l'école, sur le vieux banc vermoulu, nous allons semer tout autour des graines pour faire pousser des fleurs qui vont attirer les insectes. »

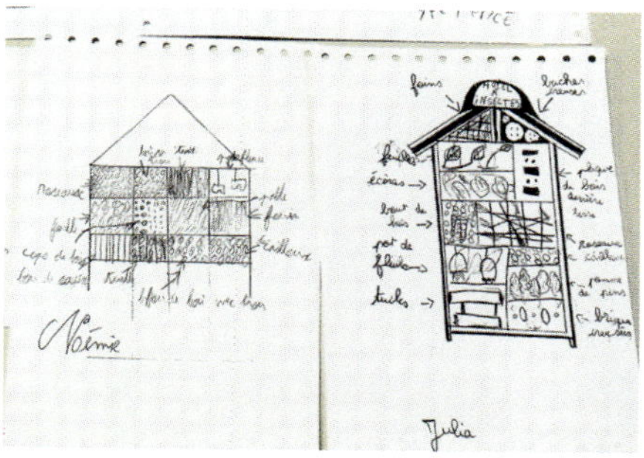

« Nous avons dessiné l'hôtel à insectes que nous avions envie de construire, puis nous avons apporté des cartons pour le réaliser grandeur nature. »

« Et voilà le résultat, notre hôtel mesure 1 m de hauteur ! Les CM2 ont fait les plans à l'échelle, confiés à un papa pour qu'il construise l'hôtel. »

« Notre hôtel fini, nous sommes très fiers de notre travail ! »

École d'Erstroff (Moselle), classe unique de Florence Karle, mars 2023.

ET MAINTENANT, OBSERVONS !

Le nichoir à mésanges

Les enfants peuvent observer les allées et venues des adultes pendant la construction du nid et le nourrissage des jeunes. Attention, les oiseaux sont très discrets pendant la couvaison, laissant à penser qu'ils sont absents pendant cette période. Avec un peu de chance, on pourra voir la sortie des jeunes du nid au printemps.

Une mésange bleue nourrissant ses petits.

Pour mieux suivre la croissance de ces derniers, on trouve dans le commerce à prix abordable des caméras à installer dans les nichoirs (voir « Ressources utiles », p. 295).

À défaut ou en complément, on pourra suivre l'évolution d'une nichée à partir d'une webcam en ligne installée à l'intérieur d'un nid, à visualiser en direct ou en différé.

Les hôtels à insectes

Des osmies en train de s'installer dans les tiges creuses d'un hôtel à insectes.

Il est intéressant de mener des observations environ toutes les deux semaines. Celles-ci nécessitent un temps d'affût pour avoir le temps de bien voir le va-et-vient des insectes. Parfois, on notera simplement un indice de leur présence, des tiges creuses obturées par exemple.

Bibliographie

Nous avons fait le choix de proposer ici uniquement les ressources générales que nous considérons comme étant essentielles. Vous trouverez de nombreuses autres références au fil de l'ouvrage, en particulier dans la rubrique « Ressources utiles » de chaque activité.

POUR SE CONSTRUIRE UNE CULTURE DE LA NATURE

La Salamandre : des revues, des livres, des vidéos, un site internet, qui constituent une mine de connaissances sur la nature et d'activités pour mieux l'observer et la préserver.

- *La minute nature* : des vidéos de quelques minutes sur des sujets très variés. https://media.mdi-editions.com/v00a
- *Les miniguides* : des petits guides d'identification sur de nombreuses thématiques (faune du sol, araignées, papillons des prairies, feuillus de plaines...). https://media.mdi-editions.com/v00b

La Hulotte : une revue qui raconte la vie des animaux sauvages, des arbres et des fleurs d'Europe. À la fois amusante et très rigoureusement documentée. À partir de 12 ans, mais des extraits peuvent être proposés en lecture offerte aux plus jeunes.
www.lahulotte.fr

Voici la liste des numéros les plus utiles pour les activités du présent ouvrage :

- « Le lierre », n° 106 et 107 (voir p. 129)
- « L'escargot des haies », n° 97 et 98 (voir p. 165)
- « L'araignée pholcus », n° 54 et 55 (voir p. 173)
- « Les araignées à toiles géométriques », n° 73 et 74 (voir p. 173)
- « La coccinelle à sept points », n° 108 et 109 (voir p. 195)
- « Les hirondelles », n° 58, 60, 62, 64, 67, 70 (voir p. 211)
- « Le martinet noir », n° 78 et 79 (voir p. 211)
- « Le hérisson », n° 77 (voir p. 233)

Les documents FCPN (Fédération Connaître et Protéger la Nature) : une mine de ressources.
www.fcpn.org

- *Les guides de la FCPN* : escargots et limaces, papillons, les « loca-terres » du sol...
- *Les mal-aimés, j'adore ! Le livre*, Fanny Husson-Poisson, FCPN, 2021.

Vigie-Nature et **Vigie-Nature école :** deux sites de sciences participatives du Muséum national d'histoire naturelle, avec de nombreux documents.

www.vigienature.fr

www.vigienature-ecole.fr

POUR NOURRIR SA RÉFLEXION SUR LA CONNEXION À LA NATURE

Éveiller ses enfants à la nature... même en ville, Scott D. Sampson, Marabout, 2018. En apprenant le langage des oiseaux avec sa fille, l'auteur, biologiste, s'est rendu compte que la connexion des enfants avec la nature laissait souvent à désirer. Il nous livre ici ses dix secrets pour devenir « un passeur de nature » avec les enfants.

La nature à l'œil nu, Anne-Caroline Prévot, CNRS éditions, 2021. Une enquête sur nos multiples rapports à la nature et sur les chemins pour nous y reconnecter.

« **Renouer avec le vivant** », *Socialter*, hors-série n° 9, 2020. Des auteurs d'horizons très variés s'expriment sur notre rapport aux autres vivants et sur notre place dans la biosphère, avec un espoir : voir émerger une authentique « culture du vivant ».

« **Apprendre en anthropocène : éduquer à la biodiversité** », Anne-Françoise Gibert, dossier de veille de l'Institut Français de l'Éducation, 2022. Une synthèse des connaissances pour approfondir sa réflexion.

POUR ALIMENTER SA PRATIQUE PÉDAGOGIQUE

Enseigner la biologie et la géologie à l'école élémentaire, Raymond Tavernier, Bordas, 2012. Un incontournable pour mettre à jour ses connaissances des grands phénomènes du monde vivant, se doter de repères sur les notions visées à l'école et de pistes d'activités.

La découverte du monde vivant de la maternelle au CM2, Raymond Tavernier, Bordas, 2002. Un grand classique qui n'est hélas plus édité, mais est toujours d'actualité ! Il complète la référence précédente avec une approche par milieux.

Pistes pour découvrir la nature avec les enfants, Louis Espinassous, Terre vivante/Plume de carotte, 2018. Le guide de référence pour les animateurs nature : méthodes, démarches et outils pour découvrir concrètement la nature avec les enfants.

« **L'approche sensible en éducation à la nature** », *Cahier technique* n° 151, document FCPN. Cet ouvrage explore de manière très accessible les concepts théoriques sur lesquels s'appuie l'approche sensible et propose une multitude d'expériences de nature à partager.

Éveil et Nature : un site internet proposant des outils et des conseils pour éveiller les enfants à la nature, une formation en ligne concrète et pratique sur la démarche et les outils pour devenir « passeur de nature ».
https://eveil-et-nature.com

POUR SE LANCER DANS LA RENATURATION DES ÉCOLES

À l'école de la biodiversité, région Grand Est, FCPN, 2012. Un classeur pédagogique pour les écoles élémentaires et maternelles : de nombreuses fiches décrivant des activités pédagogiques, des exemples d'aménagements, des ressources, etc.

« **Les cours d'école Oasis** », ville de Paris, CAUE (Conseil d'Architecture, d'Urbanisme et d'Environnement). De nombreux outils sur la végétalisation des cours d'école : méthode, conseils techniques, témoignages, etc.
www.caue75.fr

« **Ose le vert, recrée ta cour** », le site internet d'une campagne belge portée par GoodPlanet Belgium, en partenariat avec Natagora et financée par la Wallonie. Pour des cours de récréation nature « bienvenue » et conviviales dans les écoles maternelles et primaires wallones : des idées et de nombreuses ressources.
www.oselevert.be

« **Guide de renaturation des espaces éducatifs** », Réseau drômois d'éducation à l'environnement, 2023.
https://media.mdi-editions.com/vc01c

L'oasis, petite genèse d'un jardin biodivers, Simon Hureau, Dargaud, 2020. Une bande dessinée relatant l'histoire de la renaturation d'un jardin par un autodidacte. Une source d'inspiration pour tous les projets de ce type.

Crédits photographiques

Couverture :

ht g © DerPlan - stock.adobe.com ; bas g © Halfpoint - stock.adobe.com ; bas d © Biosphoto / Rémy Courseaux

Intérieur :

P7 © Béatrice Venard ; P11 g the American Philosophical Society Museum ; d © musée des Confluences - Yannick Saunier ; P12 https://www.agenda-2030.fr/17-objectifs-de-developpement-durable/article/odd15-preserver-et-restaurer-les-ecosystemes-terrestres ; P14 La pyramide est extraite de *Passeur de nature* de Émilie Lagoeyte et Cindy Chapelle, illustrateur Titwane © Éditions Plume de carotte, 2023 ; P35 ht © Hakase - Istock reprise p.41 ; bas g © Béatrice Venard reprise p.52 ; bas d © Biosphoto / Rémy Courseaux reprise p.64 ; P40 © SanyaSM - Istock ; P42 © Béatrice Venard ; P46 © Samuel DHIER / Naturimages ; P47 © lynnebeclu - Istock ; P48 ht © Wavebreakmedia - Istock ; bas © A.R.B.R.E - www.arbre34160.org ; P53 © Béatrice Venard ; P54 ht g Ph. Marilyn barbone © Archives Sejer ; ht m Ph. Andrew Howe © Archives Sejer ; ht d © Ramon Suarez - stock.adobe.com ; m g © Opalev - stock.adobe.com ; m m © Karin Jaehne - stock.adobe.com ; m d Ph. John Sandoy © Archives Sejer ; bas g © Mircea Costina - stock.adobe.com ; bas m © Vincenzo Iacovoni - stock.adobe.com ; bas d © Kajornyot Krunkitsatien - stock.adobe.com ; Les chants d'oiseaux © xeno-canto - https://xeno-canto.org ; P58 © Jaroslav Machacek - stock.adobe.com ; P59 © Sidekick - stock.adobe.com ; P60 © Robert Kneschke - stock.adobe.com ; P62 g © Roel Meijer - Istock ; m © dmytro_khlystun - stock.adobe.com ; d © Béatrice Venard ; P65 Dessins d'enfants ht Andreas , Arsène , Hannah ; bas Isidore, Rose, Sacha ; P66 ht © BraunS - Istock ; bas Dessins d'enfant © Béatrice Venard ; P70 © Nikola Stojadinovic - Istock ; P71 © Viktar - stock.adobe.com ; P76 © Bruno Mathieu - Biosphoto ; P77 ht © Alina Lebed - stock.adobe.com ; bas Tous droits réservés - http://petitshomeschoolers.blogspot.com/2014/10/charlotte-mason-le-journal-de-la-nature.html ; P78 ht Tous droits réservés - http://petitshomeschoolers.blogspot.com/2014/10/charlotte-mason-le-journal-de-la-nature.html ; bas © Ghislain & Marie David de Lossy - Istock ; P82 © Béatrice Venard ; P83 © mirkadirka - stock.adobe.com ; P84 © Florence Karle ; P88 © Béatrice Venard ; P89 © A.R.B.R.E. - www.arbre34160.org ; P90 © Béatrice Venard ; P94, 95 et 96 © Béatrice Venard ; P101 vignettes fiches à télécharger g © bennytrapp - stock.adobe.com ; d © Globalstock - Istock ; P103 ht © Shangarey Julia - stock.adobe.com reprise p.176 ; bas g © Carmen Martinez Banus - Istock reprise p.133 ; bas d © Nektarstock - stock.adobe.com reprise p.160 ; P108 © Sebastien SALOM-GOMIS / AFP ; P109 ht g © Gueholl - Istock ; ht m © nadine - stock.adobe.com ; ht d © ALEKSANDAR REBA - stock.adobe.com ; mg © Altay Suleyman - stock.adobe.com ; m m © Jane Rix - stock.adobe.com ; d © Coffemill - stock.adobe.com ; bas g © Andrzej Skora - stock.adobe.com ; b m © Oksana - stock.adobe.com ; bas d © Andrew Dierks - Istock ; P112 © Jean-Philippe Delobelle / Biosphoto ; P116 ht © lupico - stock.adobe.com ; bas © Ecole primaire Paul-Emile Victor Ercé-près-liffré - www.ecoleerce.fr/2022/02/exposition-sur-les-arbres.html ; P117 Fiches à télécharger vignette Hêtre hiver © Douglas MacKenzie - stock.adobe.com - été © Photodigitaal.nl - stock.adobe.com - écorce © SForster - stock.adobe.com - bourgeons © ihorhvozdetskiy - stock.adobe.com - feuilles © Manfred Ruckszio - stock.adobe.com - faine © Peter Hermes Furian - stock.adobe.com ; Chêne hiver © LOCHSTAMPFER - stock.adobe.com - été © Catalin Petolea - stock.adobe.com - bourgeons © Georges Lopez / Biosphoto - feuilles © An-T - stock.adobe.com - écorce © Alexandr - stock.adobe.com - gland © Domnitsky Yaroslav - stock.adobe.com ; bas © tgordievskaya - stock.adobe.com ; P118 bas © École du Sacré Cœur - Lannilis ; P119 Dessins réalisés par les élèves de l'UPE2A, unité pédagogique pour élèves allophones arrivants en 2007 © Patrick Chastan ; P120 ht © Ingrid Ory ; bas © Biosphoto / Rémy Courseaux ; P122 bas g © sajoiner - Istock ; bas d © sandra zuerlein - stock.adobe.com ; P125 © Philippe Rivière ; P126 © Philippe Rivière ; P127 ht g © schankz - stock.adobe.com, reprise p.140 ; ht m © LiubovSolomina - stock.adobe.com ; h d © Pavel Klimenko - stock.adobe.com ; bas g Ph. Ohla © Archives Nathan, reprise p.140 ; bas m © Freddyb - stock.adobe.com ; bas d © M. Schuppich - stock.adobe.com ; P128 ht geoportail.gouv.fr. ; bas © Est Républicain - Colette Matillo ; P132 g © Tsyb Oleg - stock.adobe.com ; m © SBKW7 - Istock ; d © Béatrice Venard ; Feuille 1 © Paul Schwarzl - unpict.com - Istock ; 2 © IURII GARMASH - Istock ; 3 © MajaCvetojevic - Istock ; bas g © Seabird75 - stock.adobe.com ; bas m © Yulia Babkina - stock.adobe.com ; bas d © Jon Benedictus - stock.adobe.com ; P134 ht 1 © Tony Mills - stock.adobe.com ; 2 © Ulrike leone - stock.adobe.com ; 3 © Claudia Nass - stock.adobe.com ; 4 © Sarah2 - Shutterstock ; 5 © Michaela Bechinie - stock.adobe.com ; 6 © Estuary Pig - stock.adobe.com ; 7 - 8 © Janine - stock.adobe.com ; bas © lorabarra - stock.adobe.com ; P139 © A.R.B.R.E. - www.arbre34160.org ; P140 ht 1 © Fabian_Ammer - stock.adobe.com ; 2 © Béatrice Venard ; 3 © alessandrozocc - stock.adobe.com ; 4 Ph. marc © Archives Sejer ; 6 © LiubovSolomina - stock.adobe.com ; 7 © Pavel Klimenko - stock.adobe.com ; P141 ht Projet de classe accompagné par le Centre pilote La main à la pâte de Metz-Montigny ; bas g © Adam - stock.adobe.com ; bas d © Llshat - stock.adobe.com ; P142 g © Chiroquia - stock.adobe.com ; d © Alex Zegrachov - stock.adobe.com ; P147 ht © Ville de Niort ; bas g Esther Ferragne, Tela Botanica CC BY-SA ; bas d Photo © Raphael Guionet - Mai 2014 - concept Belles de Bitume © Frédérique Soulard ; P148 1 © HDesert - Istock ; 2 © Rita Coates / GWI - Garden World Images / Biosphoto ; 3 © Tom - stock.adobe.com ; 4 © Mykola_Ohorodnuk - stock.adobe. ; 5 © Orest Lyzhechka - stock.adobe.com ; 6 © Béatrice Venard ; 7 © Kira Andrew - stock.adobe.com ; 8 © seven75 - Istock ; P152 © BasieB - Istock ; P153 ht © Photo12/Alamy/Andrey Elkin ; bas © Conservatoire d'espaces naturels de Normandie ; P154 ht © Bernard Langellier ; bas Dessins des élèves de la classe de Florence Karle (Erstroff) ; P155 ver © Valentina R - stock.adobe.com ; limace © guy - stock.adobe.com ; escargot Ph. Cre8tive Images © Archives Sejer ; mille-pattes 1 © Alekss - stock.adobe.com ; 2 © Eric Isselée - stock.adobe.com ; cloporte © pzAxe - stock.adobe.com ; insecte © Dmitry - stock.adobe.com ; araignée © Eric Isselée - stock.adobe.com ; pseudoscorpion © Manci Cosmin-Ovidiu - stock.adobe.com ; P156 m © Béatrice Venard ; bas © Jean-Marc RICHARD - stock.adobe.com ; P161 © Béatrice Venard ; P162 m © Nikolay N. Antonov - stock.adobe.com ; bas © Editions MDI ; P164 © Nikolay N. Antonov - stock.adobe.com ; P168 © TATEVOSIAN YANA - stock.adobe.com ; P169 ht © Béatrice Venard ; bas © V. Schmitt - CEN Champagne-Ardenne ; P170 ht Escargot 1 © Rudmer Zwerver - stock.adobe.com reprise p.172 - 231 ; 2 Ph. Tomas Bogner © Archives Sejer ; 3 © Jason - stock.adobe.com reprise p.172 ; 4 Ph. Simone © Archives Sejer ; 5 Ph. PHILETDOM © Archives Sejer ; 6 © Imke - stock.adobe.com reprise p.172 ; bas © Vigie-Nature école ; P171 bas g Ph. Svetlana Monyakova © Archives Sejer reprise p.172 ; bas d © Marc Goldman - stock.adobe.com reprise p.172 ; P172 hérisson © Piotr Krzeslak - stock.adobe.com ; crapaud © Alexandre Portheault - stock.adobe.com ; déchets © JoannaTkaczuk - stock.adobe.com ; P174 © Danut Vieru - stock.adobe.com ; P177 ht g © Petro Perytskyi - stock.adobe.com ; ht d Ph. Michael Drak © Archives Sejer ; m g © sanjiv - stock.adobe com ; m d © Otoparat - stock.adobe.com ; bas g © Hajdu Csaba Alex - stock.adobe.com ; bas d © Alfred Hofer - stock.adobe.com ; P178 © Béatrice Venard ; P180 ht g © janine - stock.adobe.com ; ht d © didier salou - stock.adobe.com ; m g © Katho Menden/Shutterstock ; m d © IJPhoto/Shutterstock ; P183 m g © kojihirano - stock.adobe.com ; m d © Lyudmila Lucienne - stock.adobe.com ; bas © Yana Tatevosian - stock.adobe.com ; P184 bas azuré © Christian_MUSAT - stock.adobe.com ; vulcain © danielkreissl - stock.adobe.com reprise p.191 ; moro-sphinx © ibanmontero.com - stock.adobe.com ; paon-du-jour © Vitalii Hulai - stock.adobe.com reprise p.191 ; piérides blanches © Jens_Stolt - stock.adobe.com ; aurore © Christian_MUSAT - stock.adobe.com ; P185 © Ecole de la Nature - Réunion - www.ecoledelanature.re ; P186 © Biosphoto / Rémy Courseaux ; P190 ht © Florence Karle ; bas g © AB-7272 - stock.adobe.com ; bas d © Eileen Kumpf - stock.adobe.com ; P191 chenille paon-du-jour Ph. Eileen Kumpf © Archives Sejer ; chenille vulcain Ph. Tim Laussmann, Leverkusen © Archives Sejer ; petite-tortue Ph. Alex Gorbatsevich © Archives Sejer ; chenille Ph. Henri Koskinen © Archives Sejer ; robert-le-diable © Anton Kozyrev - stock.adobe.com ; chenille © Fabio_Sacchi - Istock ; P192 ht http://moncahierjournal.canalblog.com ; bas © Editions MDI ; P193 1 © emer1940 - Istock ; 2 © Christine Schmutzler-Schaub - stock adobe.com ; 3 © Alien - stock.adobe.com ; 4 © H.T. Kirk - stock.adobe.com ; 5 © yamaoyaji/Shutterstock ; 6 © Ger Bosma - stock.adobe.com ; P194 ht © Jill - stock.adobe.com ; m © Christine Bschor - stock.adobe.com ; P198 bas 1 © Paul Maguire - stock.adobe.com ; 2 © zhang yongxin - stock.adobe.com ; 3 © Florian Kittemann - stock.adobe.com ; 4 © Harry Wedzinga - stock.adobe.com ; P199 ht © hakase420 - stock.adobe.com ; m © Szasz-Fabian Jozsef stock.adobe.com ; bas © Marktl Robert - stock.adobe.com ; P200 ht © Editions MDI ; bas © Jürgen Kottmann - stock.adobe.com ; P201 7 points © Martina Raedlein / CHFOMORANGE - stock.adobe.com ; 2 points © MSK1147 - stock.adobe.com ; 22 points © stoupa - stock.adobe.com ; virgule © Michael Tieck - stock.adobe.com ; P202 © ESSCHERT DESIGN ; P206 g © Tana Chugunova - stock.adobe.com ; m © Ghislain - stock.adobe.com ; d © Jeanluc - stock.adobe.com ; P207 © Philippe Giraud / BIOSPHOTO ; P208 © Philippe Rivière . P209 ht g © Anton Gvozdikov - stock.adobe.com ; ht m © Jens Gade - stock.adobe.com ht d Ph. Robin © Archives Sejer ; m g © Gallinago_media/Shutterstock ; m m © Tatania - stock.adobe.com ; m d © Robin - stock.adobe.com ; bas g © Robin - stock.adobe.com ; bas m © Eric Isselée - stock.adobe.com ; bas d © Robin - stock.adobe.com ; P210 bas g © David Denby - stock.adobe.com ; bas d © Savo Ilic - stock.adobe.com ; P214 © Philippe Rivière ; P215 Les chants d'oiseaux https://xeno-canto.org/ ; ht g © Adrian Ciobaniuc - stock.adobe.com ; ht m © AGAMI Photo Agency - stock.adobe.com ; ht d © Zdenek MACAT - stock.adobe.com ; m g © Per Grunditz - stock.adobe.com ; m m © AGAMI Photo Agency - stock.adobe.com ; m d © RECO - stock.adobe.com ; bas g Ph. Mircea Costina Photography © Archives Sejer ; bas d © David Tipling / Biosphoto ; P216 © Florence Karle ; P217 © Mike Lane / Biosphoto ; P218 © Alain GUERRIER - stock.adobe.com ; P222 © FNES Sarthe - SNR Ecole de Massenet , Allonnes (72) ; P223 © Perrine BRICE / CPIE des Pays de l'Aisne ; P224 ht © Perrine BRICE / CPIE des Pays de l'Aisne ; chien © freeman83 - stock.adobe.com ; renard © Cécile Baillargeat ; chat © Andrii Zori - Istock ; oiseau © Stéphane Bouilland - stock.adobe.com ; écureuil © slowmotiongli - Istock ; chevreuil © Arterra / Philippe Clément - Istock ; P226 g © Béatrice Venard ; d © Elena Ignatyeva - stock.adobe.com ; P230 © Béatrice Venard ; P231 ht © CemSelvi - Istock ; ver © Maryna Pleshkun - stock.adobe.com ; limace © Patric Froidevaux - stock.adobe.com ; grenouille Ph. Janina Dierks © Archives Sejer ; crapaud © David Havel - stock.adobe.com ; salamandre Ph. Wojciech Gajda © Archives Sejer ; P232 © Béatrice Venard ; P234 g Ph. Rudmer Zwerver © Archives Sejer ; d © Maksim Kostenko - stock.adobe.com ; P237 © Holger T. Kirk - stock.adobe.com ; P238 © Patrick Juneau ; P239 chat © Béatrice Venard ; oiseau © TIKHONOVA VERA ALGEBA - Istock ; hérisson © Marina Demidiuk - Istock ; rongeur © Carlos - stock.adobe.com ; P240 © Antoine Meunier/LPO ; P241 ht © Marija - stock.adobe.com reprise p.291 ; bas g © Florence Karle reprise p.262 ; bs d © FatCamera - Istock reprise p.280 ; P244 © CAUE de Paris ; P247 © Béatrice Venard ; P249 © Losevsky Pavel - stock.adobe.com ; P250 © Philippe Rivière ; P251 ht g © Nicolas Wietrich ; ht d © Commune Gorges du Tarn Causses ; m g © Théo Ménivard / CAUE ; m d © CAUE de Paris ; P253 © AURAV ; P256 © Jean Venot / BIOS ; P257 pissenlit © LFRabanedo - stock.adobe.com ; plantain © Alain GUERRIER - stock.adobe.com ; pâturin © Orest Lyzhechka - stock.adobe.com ; pâquerette © jaroslavkettner - stock.adobe.com ; trèfle © simona - stock.adobe.com ; renoncule © hcast - stock.adobe.com ; P259 ht g © knunaspix - stock.adobe.com ; ht d © bios 48 - stock.adobe.com ; P260 © Béatrice Venard ; P261 © Curieux de Nature en Haut-Béarn ; P264 © Béatrice Venard ; P265 ht © Béatrice Venard ; bas © CAUE de Paris ; P267 © Nenad Nedomacki - Istock ; P268 © Béatrice Venard ; P272 © Ecole de la Courbe ; P273 © Biosphoto / Rémy Courseaux ; P274 ht © Terres de photos - stock.adobe.com ; m g © Takuya Aono - Istock ; m d © Biosphoto / B & G Médias ; P275 © L'Echo des Sources ; P276 ht © Eleonore Horiot - stock.adobe.com ; bas © Florence Karle ; P278 © L'Est Républicain - Bruno Grandjean ; P280 ht © Béatrice Venard ; P281 ht © Florence Karle ; m g © float - stock.adobe.com ; m m © THIERRY MILHEROU - stock.adobe.com ; m d © Jelger Herder / Buiten-Beeld / Biosphoto ; bas g © Oleksii - stock.adobe.com ; bas m © Vitalii Hulai - Istock ; bas d © boedefeld1969 - stock.adobe.com P282 © Ecole de Wimy ; P283 ht g © Christine Schmutzler-Schaub - stock.adobe.com ; ht m © pro2audio - stock.adobe.com ; ht d © Olga Yarovenko - stock.adobe.com ; bas © Ville de Pressins ; P284 ht © Andrea Edwards - Istock ; bas © Graham Oliver - Istock ; P286 © Théo Ménivard /CAUE ; P289 vers © Kokhanchikov - stock.adobe.com ; escargot © kirchbach.st.- stock.adobe.com ; cétoine © the len - stock.adobe.com ; larve © TwilightArtPictures - stock.adobe.com ; pince-oreilles © Klejdysz Tomasz - stock.adobe.com ; cloporte © www.holgerkirk.de - stock.adobe.com ; mille-pattes © el15da - stock.adobe.com ; P290 g © Jung Laurent - stock.adobe.com ; d © marcinm111 - stock.adobe.com ; P291 bas © Florence Karle ; P292 © Photo12/Alamy/Jason Smalley Photography ; P296 © Biosphoto / Rémy Courseaux ; P297 ht g © Johann Frank - stock.adobe.com ; ht m © Ingemar Magnusson - stock.adobe.com ; ht d © hcast - stock.adobe.com; bas g © tgordievskaya - stock.adobe.com ; bas m © walter Weiss - stock.adobe.com ; bas d © jaume - stock.adobe.com ; P298 m © Béatrice Venard ; bas 1 Ph. Janina Dierks © Archives Sejer ; 2 © Eleonore Horiot - stock.adobe.com ; 3 © THIERRY MILHEROU - stock.adobe.com ; 4 © jaume - stock.adobe.com ; 5 © float - stock.adobe.com ; 6 © Alain GUERRIER - stock.adobe.com ; P299 © Florence Karle ; P300 ht © Ian Sherriffs - stock.adobe.com ; m © sabine Se - stock.adobe.com

Direction éditoriale
Marjorie Marlein

Édition
Cécile Baillargeat

Conception graphique et mise en pages
Hugues Vollant

Illustrations
Maëlle Le Toquin

Iconographie
Sylvie Leneveu et Cécile Baillargeat

Relecture
Margaux Gueniffey

Droits textes
Kathy Reymann et Violette Chanel

Cartographie
Afdec

Fabrication
Sébastien Argant

Ce livre est imprimé sur du papier issu de forêts gérées durablement.

224087 – ISBN : 9782223010714

n° éditeur : 224087 / 10284637 – Dépôt légal : juillet 2023

Achevé d'imprimer en juillet 2023 par Vincenzo Bona SpA à Turin en Italie

IMPRIM'VERT